新文科

中外文化互鉴
科技人文融合丛书

总主编　彭青龙

数字人文导论

An Introduction to Digital Humanities

主　编　彭青龙　都岚岚
副主编　揭　薇　章　韬
编　者　甄凤超　管新潮　邹　理　邱　田
　　　　冯丽蕙　赵思琪　何　宁

上海交通大学出版社
SHANGHAI JIAO TONG UNIVERSITY PRESS

内容提要

　　数字人文是基于计算机技术对人文学科进行的"计算式"或者"数字化"的研究,是 20 世纪下半叶在西方兴起的一种学术文化现象,并逐步拓展至"大人文"的知识保存、生产、应用和传播领域。本书瞄准交叉学科前沿,通过系统性介绍数字人文的基本概念、主要工具、分析方法以及数字人文在相关领域的应用与实践,使学生不仅掌握数字人文发展的历史、规律、特征等基础理论知识和方法,而且通过数字人文在语言学、文学、比较文学、翻译、历史、地理等应用场景的案例学习,使学生做到学以致用,独立开展数字人文研究。本教材是践行新文科理念的尝试,对于推动文理交叉研究,培养跨学科思维和创新思维具有重要价值。

　　本书分上下两篇:上篇介绍数字人文理论与工具;下篇运用数字人文方法和工具进行创新实践。本教材适合本科生和研究生使用,也可以作为读者提升数字人文素养的参考书。

图书在版编目(CIP)数据

　　数字人文导论/彭青龙,都岚岚主编. 一上海:
上海交通大学出版社,2024.3(2025.1 重印)
　　ISBN 978-7-313-30100-0

　　Ⅰ.①数… Ⅱ.①彭…②都… Ⅲ.①数字技术—应
用—人文科学—研究 Ⅳ.①C39

　　中国国家版本馆 CIP 数据核字(2024)第 034436 号

数字人文导论
SHUZI RENWEN DAOLUN

主　　编:彭青龙　都岚岚
出版发行:上海交通大学出版社　　　　　地　　址:上海市番禺路 951 号
邮政编码:200030　　　　　　　　　　　电　　话:021-64071208
印　　制:常熟市文化印刷有限公司　　　经　　销:全国新华书店
开　　本:889mm×1194mm　1/16　　　印　　张:12.25
字　　数:319 千字
版　　次:2024 年 3 月第 1 版　　　　　　印　　次:2025 年 1 月第 2 次印刷
书　　号:ISBN 978-7-313-30100-0
定　　价:49.00 元

前　言

众所周知，科学技术在对人类文明的形塑方面发挥着关键作用，每一次科学技术的重大突破都深刻而广泛地推动了人类社会的进步。从 18 世纪起，人类文明总是随着科技的进步而被赋予时代内涵。虽然人们对科技革命时代的划分存在分歧，甚至存在对代际技术既区分又叠加的现象，如 20 世纪八九十年代的信息技术、互联网技术与现今所使用的数字技术和智能技术有很大的不同，但科技形塑人类文明和世界走向的作用正在增强，物联网、云计算、大数据、人工智能、区块链等技术正在改变人们的生活方式、工作方式，甚至思维方式。远程学习、居家办公、网络医院、无人超市等飞速发展，人类社会向数字化和智能化转型的进程进一步加快，物质文明得到进一步提升。

数字化、智能化的发展意味着万物互联时代的到来，它对人文社会科学，特别是人文科学的研究产生了极大的冲击。由于社会科学从诞生之日起就与案例和数字等实证研究密切相连，因此，数字化、智能化转型实际上对社会科学的研究内容和方法影响不大，甚至有利于社会科学的发展。对于注重思辨性和质化研究的人文科学而言，数字化发展的潮流确实刷新了人们对传统人文科学的认知。也正由于此，社会和学界就"数字人文"的兴起产生了分歧，有论者认为，人文学科的数字化研究有悖于人文的本质属性，不利于人文学科的发展；也有论者认为，数字人文反映了人文科学研究的新趋向，不应"鸵鸟"般视而不见。

事实上，数字人文是人类社会，特别是科学技术发展到一定阶段的一种现象。历史上有过不少关于人文与科学的论争，比如柯勒律治与边沁之争、阿诺德与赫胥黎之争、张君劢与丁文江之争，还有利维斯与斯诺之争。在众多事件中，"利维斯-斯诺"之辩在世界范围内引起了巨大轰动。在 17 世纪以前，"哲学"囊括了"知识"的所有领域。在"自然哲学家"们取得一个又一个研究成果后，自然科学成为了新的、无处不在的标尺，来衡量什么是真正意义上的知识。然而，自然科学作为认识论的标尺却遭到了浪漫主义者与理想主义者的抵制，如柯勒律治、阿诺德、张君劢和利维斯。科学主义与人文主义之战的硝烟弥漫至今。"利维斯-斯诺"之辩及其后遗症证明了知识界在人文主义与科学主义之争下的长期分裂。如今，历史重现。关于人文学科与数字主义的辩论再次表明了人文学者对自身学科被边缘化的畏惧。人文学者必须顺应数字化潮流，从而实现人文学科的复兴。2008 年，由美国蔓延到全球的金融危机使美国大学的人文学科教师们陡然发现自己竟陷入了生存危机：削减预算，失去教职，以及越来越少的新生。在技术中心主义的影响下，其他国家的人文学界也陷入了相似的境地。为了自救,人文学者开始与信息专家和技术专家们携手合作,参与由企业和研究机构资助的大数据研究项目。通过不懈努力,数字人文学科不仅能够走出被边缘化的困境,而且走进了一片充满勃勃生机的新天地。

外部社会的需求刺激了数字人文的发展。第四次科技革命通过数字与智能经济改变了社会,世界主要国家都发表了规划未来发展的数字经济白皮书,中国、美国、德国、日本等国家还出版了人工智能发展蓝皮书。在这样的情况下,人文学科的学者们开始考虑如何运用他们的专业知识来满足当代社会需求,例如开展慕课(MOOC),即大规模开放在线课程,来促进课堂教学。此外,人文学科也依靠文本的数据分析与阐释进行学术研究。在公共领域,与人文知识相关的网络直播,借助抖音、YouTube等社交媒体平台,正受到越来越多的关注。伊拉·格拉斯(Ira Glass)的播客《美国生活》就颇受欢迎。中国也同样诞生了一批通过数字技术宣传人文知识的"网红"。这些实践或许不是严格意义上的学术研究,但这样的流行现象,体现了人文学科主动适应世界变化的意愿。

数字人文是对传统人文科学研究的有益补充。利用科学技术手段和方法对人文科学开展"计算式"和"数字化"研究,有别于思辨式和质化的传统人文研究,从而开启了文理交叉研究的新范式。因此,不少人认为数字人文仅仅是一种方法论的革新。事实上,数字人文既是跨学科的新话语实践活动,也是新知识生产活动,不同学者之间、学科之间的交流、碰撞共同构成了"大人文"的平台。数字人文并不排斥传统人文研究,二者相得益彰,相互观照,共同探讨人类社会面临的问题。

从事数字人文研究需要具备基本的科技素养或者数字素养。科技素养是工具素养的具象化表现,主要包括科学知识、科学方法、科学技能和科学精神。强调科技素养并非要求学生学习深奥的科学理论知识、复杂的科学方法、专业性强的科学技术,而是让学生掌握具有普及性的科学知识、常用的方法和技能,更多地是让学生学习科学思维。例如,随着互联网技术的升级迭代和大数据技术的成熟,我们将生活在数字化社会中,如何拥有"数字化生存能力"和提升数字素养将是我们要面临的考验。再例如,在数字人文研究中,我们将不可避免地使用数学、统计学知识进行计算,因此掌握基本的计算机编程技能、使用软件是现代人的基本素养。正如梅宏院士所言:"对于现代社会而言,一个人无论从事什么工作,数学的逻辑思维都是基础,学会用计算的思维去看待这个世界,学会编程和计算的原理,将会成为未来社会的必备技能。"

基于学习和研究的需要,我们团队编写了这一套数字人文系列教材,其中《数字人文导论》是其中之一。本书通过介绍数字人文的主要理论、方法、工具和应用,使学生了解和学习数字人文领域的基本概念、研究范式及具体案例,培养学生逻辑思维、计算思维和跨学科思维,能够运用数字人文的方法和工具解决人文学科研究中的问题。本书分上、下两篇,上篇是数字人文理论与方法,下篇是数字人文案例应用和具体实践,努力体现理论与实践相统一。

本书具有如下五个特点:

前沿性:突出数字人文的最新成果,梳理数字人文前沿的基本概念和方法。

完整性:对数字人文的知识结构进行建构和优化,使学生掌握基本的理论知识和实践方法。

代表性：案例分析强调该领域的代表性和示范性，使学生能够做到学以致用。

专业性：符合数字人文的科学性和规范性要求。

操作性：使学生能够根据数字人文的范式和方法开展进一步探索。

本书编写的具体分工如下：彭青龙（上海交通大学）负责前言和第 1 章（除第 1.3 节）；都岚岚（南京大学）负责第 2 章的第 2.1 节和第 7 章的第 7.1、7.3 节；冯丽蕙（同济大学）负责第 2 章的第 2.2、2.3、2.4 节；揭薇（上海对外经贸大学）负责第 3 章；章韬（上海对外经贸大学）负责第 4 章；甄凤超（上海交通大学）负责第 5 章的第 5.1、5.2 节；管新潮（上海交通大学）负责第 5 章的第 5.3 节；邱田（电子科技大学）负责第 6 章的第 6.1、6.2 节和第 8 章的第 8.1、8.4 节；邹理（上海交通大学）负责第 6 章的第 6.3、6.4 节和第 8 章的第 8.2、8.3 节；赵思琪（上海交通大学）负责第 7 章的第 7.2 节；何宁（上海交通大学）负责第 1 章的第 1.3 节及余论部分。

数字人文是新鲜事物，还在发展之中，我们也会持续跟进和优化。尽管我们在编写的过程中付出了百分之百的努力，但缘于自身知识和能力有限，书中欠妥与疏漏之处敬请各位读者批评指正。

彭青龙

2023 年 11 月

目　录

下篇 / 数字人文的应用与实践

上篇

数字人文基本概念与方法

第1章

数字人文概论

1.1 ▶ 数字人文的缘起

　　数字人文是 20 世纪下半叶首先在西方人文领域兴起的一种学术文化现象,并逐步拓展至"大人文"的知识生产、保存、应用和传播领域。这种基于计算机技术对文学、历史、哲学、艺术等进行的"计算式"或者"数字化"的研究,对传统人文科学研究的内容和范式产生了极大的冲击,甚至对人类社会的知识生产模式以及思维方式都产生了影响。

　　数字人文的前身是人文科学计算。众所周知,人类社会知识文化遗产的大量保存和分类是从纸质媒介开始的,印刷术的发明,促进了人类经验和智慧的继承和发展。在计算机发明之前,知识一般都是通过图书馆、博物馆来保证存续,供后人学习和参观。科学技术的日新月异,不仅宏观上改变人类社会的文明形态和趋向,而且在微观上改变了人文科学的研究方法,曾被认为是自然科学研究"专利"的实证方法被社会科学和人文科学所借鉴,越来越多的人文学者开始尝试用"数字模型"或者"科学计算"来探究人文科学的学术命题。

　　1946 年世界上第一台电子计算机的问世,为利用计算机实现自然语言翻译自动化提供了可能性。意大利哲学家、神学家、语言学家和字典编纂学家罗伯托·布萨(Roberto Busa)是将计算机技术应用于人文科学研究的先驱和代表性人物。布萨早年在格列高利大学学习哲学时,就开始研究意大利中世纪最著名的经院哲学家和神学家托马斯·阿奎那(Thomas Aquinas)的《神学大全》(*Summa Theologiae*)等权威著述,试图编制《托马斯著作索引》(*Index Thomsticus*)。为此,他制作了大量的分类卡片。1949 年,他在纽约 IBM 公司进行了语言学自动化实验,并说服该公司总裁给予技术支持,共同研制计算机编辑程序。经过多年努力,布萨终于将存储机读的穿孔卡片系统升级成为计算机磁盘存储系统,大大提升了电子编辑的效率,为人文计算以及数字人文的研究开辟了新时代。

　　电子学术编辑不断随着信息技术革新而改进。20 世纪 70 年代中叶,《托马斯著作索引》在意大利进行了计算机照排,并于 1980 年形成 56 卷本的《托马斯著作索引:圣托马斯·阿奎那全集索引和语词索引》,这是西方 20 世纪出版的规模最大的著作之一。2005 年,92 岁高龄的布萨,把托马斯著作索引数据库推上万维网。网络版比只读光盘版在内容上更加丰富、翔实,检索方式也更加多样化。

　　毫无疑问,作为将计算机技术应用于文学和语言学领域的先驱,布萨对于推动人文科学计算的研究功不可没,但更大规模的数字人文研究还依赖于计算机技术的进步。总体上来说,西方的人文科学计算研究可以分为三个阶段:起步阶段(20 世纪 40 年代中期—20 世纪 70 年代)、拓展阶段(20 世纪 80年代—20 世纪 90 年代)、发展阶段(21 世纪—至今)。尽管这只是大致划分,但总体上反映了人文科学计算研究的历史变迁。在这期间,计算机硬件技术从台式机器的注册集中使用,到笔记本电脑的普及,从机读卡片的存储系统的开发,到磁带、光盘的发明,再到各种软件被广泛应用于各个领域,人文科学计算研究的广度和深度都在持续拓展和延伸。

起步阶段的人文科学计算研究是在摸索中缓慢前行的。除了布萨在意大利和美国进行学术编辑电子化和自动化实验之外,其他学者也在探索与之相关的文本和作家作品的个案研究。例如,英国的罗伊·威斯比(Roy Wisbey)研制了早期中古高地德语索引,美国的斯蒂夫·帕瑞斯(Stephen Parrish)开发了马修·阿诺德(Matthew Arnold)和 W. B. 叶慈(W. B. Yeats)的诗歌语汇索引。与此同时,一些实力雄厚的欧洲大学开始为其语言学院配备计算机,用于词典编纂。例如,南锡的一所大学建立了旨在归档储存法语文档资料的"法语宝库",莱顿大学的荷兰语词汇学研究所也购置了计算机设备,开展词汇学的语料研究。起步阶段的工作受到技术条件的限制,主要表现在储存和检索系统的效率比较低,例如,字符集、输入/输出设备以及批处理系统的缓慢运作等都影响了研究进度。经过人文学者和计算机工作者的努力,特别是文本程序软件的研发,人文科学计算研究逐渐取得进展。

拓展阶段是指信息技术手段、人文科学数字化研究的内容和研究队伍在这一时期都得到了重大的拓展。信息技术手段取得进展的标志性成果是软硬件制作技术的突破和相关标准的建立。信息技术在 20 世纪 80 年代和 90 年代一直不断取得进步,其中具有即时通信功能的电子邮件和可移动个人电脑的使用为人文科学计算研究提供了有力的支撑。在此之前,电子邮件仅限于计算机科学家团体和研究机构的联络。80 年代中期,电子邮件开始跨国流行起来,这就为人文学者的即时通信和讨论提供了交流的手段,邮件列表服务程序软件的研发使语言学家的电子论坛成为可能,促进了电子学术编辑的即时性和共时性的互联互通。个人电脑的使用又使人文学者的联系更加便捷,不需要去配备电脑的机构就可以开展工作。这两项技术打破了时空的阻隔,丰富了从事人文科学计算研究的手段。

值得一提的是,标准通用标记语言(The Standard Generalized Markup Language, SGML)的发布对于人文科学计算研究产生了重大影响。尽管从 20 世纪 70 年代开始,人们一直试图研发一整套文本分析的程序,但由于技术上的支撑不够,未能如愿。80 年代中后期,Word-Cruncher、TACT 和 MicroOCP 三款基于 DOS 的文字分析程序具备出色的文本分析功能,但对于非标准的字符却无能为力。苹果公司的麦金塔电脑的出现改变了这一状况,不仅可以显示非标准字符,如在屏幕上显示古英语字符、希腊字母、西里尔字母以及任何其他字母,还能够轻易地操作包含这些字符的文本。此外,麦金塔电脑还自带了一个程序,用户可以轻松地创建一些初级的超文本,这就为标准化的标记语言软件制作提供了条件。由 ISO 发布的标准通用标记语言为一种定义标记提供了方案,使得操作许多不同的文本类型成为可能,既可以处理元数据,也可以处理普通数据。SGML 在处理复杂文本时表现特别突出,不但能够显示文档的基本结构特点,也可以表现复杂的学术评注。

人文计算的快速发展实际上在 20 世纪 90 年代中后期就显现出来,并在 21 世纪初成为显学而登上历史舞台。如果说在此之前,人们还在以"人文计算"代替"数字人文"的话,那么经过 20 世纪 50 多年的发展以及 21 世纪 20 多年的繁荣,数字人文俨然成为一个交叉学科而受到越来越多的关注和重视。互联网技术的进步使得原来主要用于电子学术编辑的文本标记、分类逐步让位于更加丰富多样的电子资源交互平台。除了文本分析之外,越来越多的图片、音频和视频等媒体信息进入数字人文研究者的视野之中。2008 年发生在西方的金融危机削弱了人文学科的地位,不少人文学者加强了与大型科技公司、博物馆、图书馆等机构的合作,以期通过实证的研究方法为传统人文学科注入新的动力。他们不仅拓展了研究内容和方式,而且利用数字技术实现可视化、地理空间展示、模拟空间以及复杂系统的网络分析。这种更加多元的数字人文研究不仅使人文研究的范式发生了革命性变化,而且也创造了新的知识,从而丰富了人类社会的知识宝库。

由此我们可以看出,数字人文是由人文科学计算研究演变而来的。人文学者不断克服技术的局限,并通过自身的努力将数字人文的疆界不断扩大,使内容日益丰富,方法更加多元,创造出了一个跨领域、跨学科、跨国别的新兴交叉学科。尽管数字人文还存在一些争议,但因强大的技术支撑和人类社会的需要,数字人文还将伴随社会进步而继续向前发展。

1.2 ▶ 数字人文的内涵

数字人文发展迅速,其内涵和外延不断拓展,也许正由于此,时至今日,数字人文的定义仍然存在争议。目前,尽管学界在其内涵上存在一定程度的共识,即数字人文是基于信息技术、数字技术和互联网技术而兴起的交叉研究,其所运用的"数据"方法,是对传统人文科学研究的革新。但分歧也是显而易见,一是数字人文相比于传统人文经验式研究,是一种具有科学实证性的新范式和新方法;二是数字人文是不同学术背景的学者基于互联网技术而开展的话语实践活动,旨在解决交叉学科中出现的各种问题;三是数字人文是一种文化交互活动,在生产、应用和交流中丰富人类社会的知识宝库。结合三种观点,笔者认为,数字人文是一种方法论、实践论和知识论。

数字人文是一种新方法论。长期以来传统人文科学的研究基本上是基于文本而开展的解读性和阐释性研究,许多文学、历史、哲学命题往往依靠相关领域学者的思想观点而得以解释,归纳和演绎是通用的研究方法。从某种意义上来说,人文科学的进步主要靠个体的智慧,特别是知名学者的聪明才智所推动。然而,个体的力量和智慧毕竟是有限的,对于许多涉及人类社会和世界发展的大命题,如儒家思想在世界的传播与接受、古代丝绸之路沿线国家的非物质文化遗产的变迁研究等课题,传统的人文科学研究就很难回答。即便前人对此进行了研究,也可能是不全面和不完整的。数字人文科学的研究则打破这种传统,充分利用计算技术、数字技术、信息技术和互联网技术,通过文本分析、可视化、网络分析等技术手段,对海量的文献进行标注、分类、分析和解读,可能得出与先前不一样的结果。例如,1981年,美国威斯康星大学的陈炳藻利用计算机对《红楼梦》中的字、词出现的频率进行了统计和分析,得出了一百二十回皆出自曹雪芹之手的新结论,这一发现颠覆了《红楼梦》后四十回系高鹗所作的流行看法。因此,数字人文常用的计算方法或实证方法,是对传统人文研究的一种有益的补充。

数字人文是一种实践论。数字人文的疆界已经从最初的纸质文本电子化,到电子编辑文本,再到跨媒介数字人文交互平台,一直处于拓展之中,其实践性越发显著。具体而言,无论是文本的保管、分析、编辑和建模,还是原型设计和版本更新,抑或是可视化、数据设计、平台研究和虚拟环境体验,数字人文逐渐从高雅学术研究走向社会文化实践活动。例如,在传统的人文科学领域,作者通过著述来表达自己对某一领域的思想和观点,其署名往往是作者本人,但在著作电子化之后,读者可以加入自己的评论或者往原来的著述增添新的内容,这一"合作"的学术实践活动恰恰体现了数字人文的优势,但也对传统的著述模式产生了冲击,"作者是什么"就变成了一个数字人文探讨的核心问题。再如,随着数字化工具的普遍使用,数字人文越来越呈现出"视觉转向"的趋势,人们不再满足于"阅读"图像,而是热衷于"制作"图像,甚至将文字、图像、音频和视频结合在一起,使人更加多维地体验数字人文的效果。这种从一维到多维的跨媒介转换正是体现了数字人文的实践性特点。

数字人文是一种知识论。知识是人们在改造世界的实践中所获得的认识和经验的总和。基于现代认知心理学,知识有广义和狭义之分,广义的知识又分为陈述性和程序性两类知识。狭义的知识多指某一具体学科或者领域的知识。数字人文既是一种陈述性知识,也是一种程序性知识。就前者而言,有关数字人文的概念、理论、关系等方面的知识属于陈述性知识,如电子编辑、保存、可视化、编码、建模、远读、近读等。这些知识基本上回答"是什么""怎么样""为什么"等问题。后者主要是指完成单一或者复杂活动的知识,主要回答"怎么操作""怎样实践"等问题,例如,如何进行数字化制图,如何开展人文游戏,如何做开源项目,如何编码,等等。由此可以看出,数字人文是一种知识生产活动,既包括理论知识,也包含应用知识,是利用计算机技术、信息技术、数字技术和互联网技术对人文知识的拓展,其知识总量比传统人文知识大得多,并具有明显的跨学科特征。

除此之外,数字人文也是一种雅俗文化的集合,既有知识精英创造的高雅学术知识,也有寻常百姓创造的常用生活知识。从某种意义上来说,数字人文是一种思想、情感交流的平台,应该具有开放性和公平性,但由于资本力量的介入,专业性的语料库或者数据库等知识,还无法实现真正的知识共享,数字人文要实现开放性和公平性还有很长的路要走。

1.3 ▶ 数字人文的现状

尽管数字人文发展的历史可以追溯至 20 世纪中期,但真正形成"巍巍壮观"之势还是在 21 世纪的近 20 多年,在这期间,科学技术的不断革新无疑为数字人文的发展提供了条件,伴随着数字技术、智能技术的进步,数字人文的研究向广度和深度发展。由于世界各国的社会经济发展水平、科学技术水平和文化传统存在巨大差异,因此,数字人文呈现与之相适应的发展不平衡状况,其中北美、欧洲和东亚等地区发展较快。据不完全统计,至 2022 年底,全球已建立了超 203 家数字人文研究机构,并在世界范围内形成了相互关联又各具特色的数字人文景观(见 http://dhcenternet.org/centers)。

1.3.1 欧洲数字人文景观

欧洲是数字人文研究的发源地之一,最早可追溯到 1949 年意大利学者布萨及其团队。2004 年,爱尔兰学者苏珊·施赖布曼(Susan Schreibman)等人编著的《数字人文指南》(*A Companion to Digital Humanities*)一书正式提出数字人文的概念,引起广泛关注。2016 年苏珊·施赖布曼等人又出版了《数字人文新指南》(*A New Companion to Digital Humanities*),这是一部论文集,收录了众多知名学者的文章,对于推动数字人文的发展有参考价值。欧洲在理论、方法和实践项目上的巨大进展使其成为世界数字人文研究的重镇,发挥着引领作用。近年来,欧洲数字人文研究得到了所在国家、区域、国际组织、企业和公司的支持,在科学研究、服务社会等方面形成了越来越大的影响力,一系列数字人文项目正在取得可喜的进步。数字教学(♯dariahTeach,见 https://teach.dariah.eu/)、1914-1918 在线(1914-1918-Online,见 http://www.1914-1918-online.net)、三维动态数据可视化(3DH,见 http://threedh.net/)、可能性的世界探索(A World of Possibilities,见 http://woposs.unil.ch/)等数字人文实践项目,既兼顾对古典语言、战争历史、艺术文化领域的再挖掘,又将其拓展至数字技术、社会政治、文化产业等领域。在人才培养方面,欧洲也是最早开展数字人文学科的本科与研究生教育的地区,例如,伦敦大学国王学院的数字人文系(The Department of Digital Humanities,见 http://www.kcl.ac.uk/artshums/depts/ddh)始建于 1970 年初,开展的大型在研项目超 30 个,是全英唯三授予数字人文硕士学位和唯一授予数字人文博士学位的高校。德国的数字人文研究尽管起步较晚,但投入资金巨大,在公立学校开设了一系列数字人文课程和专业,成为了欧洲数字人文发展的重要标志(Fiormonte,

2014）。法国、瑞士、西班牙、意大利、希腊等国也开展了一系列数字人文课程与合作项目，对数字人文研究探索的热情持续高涨。

欧洲十分注重数字人文期刊杂志和学术组织建设，先后推出《数字人文季刊》（*Digital Humanities Quarterly*）、《数字化研究》（*Digital Studies*）、《数字人文学刊》（*Digital Scholarship in the Humanities*）、《数字人文思维导图》（*Mind Map of the Digital Humanities*）等有影响力的期刊杂志，设立了布萨奖（Busa Award）、安东尼奥·赞波利奖（The Antonio Zampolli Prize）等奖项，鼓励欧洲各国在数字人文领域开展新探索。此外，意大利数字人文协会（AIUCD）、捷克数字人文协会（CzADH）、德语区数字人文协会（DHd）、北欧和波罗的海国家数字人文协会（DHNB）和俄罗斯数字人文协会（DH Russia）联合组成了欧洲数字人文协会（EADH），为数字人文的学术交流提供了国别和区域性平台（见 https：//eadh. org）。

1.3.2　北美洲数字人文景观

北美洲是数字人文发展最快的地区之一，特别是美国依靠其强大的科技实力、资金和人才优势引领着北美，乃至世界数字人文的发展。2000 年、2015 年美国先后发布了《数字人文与数字媒介成果评价指南》《历史学家数字学术专业评估指南》等报告，倡导数字人文教育要系统化、学科化发展，合作发展，并对数字人文课程设置、考核方式、课程目标等问题进行了较为深入的讨论（潘雪、陈雅，2017；郭英剑，2018 等）。麻省理工学院、哈佛大学、耶鲁大学、宾夕法尼亚大学、加州大学洛杉矶分校、纽约大学等高校纷纷成立数字人文研究机构，与中国、欧洲国家等开展数字人文合作项目。例如，宾夕法尼亚大学与东亚国家联合开展东亚数字人文研究、草原游牧研究，哈佛大学与北京大学联合打造"中国历代人物传记资料库"等。

美国数字人文研究的实践课题十分广泛，同时也很注重研究理论与方法的创新，先后发展出数字档案（digital archives）、文化分析（cultural analytics）、在线发布（online publishing）、文本挖掘与可视化（textual mining & visualization）、宏观趋势预测（analysis of macroscopic trends）等核心概念（Warwick, Terras & Nyhan, 2012；Honn, 2015 等），提出了文本编辑管理、数据挖掘、远读与游戏性、厚测绘等重要的研究方法和工具，并涌现出一系列具有世界影响力的研究成果。例如，哈佛大学让-巴蒂斯特·米歇尔（Jean-Baptiste Michel）等学者发表的《百万本数字化书籍的文化定量分析》（*Quantitative Analysis of Culture Using Millions of Digitized Books*）、杜克大学 N. 凯瑟琳·海尔斯（N. Katherine Hayles）著述的《我们如何思维：数字媒体与当代技术创新》（*How We Think：Digital Media and Contemporary Technogenesis*）等。同时，美国的 Google、IBM、Meta 等科技公司，美国计算机和人文协会（ACH）、美国国家科学基金会（NSF）等机构和各种实验室也为数字人文的发展不断注入新的活力。

加拿大致力于推动其国内数字人文学科的稳步发展，多伦多大学（见 http：//www. utm. utoronto. ca）、阿尔伯塔大学（见 http：//www. huco. ualberta. ca）、维多利亚大学（见 http：//www. dhsi. org）等都设置了较为完善的数字人文人才项目。同时，作为国际数字人文组织联盟的创始成员，加拿大数字人文协会（CSDH/SCHN）通过组织国际会议、评选奖项、国际交流、奖学金资助等方式，鼓励本国学者开展数字人文研究（见 https：//csdh-schn. org）。

1.3.3 亚洲、拉丁美洲、非洲和大洋洲数字人文景观

数字人文在亚洲、非洲和拉丁美洲起步较晚,在研究人员规模、研究内容和方法等方面与欧美国家相比,存在一定的差距(Fiormonte,2014;Peng,2020 等)。近年来,随着数字化进程的加快,这些地区的学者积极加入数字人文研究的队伍之中,他们通过学术交流,建立研究机构,以合作开展项目研究等多种形式,推动所在国家的数字人文研究向前发展。由于亚非拉地区国家众多,且大多数属于发展中国家,总体而言,数字人文发展依然缓慢。

中国在对数字人文的探索中展现出强劲的后发优势。2002 年《中国社会科学》杂志社和上海华夏社会发展研究院举办了"数字化与 21 世纪人文精神"学术研讨会,与会学者从不同角度,对数字人文的概念、发展与实践进行了深入的交流。数字人文开始在中国引起关注。此后,清华大学、北京大学、复旦大学、南京大学、武汉大学、中国传媒大学等高校,纷纷设立数字人文研究机构,联合建设数字人文门户网站(见 https://www.dhlib.cn)。2019 年,根据中国人民大学书报资料中心、《学术月刊》杂志社和《光明日报》理论部联合发布的"中国十大学术热点"报告,"大数据视域下的数字人文"已成为中国的年度学术热点。近年来,有关数字人文研究的文章在学术刊物上发表的数量呈现增长趋势。

亚洲其他国家与中国的数字人文发展路径大致相同。21 世纪第二个十年前后,日本、韩国、印度、尼泊尔等国的学者开始推动数字人文领域探索。日本东京大学、京都大学等科研院所建立了日本历史、文学、宗教、图书馆学等相关数据库,目前日本数字人文协会(JADH)已成为国际数字人文组织联盟成员(Vierthaler,2020);印度在国内外基金会的扶持下,开始对区域语言文学文本进行数字化建设,例如泰戈尔文献库建设,与哈佛大学、剑桥大学的合作项目也在有条不紊地进行中(见 http://bichitra.jdvu.ac.in/index.php);尼泊尔建立了融合历史、地理、文学、考古、艺术、宗教等多领域的数字人文项目,旨在保存、发掘和探索佛教文化(Risam,2015)。

非洲的数字人文建设尚在探索阶段。尼日利亚、南非、乌干达、喀麦隆、肯尼亚、埃塞俄比亚等地的高校开始与全球学者开展合作,已设立 26 余个数字人文中心或项目,研究议题涉及历史、文化、计算机技术、艺术等多个领域,并于 2019 年正式建立非洲数字人文网站。

拉丁美洲部分高校的数字人文研究基本处于起步阶段。2011 年,拉丁美洲的墨西哥成立了红色数字人文协会(RDH,见 http://humanidadesdigitales.net),发布了具有独创性的数字人文教育、评估等相关成果。墨西哥国立自治大学等高校也开始进行墨西哥历史语料库建设、考古遗迹可视化等研究。

大洋洲的澳大利亚在数字人文研究领域取得进展。澳大利亚不仅牵头成立了澳洲数字人文协会(aaDH,见 https://aa-dh.org/),加入了国际数字人文组织联盟,而且澳大利亚国立大学、墨尔本大学、悉尼大学等 G8 高校均建立了数字人文项目,其中 5 所设立了数字人文研究中心,在数字人文社区建设等领域取得了不少成果。

值得一提的是,在全球化的背景下,世界各国在数字人文领域的交流与合作正在走向深入。尽管数字人文研究存在不平衡现象,但并没有妨碍全球数字人文学者之间的合作,他们甚至建立了具有全球性质的学术共同体组织,旨在推动各国共同进步。例如,国际数字人文组织联盟(ADHO,见 https://adho.org)是一个国际性的学术平台,成员遍布欧洲各国、加拿大、澳大利亚、日本等国家。虽然加入其中的国家或者区域组织的宗旨和目标各不相同,但它们共同致力于数字人文的科学研究、人才培养等工作,并取得了显著的成效。

1.4 ▶ 数字时代文学的科学性审视[①]

　　文学的科学性和人文性是进入数字时代之后值得审视的重要问题,也是新文科教育中不可回避的基本问题。作为百年未有之大变局的硬核表征之一,信息技术数字化不仅广泛而深刻地改变着人们的学习方式、工作方式和生活方式,而且对学科知识体系的内容和形式创新产生了重大影响,如何审视和评估科学技术,特别是数字技术对新文科教育的影响是人文学者必须面对的问题。作为新文科教育中的基础学科,文学也受到了数字技术的冲击,利用语料库工具、自然语言处理工具、地理信息系统工具、VR 技术等进行文本分析、网络分析和可视化研究渐成潮流,这似乎让文学的科学性在数字时代得到了前所未有的张扬。对于这种文学数字化现象,学界同仁产生了分歧,甚至担心科技"怪兽"将彻底颠覆文学,消解文学应有的人文价值。"什么是文学,文学有规律吗？ 文学潮起潮落,文艺思潮的汹涌澎湃,会淹没文学的常数和常识吗？ 跨学科研究风起云涌,会抵消文学的本体性或者'主体性'吗？"[②]人文学者的疑问,反映了数字时代跨学科的外部研究与文学自身的内部发展相互抵触的新情况,涉及文学的基本属性以及文学的科学性和人文性交叉融合的本质。

　　文学的科学性和人文性,是科学与人文在文学领域冲突、融合的具体表现,它并非是一个新的话题,只是由于数字人文和新文科教育的兴起,催生其成为学界讨论的热点。历史上曾经发生过不少有关科学与人文关系的辩论,如赫胥黎与阿诺德有关科学与文化的对话、张君劢与丁文江的科玄论战、斯诺与利维斯的两种文化之争等。这些论战的侧重点各不相同,基本上反映了科学与人文之间的疏离、分歧与对立。值得注意的是,每次论战的结果,都在某种程度上直接或间接地促进了科学与人文的交流与融合。但时过不久,又会出现新的争论。这种循环性的争论是科技革命带来的必然结果。每一次科学上的重大突破,都会导致新兴学科的出现和知识生产方式的变革。新近热议的数字人文,是 21 世纪以来发生在人文科学界的一次跨学科研究现象,表面上来看是学科的优化组合,实际上是大变局时代数字革命或者智能革命使然。在这一背景下,讨论文学的科学性和人文性也就顺理成章,彰显出新文科教育转型发展的焦虑和困境。

　　数字人文的勃兴是人文学者对被边缘化的自我救赎,而其自救的数据计算方法则为探讨文学的科学性提供了可能。2008 年金融危机之后,美国、日本和欧洲不少高校的文科院系面临着资金匮乏、教授席位减少和招生困难的窘境。为了自谋生路和挽救学科的命运,人文学者开始与科技公司的信息专家和工程师合作,利用资料库和数据库开展科学研究。令人欣喜的是,这种大数据驱动的人文研究,不仅使人文学科暂时摆脱了危机,而且形成了一整套有别于传统的实证研究方法,即利用大数据、计算机统计和网络技术开展文史哲的定量研究。弗朗科·莫莱蒂(Franco Moretti)的"远读"(distant reading)项目的成功以及苏珊·施赖布曼等人出版的《数字人文指南》(2004)和《数字人文新指南》(2016),标志着数字人文研究取得了重要突破。相关的理论性和实践性文章,为数字人文的进一步发展提供了指导。随着国际数字人文组织联盟的成立、数字人文杂志的创办,越来越多的人加入数字人文研究的行列当中。值得注意的是,调研发现,多数数字人文研究者是来自计算机、图书信息管理和工程等领域的专家。在收录于上述两本论文集的作者中,非人文学术背景的学者占比分别是 28/46 和 32/59(Peng,2020)。这说明数字人文研究具有跨学科特征。拥有自然科学领域知识背景的研究者占据了主导地

---

① 本节及 1.5 节内容已在《探索与争鸣》发表,详见参考文献。
② 该问题由陈众议在北京外国语大学于 2022 年 7 月 2 日举办的"当代英语文学研究:理论与实践探索"论坛上提出。

位,客观上增加了研究成果的科学性。这一发现,与唐牧群(Muh-Chyun Tang)等人对位居前十的数字人文研究领域的成果内容的分类统计分析相一致,即"一般兴趣(8.99)、数字基础设施(5.86)、作者贡献(5.35)、数字图书馆(5.10)、数字媒介(3.71)、数据挖掘(3.31)、三维可视化(2.86)、名称模型(2.70)、图书馆与信息科学(1.4)和文本分析(1.37)"(Tang, Cheng & Chen, 2020:998)。由此可以看出,研究者队伍的学术背景、研究内容和方法都体现出了数字人文的科学性特征,弥补了传统人文研究印象式、经验式和思辨型研究成果的不足。

然而,影响研究科学性的因素值得关注。众所周知,科学的判断标准主要体现在可解释、可重复、可预测三个方面,严格的科学研究就是要揭示自然、社会和思维的规律,其中追求本真性是核心原则。研究项目是否具有科学性的前提是研究资料是否具有充分性和合理性。具体到数字文学的科学性,调研发现,四个因素将对其产生影响。一是语料"失真"。数字人文研究的最大优势是将海量的语料和数据作为研究对象,但语言的不可通约性导致数据样本数量不足,从而使科学研究的充分性受到了影响。例如,要想研究"莎士比亚文学在世界的传播与接受"这样的课题,语种障碍使得研究者无法穷尽数据,影响结论的科学性。二是数据霸权。数字文学研究需要机构或者平台提供数据资料,但现实情况是很多机构或者平台出于种种原因,不愿意为研究者开放其数据库,而个体建立数据库的力量依然弱小。这种资本和技术合谋的数据垄断妨碍文学的科学性研究。例如,英美等国建立了科幻文学数据库,但向其索要用于研究的数据资料十分困难。无论是作为商业权力还是公权力,数据霸权是一种客观的存在。三是方法单一。目前数字人文研究通用的方法是文本分析、网络分析和可视化,比过去仅仅通过文字表述更进一步,使人看到了数字人文研究方法的直观性和形象化表达。例如,不少人都在模仿莫莱蒂的"《哈姆雷特》的人物关系网络"来进行类似的研究,但这种可视化的方法相对单一,无法多维度论证一个文学现象,从而使科学性程度受到影响。如何处理研究方法的单一性和混合性,打破方法之间的壁垒成为一个可以探讨的重要领域。机器学习也许在未来将提供破解之道,但可行性如何仍待观察。四是数字素养偏弱。研究者的科学素养、技术素养和数字素养是做好数字文学研究的必要条件,多数数字人文研究者来自自然科学或者跨学科领域的事实,表明人文学者在数字素养方面存在短板,急需进行统计学、计算机科学、软件制作等方面的学术训练。一个不具备数字素养的研究者无法胜任数字人文研究,遑论确保研究成果的科学性。尽管这些因素是从事跨学科研究遇到的普遍问题,但就数字文学的科学性而言,这些是我们不得不面对的问题。

包括数字文学在内的数字人文是人文学科危机的一次突围,是借鉴自然科学实证方法的一次尝试。尽管它在学界引起了异常的喧嚣与骚动,但总体而言依然处于方法论、认识论的阶段,没有从根本上动摇文学的本体论。这种有别于传统研究范式的革新,体现出人文学者追求本真性和创新性的科学精神,研究的成果具有科学性特征,整体上对文学研究做了有意义的补充。缘于数字人文研究中存在的语料"失真"、数据霸权、方法单一和数字素养偏弱的现实困境,数字人文要取得理论和实践的突破尚有很长的路要走。

1.5 ▸ 数字时代文学的人文性评估

人类社会知识精英最弥足珍贵的财富之一是质疑精神、批判精神和反思精神,从本质上来说,也是一种科学精神和人文精神。作为一种新鲜事物,数字人文被引进中国之后,确实在学界刮起了一阵"数字人文的飓风",也确实引起不少具有人文精神和家国情怀的学者的焦虑,担心这种具有一定程度颠覆性和解构性的新鲜事物会把文学引入歧途,削弱文学原有的人文价值。然而,如前文所言,数字人文尚处于初步阶段,1990—2017 年中国发表的 72 篇有关数字人文的文章(Peng, 2020),与每年发表在各类杂志上成千上万的研究传统文学的文章相比,说明数字人文尚很弱小。因此,我们要对数字人文采取包容的态度,一方面,要充分肯定其所彰显的科学精神和方法论意义,鼓励其对文学知识的创造和革新,探索数字时代文学的发展规律。另一方面,我们应该把数字人文研究现象放在人类社会进步和中华文明五千年演变的历史场景中来评估其价值,并超越二元对立的思维,将其所展现的科学性与文学所应有的人文性有机地统一起来,为人类文明进步做出新的贡献。

事实上,在人类文明演进的过程中,科学与人文相互借鉴,甚至人文思想为科技革命准备文化条件的事例不胜枚举。从意大利的文艺复兴运动,到德国的狂飙突进运动,再到法国的思想启蒙运动和浪漫主义运动,无不为三次科技革命提供了思想理论的指导。在中国,尽管科技革命比西方晚一些,但近代的新文化运动也为开启科技革命营造了良好的文化氛围。即使是在当代,波尔、夏普莱斯、卡普拉、普利高津等不少西方杰出科学家,都承认从博大精深的中华文化中获得灵感(钱旭红,2020)。例如,耗散结构理论创始人、比利时的诺贝尔物理学奖获得者普利高津表示:"道家思想,在探求宇宙和谐的奥秘,追求社会公正与和平,追求心灵自由和道德完满等三个层面上,对我们这个时代都有启蒙思想的作用。道家在两千多年前发现的问题,随着历史发展,愈来愈清晰地展现在人类面前。"(钱旭红,2020:253)科学与人文的学科分野,只是出于知识生产和人才培养的需要,但从人类社会的生活实践的角度来看,两者是合二为一的。正如福楼拜所言,"艺术越来越科学化,科学越来越艺术化,两者在山麓分手,有朝一日,将在山顶重逢"(Flaubert, 1852:76)。

数字时代文学的人文性跟其他时代相比,在大体上别无二致,人们依然通过文本阅读获得精神陶冶和审美体验。文学是思想、情感的艺术表达,或者是思想、情感存在的家园,文学的人文性是内化于文学文本中的人文精神,表现在理想信念、价值取向和审美情趣等方面,它既反映人的思想观念和情感灵魂的本色,也反映人的社会关系和实践的成色。文学是人学,也是社会学,甚至是伦理学。这里的人学攸关人性,而文学的社会学和伦理学意义主要指涉社会关系、伦理道德等。这些概念内涵十分丰富,但由于篇幅有限,不做细致辨析。无论学界对文学人文性的讨论多么复杂,争论多么激烈,文学人文性总是要落脚在对现实生活中的人所给予的悲悯情怀上,这种情怀的展现可以大到人类和世界,也可以小到族群和个体。因此,文学是反映人类、人世、人际、人生、人情的语言艺术,既来自历史与现实,又超越历史与现实,甚至指向未来。从某种意义上来说,文学的人文性就是对"我是谁、从哪里来、到哪里去"的人文关怀。由此可以看出,无论是远古的轴心时代,还是近代的工业革命时期,抑或是物质生活、精神生活日益丰富和技术发展日新月异的数字时代,文学作品中所张扬的人文性基本上变化不大。

诚然,文学所蕴含的人文精神在数字时代具有独特的新内涵,触发人们对文学及其规律的反思。当我们论及文学的人文性时,一般指的是高雅文学中包含的人文精神,很少想到机器文学和网络文学。事实上,从某种程度上来说,大数据已经颠覆了文学的本体性和主体性,刷新了人们对文学人文性的认知。例如,利用大数据制作的机器作家微软小冰,业已出版了多部诗歌集,并且展现出诗歌质量日益进步的趋向,这是否意味着机器作家在更多海量数据的支撑下,未来有可能表现出超越自然人作家的文学才能?它们创作的作品将来是否会进入课堂,并成为我们学习和研究的对象?文学的本体性还是由人类创造、供人类欣赏的语言艺术吗?再例如,网络文学作家根据大数据分析粉丝读者的偏好,对小说的故事情节进行调整,甚至将作者和读者共同创作、修改文学作品的过程暴露出来,这是否表明文学的单一主体性已经发生了改变?文学消费者对作品的反馈会对商业小说或者大众小说的内容和形式产生影响并非鲜事,但网络平台、粉丝和作者共同创作文学作品这一行为,实际上已经跟传统的做法大不相同,因为小说的价值和意义不是取决于作者的理想和情怀,而是大数据分析和主导的结果。对于上述大数据颠覆文学本体性和主体性变异的现象,文学的人文价值如何彰显,确实是值得探讨的问题。笔者认为,一方面,数字时代文学的本体性,在未来相当长的时间内,依然是人类占据主导地位。机器诗人只是机械地模仿了文学体裁中的一部分,而情节更为复杂和多样的小说、戏剧,对于机器作家而言至少目前仍然无法完成。机器诗人可以通过大数据进行编码,也可能产出模仿人类一定思想和情感的格式化作品,但创作出富有思想深度、情感复杂性和个体风格鲜明的文学作品,仍然需要人类的智慧。相应地,人类创作的文学作品及其文本中所蕴含的人文性不会改变。另一方面,在网络文学中,单一创作主体变成作者—读者的共同创作主体,并不能改变大众文化的本质。创作形式的变化,大众审美实践的消费与狂欢,确实反映了数字时代人性的需求。"大众审美消费活动的普遍高涨,孕育着人性的内在要求,展示着一种新型文化状态下人性的成长、变化和发展。"(李西健,2013:120)但如何促进大众消费审美的人文精神提升,使其成为一种大众文化自觉,依然有许多工作要做。

需要警惕的是,资本和技术合谋所制造的"数据万能论"或"数据至上论"可能会对文学人文性造成侵害。科技进步所制造的数据信息,确实给人类社会带来了诸多便利,但越是科技昌盛的时代,越要强调文学所赋予人类社会的人文精神。无论是机器诗人,还是网络文学所依托的平台,都是资本的化身,其逐利的天性常常会扭曲文学作品的人文性,或者虚无化人文性,从而使科技王国或者数字王国变成一个缺乏人性和温情的世界。我们对新兴事物采取开放性态度的同时,既要防止表面上假借为人类谋福祉,声称具有"人文性",而事实上却以科技创新为噱头,炒作"机器文学创作",并从中谋取更大的利益,人为地制造文学本体性、主体性和人文性危机的现象,又要防止网络文学世界成为人文精神缺失的黑洞,或者滑落成人文性扭曲但又疯长的洼地,尤其是要高度警惕其演变成色情暴力、享乐主义、虚无主义和以去中国化为荣的狂欢之所。

第四次科技浪潮掀起的科学革命、技术革命和产业革命使人类社会进入了万物互联的时代。相比科技革命对人类物质生活所产生的显性影响,我们更应该看到的是其对思维产生的隐性的但却是革命性的影响。从牛顿力学到量子力学,表面上来看是一场场科学革命,但实质上是认知思维革命,展现出对世界认知的新变化。同理,数字人文研究、机器文学、网络文学也是对传统思维的一场场革命,体现了科技对人类思维创新的巨大影响。反观新文科教育,我们既不能以"创新"为借口,抛弃文学传统,忽视经典文学对人文精神的形塑作用,也不能以"守正"为托辞,拒斥新理念、新方法。科学的方法是对守正与创新拿捏有度,对青年学生更好地进行科学思维教育,因为思想和方法创新的发动机是创新思维。

? 思考与讨论

(1) 数字人文产生的条件是什么? 数字人文是如何兴起和发展的? 数字化对你的生活、学习和工作有什么影响?

(2) 数字人文的内涵和特点是什么? 你如何理解数字人文是一种方法论、实践论和知识论? 请举例说明。

(3) 你如何看待数字人文与文学的人文性和科学性的关系? 你如何看待机器人创作诗歌以及网文作家根据读者偏好创作网络文学作品?

(4) 数字人文是思维教育吗? 为什么? 请举例说明。

(5) 你如何看待数字人文的弊端? 数字人文的前景如何?

推荐阅读

［ 1 ］ Berry, D. M. (2011). Understanding Digital Humanities ［M］. London: Palgrave Macmillan.

［ 2 ］ Drucker, J. (2013). Graphesis: Visual forms of Knowledge Production ［M］. Cambridge: Harvard University Press.

［ 3 ］ Gold, M. K. (2012). Debates in the Digital Humanities ［M］. London: University of Minnesota Press.

［ 4 ］ Liu, A. (2012). Local Transcendence: Essays on Postmodern Historicism and the Database ［M］. Chicago: University of Chicago Press.

［ 5 ］ Schreibman, S., Siemens, R. & Unsworth, J. (2004). A Companion to Digital Humanities ［M］. Hoboken: John Wiley & Sons, Incorporated.

第**2**章

数字人文基本概念

2.1 ▸ 技术、媒介与信息

　　媒介既是人们进行交流和沟通的渠道,也是表达的物质形式。媒介,尤其是数字媒介的发展带来了信息的增长。数字媒介在生产和呈现文化产品的过程中使用计算机技术,这使得数字媒介具有庞大的存储资源和随机存取能力。在信息时代,人文知识的载体在数字技术的介入下发生媒介转换,从纸本文献转为海量的电子数据。各种数据的结构化集合构成数据库,正是各种数据库资源使得信息的大规模生产成为可能。信息的充盈得益于数字媒介的迅猛发展。在后印刷时代,由媒介、网络、人工智能等构成的技术环境使得当代文学批评出现"技术转向"。技术新样态催生网络文学、数码文艺、交互艺术、人工智能创作、后人类艺术等各种新文艺。数字技术的使用正在改变人文知识的生产、传播与研究,这已是毋庸置疑的事实。在此语境下,我们必须充分考虑技术、媒介和信息的紧密关联,重视技术在媒介形式发生转换和融合过程中的作用,以及数字人文作为一种新的研究范式如何增强我们对信息的接受和对人文知识的理解。

2.1.1 从印刷技术到数字技术

　　在文字出现以前,人们依靠口头表达进行交流,文字的出现使得书写成为信息的主要传播手段,文字记录使文化得以存续。雕版印刷术在中国唐代中后期普遍使用,后来宋代毕昇发明活字印刷术,这比德国人约翰内斯·古腾堡(Johannes Gutenberg)的铅活字印刷术早了大约 400 年。印刷术先后传到朝鲜、日本、中亚、西亚和欧洲,为知识的广泛传播和交流创造了条件。

　　15 世纪,印刷技术由威廉·卡克斯顿(William Caxton)从欧洲大陆携带至英格兰,但直到 18 世纪,英国才大规模使用印刷术,人们开始广泛阅读报纸和小说等纸媒文本,印刷文化才开始逐渐深入到英国人的日常生活。报纸、书籍遂成为有闲阶级的主要消遣物,并在维多利亚时期逐渐拥有稳定的读者群,人们通过报纸和书籍了解外面的世界,并逐渐形成对国族身份的认同。本尼迪克特·安德森(Benedict Anderson)认为,18 世纪初兴起的小说和报纸这两种印刷物,为国家和民族想象提供了技术手段。人们通过文字阅读形成对国族的共同意识。一个民族国家的文学想象无疑会使该民族的个体产生族裔上的认同。例如,古希腊文学中的《荷马史诗》、英国戏剧家莎士比亚的作品、意大利文学家但丁的《神曲》、中国的《三国演义》《红楼梦》等文学名著都为再现本民族的独特性、唤起本民族人民强烈的族裔认同起到不可替代的作用。换言之,作为文化再现形式之一的文学,同语言、宗教、艺术、风俗习惯等其他特定的民族文化编码一样,担负着传播民族文化、凝聚民族力量、想象民族精神的重要作用。包括文学在内的印刷产品成为知识生产、意义创造和文化传播的重要载体。

19、20 世纪以降，留声机、摄影、电影、电话、无线电、电视等媒介形式的发展进一步促进了文化信息的传播。这些媒介形式如同汽车、轮船、飞机，都可以看作是使人的身体和感官得以扩展的工具。20 世纪 50 年代以来，随着数字技术的兴起和网络的广泛使用，物理现实与虚拟空间实现交互，人们获取知识的途径发生改变，不仅书籍的地位发生变化，而且人与外部的界限和区隔逐渐被打破，走向不断交织和融合的过程。我们通常认为媒介是信息传递的渠道和物质支撑，但技术、媒介与人的主体之间的互构，正在深刻影响人类生活和人类文明的进程。马歇尔·麦克卢汉（Marshall McLuhan）认为，媒介是人的延伸，因为媒介包括使人的感官得以延伸的技术。今天，数字技术的勃兴更是突破了单一媒介，出现文字、声音、图像等多种中介形式的互动，这使得人们的阅读习惯已从阅读纸媒转向读图和读屏。信息流动的电子模式作为媒介新技术正在重塑我们的感觉，使我们的感知体验发生尺度、模式和速度等方面的变化，让我们的所见所闻源源不断，并深刻改变我们的感知、行为和生活方式。我们不仅创造技术，也被技术所改造。在麦克卢汉看来，对人的理解以对媒介的理解为前提，因为媒介决定人的感知模式，影响人的思维模式，媒介塑造并控制着人类联想和行动的方式。媒介技术和工具的拓展是人的能力的延伸，因此媒介与人的延伸是一回事。人类通过身体的媒介化来感知、存储和传递信息，人类身体、媒介与信息不可分割，媒介即信息。媒介已不仅仅是信息传播的渠道，体现信息的物质性，媒介更是信息本身，影响我们的感知、认识和判断。

2.1.2 再媒介化与文化信息的传播

媒介理论家尼尔·波兹曼（Neil Postman）曾言，技术之于媒介，犹如头脑之于思维。媒介乃是技术的应用，技术在发展，媒介形式也在不断被更新。20 世纪 90 年代，由于数字技术的迅猛发展，印刷媒介、摄影、电影、电视等传统媒介受到冲击，而对于新兴的数字媒介，很多人认为，万维网、虚拟真实和计算机图表等数字技术与传统媒介形式在审美与文化原则上是相分离的。对此，杰伊·戴维·博尔特（Jay David Bolter）和理查德·格鲁辛（Richard Grusin）在出版的《再媒介化：理解新媒体》（*Remediation: Understanding New Media*，1999）中提出了不同的观点。他们认为，新的媒介形式并不是一蹴而就的，而是在吸收和改造旧媒介基础上发展而来的产物。所有的媒介形式都不断借用和重塑其他媒介形式，两者不能截然分开。数字媒介不断吸收、对抗和重塑之前的绘画、摄影、电影、电视等媒介形式，不仅如此，早期的媒介形式也相互借鉴和重塑对方，例如，电影通过摄影技术和剪辑，使用视觉叙事对小说进行了重塑。某些网络游戏让玩家扮演电影中的人物，通过故事程序化和互动性来重塑电影。摄影可以重塑绘画，电影重塑舞台表演和摄影，电视重塑电影和广播等等，各种媒介形式密切相关，相互借鉴，产生各种各样的合作与竞争、对抗与尊重等关系。因此，博尔特和格鲁辛使用"再媒介化"这一概念，即在一种媒介中再现另一种媒介，来分析新媒介对旧媒介进行改造的方式。

数字媒介将早期的媒介形式再媒介化，已是极为常见的现象。例如，目前人们广泛使用的播客即是借助口语塑造的人格化的播客形象来延伸人们的听觉体验，并获取信息。《纽约时报》新闻网站就是对纸质报纸的再媒介化；电影流媒体服务 Netflix 网站则对电影、电视这些旧媒体进行了再媒介化；甚至微信、微博等社交软件对写信、打电话、分享照片和文件等方式的改变也可视为再媒介化。在互联网时代，再媒介化已是数字媒介的界定性特征，它遵循的一个双重逻辑是超媒介性（hypermediacy）和去媒介性（immediacy）。"我们的文化既想要增加它的媒介形式，又想抹除中介的所有痕迹：理想的状态是，它想要在增加媒介的特定行动中抹除媒介……新旧媒介都在重制自身与彼此的尝试中采用了去媒介性和超媒介性的双重逻辑。"（Bolter & Grusin，1999：5）去媒介性，即透明性（transparency），指的是通过仿真达到让媒介消失的效果。网络游戏通过结合文字、声音、动画、影像等超媒介形式达到仿真的效果,让人忽略媒介的存在。好莱坞电影使用数字合成技术和其他特效取得逼真的效果,从而抹去数字媒介的存在。如果说透明性的策略是让媒介隐形或消失,那么超媒介性则彰显了媒介的突出地位。随便浏览一下某个新闻网站,你就可以在多窗口、多链接中看到文本、图表、视频等多种媒介形式,领略其多样的超媒介性的特点。实际上,去媒介性和超媒介性策略为了追求真实,都想超越再现的界限。

再媒介化是一种媒介在另一种媒介的基础上进行的再创造和蔓生发展。2006 年亨利·詹金斯(Henry Jenkins)对新旧媒介的碰撞做了进一步的思考。他认为当今世界了解媒体变化的新范式是媒介的融合(convergence),即"内容在多种媒介平台的流动、多种媒体产业之间的合作以及媒介受众为寻求他们想要的娱乐体验而进行的迁徙行为"(Jenkins, 2006:2)。文本内容经由多种媒介平台在众多用户中发生历时和共时的转换和播散,进行最大限度的意义化,即是说,正如印刷媒介没有取代口头表达,电影没有取代戏剧,电视没有取代广播一样,数字媒介并没有取代以往的旧媒介,而是以复杂的方式与之融合在一起。正如博尔特和格鲁辛所言,"融合是再媒介化的另一提法,这种再媒介化是相互的:网络重塑电视,电视也重塑网络"(Bolter & Grusin, 1999:224)。融合体现了技术的更迭,也改变了现有技术、产业、市场和受众的关系,而且融合是一种过程,而非终点。由于互联网技术的迅猛发展和社交媒体的普及,媒介已无处不在。不管喜不喜欢,我们已深深处在融合文化之中了,但同时,我们应认识到,技术与媒介的共谋离不开全球资本主义控制之下的消费文化与视觉文化语境。

2.1.3 数字人文中的技术与人文

今天,我们正处于印刷文明到数字文明的转型期,数字技术已深深介入我们的生活中。数字既是媒介,也是技术。电脑是文学作品和艺术制品的传输媒介。我们可以在 Kindle 上阅读莎士比亚的文学作品,在电脑上播放贝多芬的《第九交响曲》或观看好莱坞电影,等等。可以看到,数字技术与文化知识的生产、呈现和传播密切相关。那么,我们应如何看待数字人文中技术与人文的关系呢?

传统的人文主义对技术的理解有两种:一是认为技术是手段和工具,二是认为技术是人类活动之一。在这两种理解中,人是认识主体,技术是人作为主体达成某种目的的手段和工具。德国哲学家马丁·海德格尔(Martin Heidegger)和法国技术哲学家伯纳德·斯蒂格勒(Bernard Stiegler)都认为,这两种技术观念存在问题。

1953 年海德格尔发表《论技术问题》(*The Question Concerning Technology*)一文,从存在论的视角剖析了技术的本质。海德格尔认为,无论是技术工具论还是技术的人类学观点,两者都会让人迫切地想主宰技术,通过不断产生掌控技术的意志来实现"活得好"这一目标。在资本主义新自由主义意识形态的助推之下,利益驱动、实用、加速成为技术主义的主导思想。对技术的这种理解意味着在地球史意义上,人类的技术活动成为影响地球生态的主导力量,地球演化进入技术文明主导的人类世时期。斯蒂格勒则认为,人类世的开端大致发生在 18 世纪末的工业革命,从那时起,地球进入熵大量增加的熵世,因为能量的耗散、生物多样性的破坏、对文化差异的偏见和心理层面的阴暗都导致熵的大量增加。到了 21 世纪,熵增已经达到危害地球生态系统,走向末世的程度。斯蒂格勒对地球这个准孤立系统出现急剧熵增的状况倍感担忧,因此呼吁人类建立一个"国际互联国"(Internation Collective),持续招募能积极致力于解决传统技术观带来的人类世危机的哲学家、科学家、社会学家、工程师、设计师、医生、艺术家等,倡导生命多样性,尊重地方多样性,通过建立不同的技术观实现价值的逆转,从而开启稳定的负熵,走出人类世。

在数字工具、技术和媒介已经改变人文知识生产的语境中,数字人文应该扮演一个突破工具论的开创性的角色。数字人文是用数字技术和计算机分析介入知识生产,对人文问题进行研究的实践性活动。今天的数字人文必须超越数字技术作为工具手段的观点,而思考它如何以计算批评的方式介入批判性的话语和文化实践。加州大学英语系的艾伦·刘(Alan Liu)早在十多年前就认识到文化批评在数字人文中的缺席,因而主张进行思辨的文化分析(culture analytics),并对工具的使用始终保持一种自反性的态度,而不是对数字技术根深蒂固的工具性持习焉不察的认同态度。数字人文研究与实践要警惕两种危险:一是将技术知识定义为一种高于其他人文形式的知识;二是只关心表层数字和数据,而缺失对数据呈现的内容进行批判性反思的能力。技术的使用不是为了技术而技术,而是要真正解决迫切的人文问题,尤其是前数字时代难以观察、无法想象和无法进行的人文研究。数字人文研究集科学方法、实证方法、阐释方法等各种研究方法于一身,其名称中的数字与人文应交互协作,不能只重技术而轻人文,要通过模型进行人文思考。两者唯有共生发展,才会有助于人文学科在数字时代赓续传统,焕发活力。

❓ 思考与讨论

(1) 你如何理解麦克卢汉的"媒介即信息"这一观点?

(2) 再媒介化是媒介分析的一个强大工具,请举例说明数字媒介如何通过再媒介化改造和重塑旧媒介。

📖 推荐阅读

［1］Bolter, J. & Grusin, R. (1999). Remediation: Understanding New Media [M]. Cambridge: The MIT Press.

［2］Heiderger, M. (1977). Basic Writings[M]. London: Routledge.

［3］Ryan, M. et al. (2014). The Johns Hopkins Guide to Digital Media [M]. Baltimore: Johns Hopkins University Press.

2.2 ▸ 数字化与基础设施

2.2.1　基础设施的定义

对人文学科而言,研究基础设施(Research Infrastructures, RIs)并不是一个新生事物。图书馆、档案馆、博物馆、画廊以及其他物质文化遗产场所早已对人文学科的学术研究产生了广泛深远的影响。早在公元前 3 世纪,为了收集、管理和存储人类知识,亚历山大大帝的继任者托勒密·索托(Ptolemy Soter)便在亚历山大城建立了世界上第一个信息中心——亚历山大缪斯神庙(Mouseion),这被公认为人类历史上最早的博物馆,它在当时既充当了文化传播和交流的重要阵地,还扮演了大学和图书馆的角色。即使在罗马帝国消亡之后,研究基础设施的影响也没有戛然而止。相反,它相继促成了一系列重大文化活动的开展,如中世纪图书馆和艺术收藏系列的创建,这些活动旨在培育一个新兴的知识体系,为人类文明的持续进步和发展提供知识储备,进而凸显出获取、管理和储存知识的重要性。毋庸置疑,这些早期的"数据库"确实也为人文学科的后续发展提供了丰富的资料,尤其是大型百科全书的出版、博物馆馆藏目录和学术学科的形成、分类和分类学的根本进展以及欧洲期刊的广泛传播。许多著名的学术机构对文本进行了系统分类,并以多卷版评述本和系列语料库的形式进行传播。这些文本和语料库反过来促进了新研究工具的开发,例如,覆盖范围很广的索引、书目、传记辞典等。许多档案机构也对馆内的文本档案进行了重组,以便历史学家研究原始分组状态下的档案记录。这种重组增强了档案记录的通用性,使它们成为了我们如今所说的"研究基础设施"。

近年来,有关基础设施的定义层出不穷,众说纷纭。不少研究者认为,基础设施是能够允许他们展开协作、共享数据和研究结果的技术和操作框架;另一些学者则强调,基础设施主要是指其提供的访问内容,而不是与之有关的设施;也有学者表示,基础设施应该两者兼备。丽莎·帕克斯(Lisa Parks)指出,"基础设施"一词兴起于20世纪初,最早与永久性军事设施紧密相关,后来逐步扩展到输电网络、电信网络、桥梁、地铁、大坝、排水系统等领域,并逐渐成为城市研究、通信、地理学、科学技术研究等领域的热门话题。数字人文领域的研究者主要围绕"网络化"这一主题,对网络化技术、机构、企业和文化开展重要的批判性研究(Parks, 2015)。2006年,欧洲研究基础设施战略论坛(ESFRI)发布了题为《欧洲研究基础设施路线图》("European Roadmap for Research Infrastructures")的报告。该报告概述了基础设施建设对21世纪日益增长的数字研究需求的重要性。报告指出:"研究基础设施既包括了相关的人力资源,又涵盖了主要设备或成套仪器,以及知识资源的来源,如馆藏、档案和数据库。"因此,"研究基础设施被定义为'单点、分布式或虚拟的'。它们通常依靠与数据管理相关的结构化信息系统来实现信息和通信,其中包括以技术为基础的基础设施,如网格、计算、软件和中间件"(2006:16)。欧洲科学基金会(European Science Foundation, ESF)将"研究基础设施"描述为科学界用于在各领域进行顶级研究的设施、资源和相关服务,涵盖大型科学设备或成套仪器;基于知识的资源,例如科学信息的馆藏、档案或结构;基于信息、通信和技术的基础设施,如网格计算、软件和通信,抑或任何其他对实现卓越研究至关重要的独特实体。此类基础设施既可以是"单一站点的",也可以是"分布式的"(有组织的资源网络)。该基金会进一步将人文学科中最常见的研究基础设施划分为四个主要类别:①物质性基础设施,即物理实体、装置、容器或仪器的集合,此类基础设施既可以是单站点的也可以由多个机构或国家主办;②数字数据基础设施,分布在多个机构或国家的单站点或相互连接的数据存储库;③电子基础设施,分布在不同机构或国家的网络和计算设施,这是某一特定研究基础设施的技术中枢,例如GRID计算、集群计算、云计算和联结它们的网络;④元基础设施,即独立研究基础设施的集合体,隶属于不同的机构或国家,具有截然不同的数据格式、数据结构和数据生成渠道,但由于使用了兼容的元数据格式或数据流程进行连接,能够自由访问不同的数据档案。在这一宏观层面上,基础设施所能提供的物质文化资源主要可分为四类:①数据和物质性或模拟性实体;②服务;③专业知识;④实验室设施。通过欧洲科学基金会对基础设施及其提供资源的分类,我们可以从一个多层次、多维度的视角勾勒出人文学科中研究基础设施的类型框架,打破刻板印象的束缚,对研究基础设施的表现形式和内容有一个全面深刻的理解和把握。

随着数字化时代的来临,人文学科越来越关注数字人文基础设施的建设及其与知识生产、传播和消费的关联。丹尼尔·阿特金斯等人明确指出,数字基础设施的知识生产力和与之相关的投资力度将在一定程度上影响一个国家或地区的经济竞争力与增长速度(Atkins et al., 2003)。美国国家科学基金会(NSF)专门设立了科学和工程部门,美国国家人文基金会(NEH)也成立了由布雷特·博布利(Brett Bobley)领衔的数字人文办公室。在帕特里克·斯文松(Svensson, 2010)看来,"(这是)一项具有重大象征意义的举动",因为这意味着美国的国家和政府部门开始围绕着数字人文基础设施建设展开思考并谋求深入发展,以期为人文学科的数字研究奠定良好的资源和结构基础。博布利曾指出,数字人文"涵盖了以下主题:资料的开放获取、知识产权、工具开发、数字图书馆、数据挖掘、原生数字资源存储、多媒体出版、可视化、地理信息系统、数字重建、技术对多领域的影响研究、教学技术、可持续性模型、媒体研究等"(Gavin et al.,2012:61)。不难看出,基础设施的建设在数字人文研究中占据了至关重要的地位,不仅为海量数据的管理和储存提供了绝佳场所,还为后续的数字分析展示与多媒介传播提供了很好的平台,为人文研究的数字化转型创造了条件。

对人文学科而言,基础设施是支撑大学教学和研究工作的根基。大学里最常见的基础设施是图书馆,它可以为师生集中提供必要的数字资源、设施和服务,以确保大学生活的正常运转。图书馆的组成结构、资金来源、员工人数、学科范围、资料数量、日常组织运作都会对大学的研究和教学工作产生深远的影响。另外一个与数字人文密切相关的基础设施就是研究中心或实验室。数字人文中心通常由学校或学院设立,汇集了一大批志同道合的专家学者和青年学生,他们来自不同的学科领域,却都致力于促成人文学科的数字化转型。数字人文中心通过密集高效的跨学科研究,开发出重要的数字工具和全新的数字资源,为数字人文的深入发展添砖加瓦。"作为弥合新技术与人文学者之间巨大鸿沟的关键场所,数字人文中心在用户和信息基础设施之间架起了一座桥梁,学者在此既能学习如何将计算方法、编码实践和工具引入他们的研究,也能实现从数字资源使用者到生产者的转变。"(Fraistat,2012:281)数字人文中心打造了一个以跨学科为基础的第三空间,让来自不同学科的学者在共同研究兴趣的驱使下,开展实验,共享知识、技术与服务,从而催生出一个开放的、协作的、包容的、灵活的学术研究生态系统。中心以外的其他学者也能通过多样化的方式参与由中心组织的讲座、专题研讨会和讲习班。总而言之,数字人文中心既是知识生产、创新和共享的场所,又是传播和推广知识的媒介。

2.2.2　基础设施的数字化转型

人文学者长期与档案馆、博物馆、画廊、图书馆等基础设施为伴,这些设施里面收藏着浩如烟海的人文智慧结晶,如考古碎片、绘画、雕塑、铭文、手稿、书籍、期刊等。随着数字化时代的来临,这些历史悠久的研究机构致力于将海量的实体馆藏内容数字化,打造高效、共享的数字人文研究平台。借由数字化的东风,人文研究者正在重新定义和阐释传统实体知识库的研究对象集合,重新评估基础设施的本质。人文学科的涉猎范围日益拓展,其研究对象既可以是实体文本,也可以是模拟数据,还可以是计算机读取的数字数据。对人文学科基础设施的整体观照既要涵盖实体对象,也要考虑数字对象,这样才能在现有学科中催生出新兴研究领域,拓展学科研究视野,创造全新的学科研究重点和热点。面对大型的数字语料库等基础设施,人文学者需要结合他们现有的研究来认真思考该如何充分利用海量数字资源,积极推动传统人文学科的范式转型,并从容应对由此产生的新问题、新方法和新课题。

2014 年 11 月 14 日,由首都师范大学历史学院张萍教授牵头的国家社科重大项目"丝绸之路历史地理信息系统建设"正式立项,该项目受国家文化产业发展专项资金扶持,并得到了西安云图信息技术有限公司的技术支持。2017 年 3 月,由中南民族大学文学与新闻传播学院王兆鹏教授和公益网站搜韵网联合推出的"唐宋文学编年地图"首次打破了历史的时空壁垒,让我们能够跟随李白、杜甫、苏轼等著名唐宋诗人的脚步,观赏他们用经典诗句铺就的人生轨迹,寓教于乐,使文学研究兼具艺术性、观赏性和趣味性。2018 年 4 月 22 日,中华书局利用自身的资源优势,推出了国内首款众包古籍整理的数字化综合服务平台——籍合网,力图实现从传统出版单位到数字化服务平台的升级转型。2021 年 5 月 18

日,中国海外古籍"数字化回归"项目"汉典重光"平台正式发布,该平台由阿里巴巴基金会、中国国家图书馆、浙江图书馆和海内外多所知名高校联合推出,旨在寻回流落海外的中国珍贵古籍并将其数字化,让所有人都可以通过阅读古籍来培养文化自信,进一步传承中国优秀传统文化的精神内核。2021 年 7 月 17 日,我国最著名的历史地理学研究机构——复旦大学历史地理研究中心在西安云图信息技术有限公司的技术支持下,推出了"中国历史地理信息平台",用户通过注册便可访问该平台的数据库、资源中心、CHGIS、古旧地图和时空框架五大版块。同时,互联网巨头、出版社、游戏公司等非学术机构也相继成立了大量实验室和数字人文研究中心,研发出种类繁多的在线数据服务平台和门户网站,如数字古籍、专题数据库、知识图谱和地理数据的可视化等。作为现今保存最完善、规模最宏大、内容最丰富的丛书,《文渊阁四库全书》汇集了从先秦时期到清代前期的历代典籍,由上海人民出版社和香港迪志文化出版有限公司联合推出现有"原文及标题检索版"和"原文及全文检索版"两种版本。不难看出,数字人文研究不同于传统人文研究,前者更注重多元化的跨界合作,依托尖端计算机技术,促使传统人文向数字人文转型升级,后者则更为侧重个人的创造力、生产力和知识产权保护,因此通常在学科内部由个别学者独立完成。随着大数据时代的到来,人文学科的研究目标不再局限于哲学上的抽象思辨和理论上的方法构建,而是朝着学科间合作共赢的方向高歌猛进,通过向高科技企业机构寻求技术和资金支持,来建设和完善相关的数字人文研究平台,实现从纸质媒介向数字媒介的跨越式发展。

随着数字技术的迅猛发展,世界上很多著名博物馆都开通了在线数字化展览馆,借助科技手段将博物馆中的展品移至互联网上进行展示,观众甚至都不用亲临展览现场,便可通过数字设备免费浏览、下载馆藏文物的海量图片与视频。谷歌文化学院 2016 年发布的应用产品 Google Arts & Culture[①] 囊括了全球 70 多个国家和地区的 1 000 多家艺术博物馆的展品信息,还为用户提供了 360 度全景式观看体验。2017 年 2 月,美国纽约大都会艺术博物馆发布了"开放资源"项目,公开馆内珍藏的超 37.5 万件艺术展品的图片信息,用户通过登录博物馆的官方网站即可快速浏览、下载超高清的文物图片。作为世界上首个将文物从展览厅移至线上的博物馆,巴黎卢浮宫于 2021 年 3 月 26 日在网络上展示并免费开放了 48.2 万件文物,占整个馆藏总量的四分之三。凡尔赛宫借助虚拟现实、三维全景等数字技术,为游客提供了全新的沉浸式体验。在以传统展馆为基础构建的虚拟空间内,游客可以随意查看房间内的摆设,甚至可以在由虚拟现实技术重现的路易十四时期的法国宫廷里自由行走,或参加路易十五举办的盛装舞会。2014 年,大英博物馆与伦敦大学学院联合发起的 Micropasts 项目通过互联网众包模式,将学者、志愿团体和感兴趣的民众联合起来,以分布式协作的方式进行考古学、历史学和文化遗产研究。旧金山现代艺术博物馆也推出了"Send me SFMOMA"短信服务,用户通过发送"send me xxx"到 572-51,即可获得相关艺术品的图片与信息。

2018 年,腾讯首次提出了"新文创"的概念,以 IP 构建为核心目标,致力于打造出更多具有国际影响力的中国文化符号,传承与弘扬中华优秀传统文化。腾讯相继与故宫博物院、敦煌研究院、秦始皇帝陵博物院、三星堆博物馆展开深度合作,开发出多个新文创爆款系列,如"数字故宫""云游敦煌""数字秦陵"等。"云游敦煌"小程序推出了"云采丝巾"(见图 2-1),用户可根据个人喜好,采用敦煌壁画中的图案进行自主设计,并通过腾讯云的 AI 技术进行试戴,再决定是否购买。

---

① 2011 年 2 月 1 日,谷歌公司与世界各地博物馆展开合作,正式推出 Google Art Project。这是迄今为止最知名的艺术品数字化项目。该项目利用 Google 街景技术实时拍摄博物馆内部景况,并用超高清像素呈现馆内的艺术藏品。

图 2-1　"云游丝巾"界面

由此可见,数字与人文的交融既能确保历史文化的保存与传承,让中华优秀传统文化在新时代焕发全新的生机与活力,还能通过增强用户的沉浸式体验,探索文化价值和商业价值的双向赋能。

"国宝全球数字博物馆"也是由腾讯推出的一站式全球中国文物数字体验平台,现已与美国纽约大都会艺术博物馆、法国吉美国立亚洲艺术博物馆、巴黎市立赛努奇亚洲艺术博物馆这三所世界顶尖博物馆合作,推动近 300 件中国文物珍品以数字化的形式回归,其中包括法国吉美国立亚洲艺术博物馆的新石器时代双耳尖底瓮、商代柉禁诸器、战国青铜带钩、汉代抚琴俑、南北朝立佛、唐代千手观音、辽三彩罗汉像、元代《兰亭集》、明代龙云文罐、清代《康熙南巡图》等 198 件馆内藏品,美国纽约大会艺术博物馆的新石器时代彩陶罐、商代三羊首鬲鼎、战国龙形玉佩、汉代陶女舞俑、南北朝青铜鎏金弥勒佛、唐代彩绘漆金夹纻阿弥陀佛像、宋代《树色平远图》、元代王羲之《观鹅图》、清代《康熙南巡图》第三卷等 27 件馆内藏品,巴黎市立赛努奇亚洲艺术博物馆的商代虎形卣、汉代温酒尊、南北朝枇杷乐神、隋代罐骑马奏乐女俑等 19 件馆内藏品。用户在手机微信小程序(见图 2-2)上按照指示便可随意浏览欣赏流散海外的中国珍品文物,查看文物信息介绍,聆听专业语音讲解。

图 2-2　"国宝全球数字博物馆"
微信小程序界面

在线上浏览时,用户可以根据个人需求选择浏览的内容,甚至还能通过超高清图片发现一些在博物馆现场无法仅凭肉眼观察到的文物细节,同时还能观看与文物相关的信息介绍、讲座和纪录片等。借助先进的科技手段,越来越多的博物馆、图书馆、档案馆和画廊等传统人文基础设施对其馆藏文物进行数字化保护,建立可供永久性、重复性、创造性使用的文物信息数据库,既便于用户检索和分享,又能减少对历史文物本身的损害,让人们足不出户便可云游世界,轻松获得丰富多样的文化体验,从而进一步拉近大众与艺术的距离,拓宽共享空间,加强艺术普及教育。如今,许多传统人文基础设施加快了数字化建设的步伐,在永久保存文化遗产的基础上,利用数字技术拓展传统展馆的叙事模式,更好地传承和弘扬历史文化遗产。艺术作品和历史文献的数字化不仅可以确保它们免受时间、空间和灾难的影响，还能激发全新的艺术展现渠道和手段，让参观者获得更好的观展体验。以往以印刷信息为中心的传统传播模式逐渐被以人为中心的数字媒体传播模式所取代。

2.2.3 基础设施的新发展

数字人文从人文计算演变到计算人文科学、人文信息学，再到当下的数字人文，其发展大致可分为两大阶段——第一阶段是基础设施建设，第二阶段是在艺术学科和学术学科临界处所生发的创造性、表征性、批判性、实验性实践。基础设施建设主要发生在布萨神父时期到互联网革命期间，表现为大规模的资源建设。布萨神父的《托马斯著作索引》就是典型的例子，类似的还有达特茅斯但丁项目（Dartmouth Dante Project, DDP）[①]、19 世纪电子学术的网络基础设施和罗塞蒂档案库（NINES and the Rossetti Archive）[②]。这些项目均以现有的人文学术传统和实践为基础，致力于打造出一个开源、共享、协作的人文学术生态系统。在互联网革命爆发以后，数字人文朝着表征性、实验性、批判性的方向不断演变，数字人文基础设施建设也迎来了新的发展契机。以哈佛大学的 metaLAB 为例，数年前，在哈佛大学艺术博物馆重新开放之际，metaLAB 为之专门设计建造了一个名为"灯箱画廊"（Lightbox Gallery）的体验区域（见图 2-3）。在博物馆之行即将画上句点之时，参观者可步入该画廊，开启一段奇妙无比的互动式、沉浸式艺术体验。

图 2-3 哈佛大学艺术博物馆灯箱画廊[③]

① 达特茅斯但丁项目是一个提供全文检索的在线数据库，它不仅收录了意大利籍天主教总主教彼得罗基（Giuseppe Petrocchi）对《神曲》的编辑加工，还整理校对了自 14 世纪 30 年代以来所有关于但丁诗歌的评注。注释语言以拉丁文、英文和意大利文为主，访问者可以根据颂歌、诗章、诗行、单词或短语进行内容搜索。该项目对研究但丁的学者来说是非常有用的学术资源，也是了解评释传统的重要门户网站。

② NINES（Networked Infrastructure for Nineteenth-century Electronic Scholarship）是一个开源的分布式数据库和电子学术网络基础设施，囊括了 19 世纪英美文学和文化领域的同行评议在线学术著作，而罗塞蒂档案库一直以来都是 NINES 项目开发的主要测试平台。

③ 图片取自 https://harvardartmuseums.org/article/in-focus-lightbox-gallery。

一走进"灯箱画廊",访客便能看到一整面墙的显示屏,屏幕上展示了博物馆收藏的所有文物藏品,访客可通过掌控"空鼠",与显示屏上的在线馆藏数据库进行互动。有趣的是,屏幕上显示的并不是单一的藏品,而是访客适才亲眼所见的 1803 个藏品,只不过它们以一种缩略的形式在同一个画面中展示出来。

当访客将"空鼠"指向其中任意一件藏品时,该藏品就会被拉起,随后便会出现一连串关于该藏品的数据记录(见图 2-4)。在数字化的虚拟世界中,现实世界中的博物馆藏品被模拟和展现,并由此开启了一个由数据驱动的人类体验新维度。这显然与柏拉图的观点有所不同。他认为,现实世界是虚幻的,是更高层次的理念世界的不完美投影。而"灯箱画廊"屏幕上的"数字孪生体"与物理实体并无优劣之分,我们不能简单地将其视为原型的复制品,相反,"数字孪生体"记载了有关原型的巨量数据,并通过传感器和网络来实时生成海量最新数据。

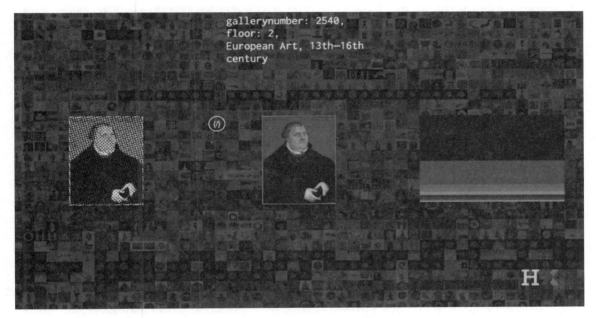

图 2-4　灯箱画廊显示屏①

如图 2-5 所示,这与面对面直接观赏物理实体的感官体验截然不同,"数字孪生体"催生了无数个视角,让访客可以从不同的角度来欣赏和了解同一物件,通过选择构成数据库的任一字段作为入口点,观照海量数据之间的内在联系和潜在模式。你可以点击"出处",了解这个展品的来源、生产时间、地点和制作材料,你也可以了解该展品在网络上被浏览的次数。如此一来,它就不再只是一个单独的艺术品,而是一组社会关系的表征。更准确地说,整个"灯箱画廊"就是一个由无数艺术品构成的社交网络,参观者的体验对象不再局限于实实在在的物理对象,而是隐藏在大数据背后的社交网络和内在关联。当然,这种多维度的数字化体验并非要取代传统的面对面鉴赏体验,而是致力于为其附加一种数字价值,增添一份广度和深度。数字博物馆不再拘囿于展示某组馆藏物品,而是提供了一幅集体肖像图,将博物馆内的展品作为一个整体展现出来。这无疑是数字化时代背景下一个令人兴奋不已的维度:我们可以设计历史文化遗产的呈现形式,打造全新的用户交互体验方式,既能从宏观视图转移到单个对象,

---

① 图片取自"HarvardX: Introduction to Digital Humanities"(https://pll.harvard.edu/course/introduction-digital-humanities?delta=0)。

也能从微观物品过渡到宏观布局。当下最为流行的 VR 技术注重打造一种由"无屏"传播带来的沉浸式体验，用户沉浸在没有时空边界的虚拟环境中，通过身体感知与虚拟世界进行互动，在现实与虚拟世界的交织下完成信息的接收、传播与创造。这种泛在化、个性化、即时性、沉浸式、交互式体验有助于展馆将文物的海量信息以多元的方式呈现给观众，从而更好地彰显和弘扬文物的历史文化价值。在数字博物馆的虚拟空间中，人们不再受到物理边界的束缚，可以自由选择海量数据记录中的信息要素，既能从多重视角来加深对单个文物展品的认知，又能以一种鸟瞰式视角获取整个文物展品系列的概貌以及展品之间隐藏的关联。每一件展品背后都隐藏着一个宏大叙事和一张复杂严密的社会关系网络。数字博物馆打破时空界限，将展品的海量信息与参观者的身体感知紧密结合起来。更为重要的是，在获取海量信息的同时，每位参观者也是实时信息的创造者，他们通过与数字信息互动，也成为了传播的介质，实现了信息的有效延展。

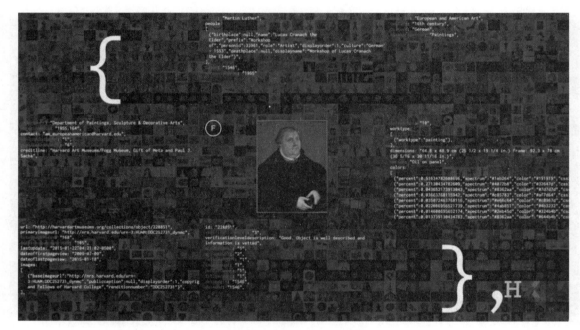

图 2-5　数字孪生体催生的视角①

　　一言以蔽之，第一阶段的基础设施建设，如大规模数字化项目，主要是为传统的人文学科研究提供丰富多样的数据资源、专业知识与服务，促使人文学科完成从纸质媒介到数字媒介的转变。第二阶段的基础设施建设借助于数字媒体技术，开创全新的人文学术研究类型、文化表现形式和传播渠道，推动人文学科叙事模式的多元化发展。低互动、扁平化的传统阅读模式逐渐让位于一种新型的沉浸式、交互式体验。随着数字媒体技术的迅猛发展，传统的人文基础设施逐渐被高效新颖的数字化服务平台和门户网站取代，后者具有前者难以比拟的多重优势，如丰富多样的传播渠道与手段、感官的交互性、能满足个性化需求等。新媒体技术的应用使传统的博物馆打破了时空界限，从单一叙事模式进化到多媒介叙事，以多元的形式呈现文物的海量信息。数字与人文的交相辉映不仅使文物的内涵和价值得以彰显，还开辟了全新的欣赏和体验历史文化的渠道。

① 　图片取自"HarvardX: Introduction to Digital Humanities"（https://pll.harvard.edu/course/introduction-digital-humanities?delta=0）。

？ 思考与讨论

（1）数字博物馆与传统博物馆的主要异同是什么？你更倾向于哪种博物馆？为什么？

（2）有人认为，理想的博物馆应该提供一种充满挑战性和趣味性的沉浸式互动观展体验，所以传播媒介单一的传统博物馆终将被数字博物馆所取代。你认同这种看法吗？为什么？

（3）如今，艺术品数字化的浪潮似乎正在席卷全球，逐渐成为一种无法阻挡的大趋势。你对该趋势怎么看？艺术品数字化为我们提供了哪些便利，又存在哪些不容小觑的问题呢？

（4）不少人认为，如果没有数字技术，传统博物馆将无法继续生存。你是否赞同这种说法？

📖 推荐阅读

［1］Anderson, S. (2013). Thinking Infrastructure: What Are Research Infrastructures?［J］. *International Journal of Humanities & Arts Computing: A Journal of Digital Humanities* 7(1/2), 4 - 23.

［2］Fraistat, N. (2012). The Function of Digital Humanities Centers at the Present Time［M］//Matthew, K. G. *Debates in the Digital Humanities*. Minnesota: University of Minnesota Press, 281 - 291.

［3］Gavin, M., Smith, K. M. (2012). An Interview with Brett Bobley［M］//Matthew, K. G. *Debates in the Digital Humanities*. Minnesota: University of Minnesota Press, 61 - 66.

［4］Office for Official Publications of the European Communities. (2006). European Roadmap for Research Infrastructures: Report 2006［R/OL］. Luxembourg: European Strategy Forum on Research Infrastructures. Retrieved September 24, 2022. https://www.esfri.eu/sites/default/files/esfri_roadmap_2006_en.pdf.

［5］Svensson, P. (2010). The Landscape of Digital Humanities［J/OL］. *Digital Humanities Quarterly* 4(1). https://digitalhumanities.org.

2.3 ▶ 大数据与数据处理

如今，随着互联网和数字化时代的开启，我们正朝着一个大规模生产、储存、管理、分析、应用、分享数据的数字世界高歌猛进。在数字技术突飞猛进的 21 世纪，各种各样的人类信息（话语、行为、情感、关系、地理位置等）都能作为数据被捕捉和记录，然后被快速分类并存储于各类数据平台，以便随时进行分析和处理。我们不禁要思考的是：什么是大数据？它有哪些特点？我们应如何辩证地看待大数据？强大的数字系统是否会将人类社会打造成马克斯·韦伯（Max Weber）所说的"现代的铁笼"，导致世界的"再神秘化"？大数据对人文研究产生了怎样的影响？作为人文学者，我们又应如何利用大数据以救传统人文学科于颓废之势？人文精神又该如何与工具理性共处？在本节中，我们先从"大数据"的概念说起。

2.3.1　大数据的定义

2008 年 9 月，美国《自然》（*Nature*）杂志发布了一期以"大数据"为主题的专刊，从科学、社会、经济等多个维度勾勒出数据信息在其中扮演的日益关键的角色，这一举动使"大数据"迅速成为 PB（petabyte）时代科学和创新领域的前沿话题。2010 年 2 月，《经济学人》（*The Economist*）在特别报告《数据，无处不在的数据》（"Data, Data Everywhere"）中，以约瑟夫·海勒斯坦（Joseph Hellerstein）所谓的"数据的工业革命"开篇，强调"从商业到科学，再从政府到艺术，（数据的）影响无所不在"。2011 年 2 月，美国《科学》（*Science*）杂志刊登了名为《处理大数据》（"Dealing with Big Data"）的专题，阐明了大数据在科学研究中的重要作用。2011 年 2 月,麦肯锡公司发布了一份关于大数据的专题报告,即《大数据:下一个创新、竞争和生产力的前沿领域》("Big Data: The Next Frontier for Innovation, Competition, and Productivity"),随即引发了大数据研究的热潮。在大数据方兴未艾、众说纷纭之时,维克托·迈尔·舍恩伯格(Viktor Mayer-Schönberger)和肯尼斯·库克耶(Kenneth Cukier)合著的《大数据时代:生活、工作与思维的大变革》(*Big Data: A Revolution That Will Transform How We Live, Work and Think*)进一步厘清了关于大数据的基本概念和特点。该书指出:"大数据指的是那些我们只能大规模开展,而不能在小规模数据基础上进行的事情。通过大数据,我们可以获得全新的视野,创造新的价值形式"(2013a:6)。露易丝·阿穆尔(Louise Amoore)和沃尔哈·皮奥图赫(Volha Piotukh)将"大数据"视为这样一种数据:"它突破了传统关系数据库的束缚,不再局限于简单的行列表,转而寻求查询和利用数据进行分析的新方法……大数据之所以大,是因为它超越并改变了人类阅读和理解大数据的能力"(2015:343)。麦肯锡公司的詹姆斯·曼尼卡等人认为,"大数据指的是那些规模大到超出典型数据库软件工具捕获、储存、管理和分析能力的数据集"(Manyika et al. , 2011)。社会学家黛博拉·拉普顿(Deborah Lupton)将"大数据"定义为"当代数字数据量的重要扩展",这些数字数据是"用户通过数字媒体技术和数字监控技术(如闭路电视摄影机、射频辨识芯片、交通检测器和监测自然环境的传感器)进行交易和内容生成的产物"(2015:94)。文森特·莫斯可(Vincent Mosco)把"大数据"看作一种转向,该转向聚焦于"分析存储在多个位置的、日益暴涨的信息",而这些信息"主要在线储存于云上"(2014:177)。一言以蔽之,大数据是指传统数据处理软件不足以处理的庞杂的数据集,特别是来自新数据源的数据集,其种类繁多,规模庞大,高速生成,需要开发出全新的技术工具来对其进行存储、管理、分析和并行计算。谷歌的 MapReduce 软件架构和雅虎的开源软件框架 Apache Hadoop 等编程模型就此应运而生。

"数据"的英文"data"在拉丁语中意为"已知事实"(given)。舍恩伯格和库克耶给"数据"一词下了这样的定义:"数据是指通过记录、分析和重组的方式对某物进行的描述"(2013a:78)。将某一现象转换为一种量化格式,以便对其进行表格化分析的过程被称为"数据化"(datafication),而"数字化"(digitization)则是指将模拟信息转换为二进制代码,便于计算机读取和处理数据信息的过程。2000 年,世界上只有三分之一的信息以数据形式储存,而到了 2013 年,这一比例已超过 98%(Cukier & Schönberger, 2013b:28)。为了阐明数字技术的蓬勃发展对当下数据爆炸的直接影响,舍恩伯格和库克耶将我们目前正在经历的数字革命与 1439 年古登堡印刷术的发明进行了对比。在印刷术问世后的 50 年间,约有 800 万本纸质印刷书籍产生。美国历史学家伊丽莎白·爱森斯坦(Elizabeth Eisenstein)指出,这个数字远超君士坦丁大帝建城 1200 年以来欧洲所有抄写员抄录过的手抄本数量(1993)。倘若印刷技术革命下的欧洲只需要五十年的时间就能让信息量翻倍,这样的奇迹在大数据时代每三年就能发生一次(Schönberger & Cukier, 2013)。对此,1997 年图灵奖得主、"鼠标之父"道格拉斯·恩格尔巴特(Douglas Engelbart)评论道:"数字革命远比文字和印刷术的发明更有意义"(转引自 Jockers, 2013:3)。杰米·萨斯坎德(Jamie Susskind)也提醒我们:"如今,最重要的革命没有诞生于哲学系,也没有发生在议会和城市广场上,而是在实验室、研究机构、科技公司和数据中心内部蓄势待发。其中大部分都涉及数字技术领域的发展"(2018:7)。

大数据的迅猛发展标志着人类在量化和理解世界的道路上迈出了至关重要的一步。模拟时代甚至更早以前无法测量、储存、分析、管理和分享的巨量信息正朝着数字化和数据化的方向高歌猛进。在数字社会,信息的指数级增长已远远超过了传统数据处理应用软件的能力,工程师们亟需改进他们的数字工具,增强计算机的性能,以应对信息时代随处可见的海量数据。那么,大数据主要有哪些特点呢? 强大的数字系统又在多大程度上引领和支配着我们的生活?

2.3.2 大数据的特点

为了进一步阐明和厘清大数据分析与传统数据分析的差异,我们不妨了解一下 IBM 公司提出的大数据的"5V"特征——高速(Velocity)、大容量(Volume)、多样性(Variety)、价值(Value)以及真实性(Veracity)。

大数据的"高速"是指其能够快速接收并分析处理数据的能力。在大数据时代,数据通常不用写入磁盘,而是直接记录在内存上,并基于实时数据(流量)迅速作出评估和操作。例如,淘宝、京东、拼多多等购物平台会根据我们实时的浏览记录和购物记录,对高速多变的大规模用户数据作出快速反应,迅速捕捉用户的购物喜好,推出"猜你喜欢"词条,以促成更多的交易。

大数据的"大容量"主要体现在数据体量上。过去,大规模信息的收集与分析工作主要由政府或教会这样的机构完成,而如今随着科技的飞速发展,企业甚至个人也能搜索、收集和使用大规模数据。根据 Statista 全球统计数据库的统计报告,2021 年,全球范围内生成和捕获的数据总量高达 79 泽字节(zettabytes),相当于人均 600 万册书的数据量。预计到 2025 年,人类和机器生成的数据量将再攀新高,朝着 181 泽字节这一骇人的数量阔步迈进("Volume of Data/Information Created, Captured, Copied, and Consumed Worldwide From 2010 to 2025", 2022)。美国瑞迪卡迪集团(Radicati Group)于 2022 年发布的市场调研报告"Email Statistics Report, 2021—2025"表明,我们每天的电子邮件往来总数在 2021 年底已超过 3 190 亿,而这一数字将在 2025 年底突破 3 760 亿。全球电子邮件用户数量在 2021 年底已突破 41 亿,将在 2025 年底突破 45 亿,这也就意味着全世界超过一半的人口在使用电子邮件。此外,以社交媒体 Facebook 为例,2021 年,Facebook 上每分钟大概有 51 万条评论、29.3 万条状态、13.6 万张照片和 400 万条帖子点赞(Shepherd, 2022)。

大数据的"多样性"是指数据类型繁多。传统数据属于结构化数据,通常可以整齐地纳入关系数据库中,而随着大数据的兴起,文本、图像、音频、视频等非结构化数据类型层出不穷。这类数据结构模糊,不易识别,但丰富多样,可以通过预处理操作来提取出有用的信息。

大数据的"价值"指的是大数据作为一种新财富,具有巨大的经济、社会和文化价值。数据的价值密度与数据的规模通常呈负相关的关系。海量数据中有巨量的无效信息,要充分释放大数据的潜力,就要在海量低价值密度数据中条分缕析,披沙拣金,通过挖掘出有用的数据来进行分析和预测,找到数据的价值所在。舍恩伯格和库克耶曾说过:"数据的真实价值就像一座冰山。我们第一眼只能瞥见冰山一角,其绝大部分都隐藏于表面之下。"(2013a:103)在云计算出现之前,传统的计算机服务器根本无法处理海量的、不规则的非结构化数据。在充分了解这类数据信息所能带来的巨大商机之后,创新型企业纷纷开发以云计算为基础的数据挖掘、储存和分享手段,如 AWS、Google Cloud、Oracle Cloud、Microsoft Azure、阿里云、腾讯云等公有云平台,以期用更低的成本,在更短的时间内将海量的、高速多变的终端数据通过云计算储存下来,以便随时分析、处理和计算。云计算进一步提高了大数据的可扩展性和弹性,有利于企业对未来趋势和模式进行分析和预测,由此释放出大数据的隐藏价值,这也是机器学习和人工智能努力的方向。以沃尔玛超市"啤酒与尿布"的故事为例,企业可以通过购物篮分析(Market Basket Analysis)来挖掘大型数据集,统计出哪些商品之间会形成关联性购买,分析和预测客户的购买模式,由此来增加销售额。

大数据的"真实性"指大数据的质量。大数据来自于现实生活,真实的数据不一定是准确的,如何进一步区分真实数据与虚假数据,也是大数据分析的一项重要任务。

2.3.3　大数据与人文研究

当数据增长到一定规模时,量变导致质变,人类生活就会产生翻天覆地的变化。2008 年 6 月,美国《连线》(Wired)杂志开设了名为"PB 时代"的特别版块,并宣称:"我们捕获、存储和理解海量数据的能力正在改变科学、医学、商业和技术行业。随着我们收集的事实数据日益飞涨,我们将有机会探寻基础问题的答案。"该版块还发布了克里斯·安德森(Chris Anderson)的一篇文章,即《理论的终结:数据洪流使科学方法惨遭淘汰》("The End of Theory: The Data Deluge Makes the Scientific Method Obsolete")。该文指出,现代计算机凭借其卓越的大规模数字运算和处理能力,正在彻底改变科学研究的思维和方式。在海量数据面前,我们不再需要耗费数年时间去收集、储存和处理数据,而只需要坐在计算机前,根据写好的脚本"跑数据",通过计算机来分析和处理巨量数据,轻而易举便能得到结果。

数字技术的蓬勃发展给人文学科研究也带来了广阔而深远的影响。以纸媒为主要研究对象、细读为主要研究方法的传统人文学科研究正在经历数字化转型,以大数据和计算机技术为依托,丰富和拓展人文学科的研究视野。这个蓬勃发展的全新领域就是数字人文,其最早可追溯到 20 世纪 40 年代罗伯托·布萨神父的语词索引工作。作为率先使用计算机进行语言文学研究的人,布萨开发了《托马斯著作索引》,并首次在著作中提出了"人文计算"(Humanities Computing)的概念。但直到最近,与数字人文相关的"学科""社群实践"和"研究领域、理论、方法"等理念才逐渐走进人文学科的主流视野,而在近十年间,数字人文实践者才开始应对大数据带来的挑战。一个基于互联网的大数据时代正在兴起,在 IBM、谷歌、亚马逊等创新型企业内,大规模的数字人文研究早已开启。20 世纪 90 年代,IBM 公司推出了 Candide 项目,通过对加拿大议会十年间的会议语料进行统计分析,构建出统计翻译模型。虽然该语料库收录了约 300 万个精心翻译的英、法文句子,并通过统计机器翻译(statistical machine translation)成功地将翻译带来的挑战转变为一项数学问题,但最终却因收益甚微而惨遭下马。2006年,谷歌开始进军翻译领域,但与 Candide 不同的是,谷歌采用的语料并不局限于某一特定领域,而是从全球互联网上获取的所有翻译句子,用多达数十亿页的翻译句子来"训练"计算机。其数据集囊括了约 950 亿个英文句子,虽质量参差不齐,但在精确度和灵活度方面,却远胜于其他翻译系统。究其原因,并不是因为谷歌使用了"更智能的算法",而是因为谷歌的语料来自"整个互联网的海量数据"(Cukier and Schönberger, 2013a:38 - 39)。数字系统可以自动启用大量和翻译任务相关的数据集来训练和构建机器翻译模型,以便对未来的新数据进行预测(比如哪两个单词通常成对出现)。

自 2008 年成立以来,美国国家人文基金会下设的数字人文办公室(Office of Digital Humanities, ODH)长期致力于为人文学者参与研究大型数据集提供各种资助。"数据挖掘挑战"研究计划旨在阐明"大数据如何改变人文学科和社会科学的研究格局",如今,我们已经拥有了海量资料数据库,"从数字化书籍、报纸、音乐到基于互联网的活动和移动通信产生的信息,再到公共机构的管理数据以及来自私营部门组织的客户数据库",因此"我们需要全新的技术来搜索、分析和理解这些日常材料"[①]。相关的大规模数据研究项目包括"分析 1500 年至 1800 年间欧洲思想家的通信记录;与美国 19 世纪铁路密切相关的地图、文本、图像;刑事审判记录(数据大小为 1.27 亿字);古代文献;详细的古罗马 3D 地图;

---

① 　引用部分译自该研究计划的官方网站(https://diggingintodata. org.)。

Manovich 实验室开发的用于分析大型图像和视频数据集可视化的工具"等(Manovich，2012:461)。

　　数据的爆炸式增长对人文学科的研究思维和方式产生了潜移默化的影响。大数据时代的到来首先改变了传统文学研究的"细读"模式。根据"远读"的倡导者弗朗科·莫莱蒂的看法，我们目前能阅读到的文学作品只占所有出版作品的 0.5%，而另外的 99.5% 则因为各种原因被"屠宰"了，消失于悠悠的历史长河之中(2000c:207)。一直以来，我们习惯了与小规模数据作伴，即使有大量数据可供收集和分析，我们也是心有余而力不足，因为我们所掌握的工具还远不足以应对巨量信息的采集、组织、存储和分析。大多数情况下，我们从目标总体中抽取一部分个体作为样本，通过观察和分析样本来达到对总体的认识和了解。但这样的研究模式具有一定程度的主观性、随意性和片面性，特别是在样本的选择上。即使我们可以通过定量方法的使用，以图表等形式来呈现小规模数据的变化趋势，但这些"摆在我们眼前的事实"也绝不可能是绝对事实的纯粹镜像，而是经过了一系列甄选机制:选择哪些文本作为样本、以哪种形式来呈现数据的变化等(冯丽蕙，2022:159)。由于文本有限，我们不能有效呈现文学系统内部的复杂性和多样性，所以只能以偏概全，以少量文本为基础，来推测出总体数据的一些特征。我们反复强调获取和分析海量文本数据的困难，将其视为一种不幸的现实，却未能认识到一个关键事实，即人文研究方法的困境，实际上是人类行为受时代条件限制的反映。

　　大数据时代的到来则为人文研究方法突破困境创造了前所未有的条件。在大数据环境下，样本几乎等于总体，研究者不必再局限于小部分的经典文本。我们开始能够以一种"鸟瞰式"视角来认识和理解整个世界，而不是"只见树木，不见森林"，陷于一种困于枝杈的有限视角。在文学研究中，我们的大数据主要来源于大型数字图书馆，比如 Chadwyck-Healey Literature Collections(CLC)、Internet Archive、HathiTrust、古登堡计划，以及科技巨鳄谷歌、亚马逊等公司开发的全文图书索引。国内目前使用较多的文学数据库则包括中国基本古籍库、文渊阁四库全书电子版、中国历代人物传记资料库和中国哲学书电子化计划等。数字时代的图书馆超越了传统的"史籍查阅、信息采集、资源保障"功能，为"资源数字化、平台搭建、空间协调以及研究后期的数据库使用、成果展现与传播"提供了重要的技术平台支撑，目前正朝着"可视化""立体化"的方向进一步发展(刘琼等，2018:44)。庞大数据集的存在意味着人文学科研究能够不再依赖于小规模样本，而是用曾经遥不可及的"总体"(population)数据来取代随机抽取的样本数据。

　　虽然数字人文对人文学术研究的潜在影响是巨大的，但与计算机学科和自然学科相比，目前人文学科还没有将大数据的价值发挥到极致。即使有大型数字图书馆和文本数据库提供海量的文本数据，但绝大多数人文学者主要还是聚焦于少量的抽样数据、局部数据和片面数据，甚至在缺乏实证数据的情况下，依靠纯粹的经验、直觉、假设或阅历来对未知领域进行探索。此外，在经济全球化的竞争大背景下，新自由主义教育改革大力倡导教育领域的市场化、标准化和私有化，将高等教育机构朝着私营企业的方向塑造，自由竞争，参与统一化的世界排名，从而导致各种资源从人文学科流向"更精通价值评估量化体系"的其他学科(English，2010:xiii)。而作为人文学科中规模最为庞大的学科分支，文学研究在这股"数字"冲击浪潮中首当其冲。就目前而言，数字技术在文学研究中的运用还不甚理想。除开一部分坚决抵制技术潮流的"卢德主义者"，一些具备数字思维的学者仍苦于如何在文学研究中具体操作和运用更复杂的数字技术。即使我们现在可以轻易获得海量数据，但用于分析数据的计算方法仍停留在词频、索引和上下文关键词的层面上。虽然这类分析有助于揭示一些我们以前常常忽略的文学规律和趋势，但这显然只是皮毛，未能开发出大规模数据分析与运算的无限可能。在《文学批评与文学计算》一文中，罗珊·波特(Rosanne Potter)曾说:"在一切都被编码，或编码成为日常琐碎工作的一部分之前,评论家不会考虑对文本进行计算机处理。"(1988:93)在研究材料的可获得性方面,我们人文学者似乎比进化生物学家更具优势。"通常情况下,文学进化的'化石'不易丢失,而是置于大型图书馆中精心保存。"(Moretti,2009:227)但值得注意的是,相较于生物化石的可利用率,现代社会的版权法却为人文研究的进一步扩展设置了重重障碍。在版权法的阴影下,当今最具数字思维的人文学者都像被套上了时间的枷锁,成为一批只能对19世纪文学文化进行大规模研究的"老古董"。版权法固然能有效保障创作者的权利和利益,遏制不法行为,但也极大地束缚了人文研究的创造性,剥夺了其独特的当代视角。不少人文学者并未对技术壁垒望而却步,而是懊恼于不能挖掘众多优秀的当代作家的文本数据。

虽然我们目前还不能将一切文本信息都数字化,但正如马修·乔克思(Matthew Jockers)所言,在大数据时代背景下,我们已然到达了一个所谓的"临界点"(tipping point),一个"事件视界"(event horizon)(2013:4),即在数据信息的洪流之下,获取海量文本资料可谓易如反掌,我们由此可以获得更广阔的文学视野,提出全新的研究问题。诚然,人文研究的范式变革需要长时间的积累,厚积薄发,才能带来深远而持续的影响,但值得庆幸的是,数字化图书馆和超大型文本语料库的纷纷涌现正在大力推动着这场变革。

2.3.4 反思大数据

曾经,我们将维多利亚时期破坏纺织机器的"卢德主义者"视为阻碍社会进步、开历史倒车的保守分子,但随着数字技术对人类生活的全方位渗透,我们不禁要思考这样一个问题:数字化世界真就完美无瑕吗?你跟朋友聊起喝奶茶,外卖平台仿佛跟你心有灵犀,主页上立即显示了附近的奶茶店;你在某电商平台搜索了"口罩",接下来好几天你一打开网页便能看到各种口罩商家的购物链接;你刚拍下上海的车牌,马上就能收到若干银行打来的电话,询问你是否需要贷款;你在抖音刷了几个萌宠的视频,之后该软件就会不断给你推送"喵星人"和"汪星人"的视频……在不知不觉中,我们的"数字化足迹"被各类数据平台和设备监视并记录,通过高速流动互享的大数据为互联网公司充分"赋能",使其从中谋取巨额经济利益。数字技术不仅在无形之中获取了我们的个人信息,还通过推荐算法织就了"信息茧房",将我们的感知桎梏于偏狭的视野中,难以窥见个性化数据以外的精彩世界。

事实上,在大数据时代到来之前,一大批文艺作品便已开始讨论和反思强大的计算机器对人类生活的毁灭性破坏。例如,在1928年出版的《大机器停止》(*The Machine Stops*)中,福斯特(E. M. Forster)描绘了一个极端工业化、机器化的社会——人们完全沉溺于新科技飞速发展带来的生活上的便利,全凭机器来获取、分享和利用信息,而一旦机器停止运作,整个社会便分崩离析。库尔特·冯内古特(Kurt Vonnegut)的第一本小说《自动钢琴》(*Player Piano*)也描绘了一个高度机械自动化的反乌托邦。如今,我们同样生活在一个人类从属于机器的世界,数字技术正通过各种方式监视、掌握和控制着我们的存在。米歇尔·福柯(Michel Foucault)在《规训与惩罚》(*Discipline and Punish*)中指出,古典时期的严酷刑罚和现代监狱管理受不同的管理逻辑引导,一个是公开警示的震慑式管理,另一个则是对社会成员的规训教化式管理。而在数字社会中,无处不在的监控摄像头真正实现了"天网恢恢,疏而不漏",高度发达的技术手段可以直接从源头抑制犯罪行为的发生。就此,杰米·萨斯坎德表明,"道德自律"(moral autonomy)时代即将来临,到那时,国家暴力机关不再需要通过规训和惩罚来减少犯罪行为的滋生,而是直接从源头上掐断犯罪的"星星之火"(2018:23)。20世纪后半叶,对犯罪行为的预测成为了一项"精算"工作,通过分析和处理大量犯罪数据来确定犯罪的模式,预测犯罪的概率。但值得注意的是，机器算法很容易在无形中生成、传播和加剧对特定社会群体的歧视和偏见。机器学习系统不仅能够凭借人脸特征准确预测某人犯罪的可能性，还能通过读取面部表情来揭示人物的性格和特性。以色列的 Faception 公司可以根据面部特征的不同，给不同的人打上"高智商""白领罪犯""恋童癖"或"恐怖分子"的标签(Mitchell et al.，2017)。为了抗议生物面部识别系统中隐含的对特定人群的歧视与偏见，扎克·布拉斯(Zach Blas)在其艺术展上推出了一系列生物识别科技也无法识别的"集体面具"(collective masks)。

随着工具理性的不断扩张，人文精神逐渐被注重理性计算、追求高效率的数字技术取代，在追求真理的道路上，对手段的过分强调压倒了对目的的追求。众所周知，在当今西方尤其是美国的学术话语中，人文学科的重要性已经显著降低，其逐渐被强调实用性的量化学科取代。欧美的大学不谋而合地削减人文学科的研究经费和项目，压缩编制和规模；在中国，人文学科每况愈下的边缘化地位也早就一览无遗。在大数据时代到来之前，类似于"文学已死"这样的说法早已屡见不鲜。在大数据环境下，无数活生生的、充满生命温度的文学体验和个人意识被转换为冷冰冰的、毫无感情温度的数据。事实上，并不是所有的研究都需要数字技术的干预。偶有学者追求噱头，为数字化而数字化，从而使工具理性在社会理性化发展中独占鳌头，忽视了价值理性的同步发展，从而把人类社会打造成了韦伯所说的"现代的铁笼"。人类社会现代化和理性化的过程，正是韦伯称为"祛魅"(de-magification/disenchantment)的过程，即在现代社会中，人类不再依赖魔法和迷信，转而用理性的观察和实验来解释自然和人类社会的现象，祛除了世界的神秘性和魅惑性。而数字技术的高门槛，使得绝大部分人文学者只是将其作为一个批评对象，而不是研究手段。让接受传统人文教育的学者去熟练操控计算机语言，无异于施展魔法。虽说大数据时代为大众提供了海量的数据资源，推动了社会资源的民主化进程，但究其根本，数字技术还是掌控在少数人手里，我们成为科技进步的获益者的同时，也是毫无隐私可言、受互联网企业无死角监控和剥削的受害者。正如萨斯坎德所说，我们这代人或许是经历了与"祛魅"相反的效果——世界的"再神秘化"(re-magification)(Susskind，2018:69)。随着数字技术全方位地渗透人类生活，成为我们日常生活的一部分，我们发现自己被一股微妙而复杂的神秘力量所包围。与其说人类控制并利用技术，倒不如说技术以一种我们几乎无法理解的方式控制了我们。

数字与人文之间从来都不存在严格的分野，它们是构成人类社会的基本要素，相互渗透，相资为用，浑然一体，从不同层面来丰富人类社会的内涵。数字人文的发展绝不是单一学科的独角戏，而是建立在多学科共同协作与创新的基础上，这样才能促进学科间知识的融会贯通和资源共享，为数字人文的发展提供一个创造性、知识性的研究环境，推动人文精神和数字技术的共同发展。一开始，数字人文只是由一小部分具有创新意识的社会学家和统计学专家共同推进的新领域，但到了今天，具备这种数字思维的人文学者已越来越多，在世界范围内如雨后春笋般涌现的数字人文实验室就是最好的证明。随着数字人文研究工作的逐步深入，各种更为精细和先进的数据挖掘和文本分析工具不断涌现，真正实现质性研究和定量研究的融合指日可待，由此引发的将不仅是思维方式和研究方法上的创新，更是人文学科研究范式的变革。下一小节我们将以莫莱蒂的"远读"实践为例，看看他如何创造性地开辟出了一条"定量"与"定性"并重、"数字"与"人文"兼顾的研究路径。

？思考与讨论

(1) 大数据对人文研究产生了怎样的影响？

(2) 你在日常生活中有感受到强大的数字系统的引领与支配吗？你认为这是好还是坏？

（3）很多反乌托邦的文学作品和电影都讨论了机器控制人类的现象。你看过这样的作品吗？你如何看待这一现象？

（4）关于大数据能做到什么和不能做到什么，该做到什么和不该做到什么，你有什么样的想法？

推荐阅读

［1］Anderson，C.（2008）. The End of Theory：The Data Deluge Makes the Scientific Method Obsolete［J/OL］. *Wired*. June 23. Retrieved July 6，2022. https://www.wired.com.

［2］Berry，D. M. & Fagerjord，A.（2017）. Digital Humanities：Knowledge and Critique in a Digital Age［M］. Cambridge，UK & Malden，USA：Polity Press.

［3］English，J. F.（2010）. Everywhere and Nowhere：The Sociology of Literature After "the Sociology of Literature" ［J］. *New Literary History* 41(2)，v - xxiii.

［4］Jockers，M. L.（2013）. Macroanalysis：Digital Methods & Literary History［M］. Urbana, Chicago, and Springfield：University of Illinois Press.

［5］Manovich，L.（2012）. Trending：The Promises and the Challenges of Big Social Data［M］//Matthew，K. G. *Debates in the Digital Humanities*. Minneapolis：University of Minnesota Press，460 - 475.

［6］Schönberger，V. M. & Cukier，K.（2013）. Big Data：A Revolution That Will Transform How We Live, Work and Think［M］. London：John Murray Press.

［7］Susskind，J.（2018）. Future Politics：Living Together in a World Transformed by Tech［M］. Oxford：Oxford Uniersity Press.

［8］冯丽蕙，泰德·安德伍德.（2021）.当下数字人文研究的核心问题与最新进展：泰德·安德伍德访谈录［J］.外国文学研究(06)，1 - 13.

2.4 ▸ 远读与可伸缩阅读

在很多人看来，数字与人文天然是泾渭分明的对立关系，因此追求数量的远读与崇尚质量的文本细读不可能相资为用，互相补充。事实果真如此吗？数字人文的蓬勃发展是否必将导致传统人文学科的边缘化危机？在"文学已死"这样的说法早已屡见不鲜之际，人文学者应该如何应对数字化浪潮的冲击，打赢这场生存之战？本小节在简单介绍弗朗科·莫莱蒂的"远读"概念之后，将重点考察他是如何将数字方法与人文传统相结合，开发出一种远近并行、互为补充的全新阅读模式和研究范式，以及与此有着相同旨趣的文学分析模型——"可伸缩阅读"（scalable reading）。

2.4.1 远读的概念

21世纪伊始，意大利裔美籍马克思主义批评家和比较文学研究者莫莱蒂在西方最具影响力的左派理论期刊《新左派评论》（*New Left Review*）上发表了文章《世界文学的猜想》（"Conjectures on World Literature"），随后在学界掀起一轮使用科学方法进行大规模文学研究的热潮。莫莱蒂指出，文本细读不适用于世界文学研究，因为它"依赖于一小部分的经典……（而）只有当你认为个别文本尤为重要的时候，你才会对其倾尽心力……归根结底，这是一项神学实践"（2000a：57）。根据莫莱蒂的看法，我们目前所能阅读到的文学作品只占所有出版作品的0.5%，而另外的99.5%则因为各种原因被"屠宰"了，消失于悠悠的历史长河中，不为人知（2000c：207）。在这种现实认识的基础之上，莫莱蒂主张彻底摆脱新批评奉之为规范的细读方法，转而以远读来研究世界文学，推动不同学科知识的融会贯通，在宏观视域下追求更为科学和全面地把握与分析文学概貌。"我们真正需要的是与魔鬼达成一个协议：我们知道该如何阅读文本,现在让我们学着不去读它们。"(Moretti,2000a:57)他认为,要研究"大量未读"(Cohen,1999:21),呈现文学史长河中被泯灭的众生相,文学的研究对象就应由少量的经典文本转换为"比文本小得多或大得多的单位:技巧、主题、修辞,或者文类和系统"(Moretti,2000a:57)。他援引了马克斯•韦伯的重要观点,试图构建一种全新的世界文学观和文学研究范式。"定义不同科学范畴的标准并不是'事物'之间'实实在在'的联系,而是'问题'在'概念'上的关联。"(Weber,1949:68)世界文学不应该是一个实体性的研究对象,而应该是一个以问题为导向的概念性建构,并由此展现一种全新的理解和把握文学的思维方式。作为一种全新的批评方法,远读致力于挣脱少数欧洲经典文本的藩篱,转而以世界眼光来关注技巧、主题、修辞、文类等文学形式,以形式研究取代文本阐释,注重对文学系统的整体性观照。远读不再关注文本的特殊性,而是致力于揭示文学领域的规律性、结构性和长时段内的变化趋势。在具体的远读实践中,莫莱蒂积极引入来自自然科学、社会科学、计算机科学等领域的研究范式,挑战细读方法的权威地位,这对后续数字人文的发展产生了深远广阔的影响。

针对莫莱蒂的数字人文研究,曾与莫莱蒂在斯坦福大学共事的艾莉夫•巴图曼(Elif Batuman)对其不吝赞美之词。巴图曼(2005)认为,莫莱蒂的研究充斥着大量图像、表格、基于网络的角色地图和世界体系地图集,具有"科幻小说般的刺激"和"令人难以抗拒的魔鬼般的吸引力"。具体而言,莫莱蒂借用了计量史学、地理学和进化论领域的三大抽象模型——图表、地图和树状图,以他人研究成果为基础,结合自己的分析,观照文学形式在不同地理空间内的历史演变。自斯坦福大学文学实验室成立以来,莫莱蒂继续以形式研究为基础,以图像为表现形式,以大规模文学研究为目标,进一步弥合人文学科与自然科学、社会科学、计算机科学的裂隙,打破学科固有界限。随着大型数据库的建立和计算机技术的发展,莫莱蒂的远读实践能够不再依赖小规模的抽样数据、局部数据和片面数据,真正开始以一种"鸟瞰式"视角来考察和分析整个文学领域。

2.4.2　模式与阐释

正如我们在上一节中提到的,大数据时代的各大购物平台会根据客户的浏览历史和购物习惯,实时推荐相关产品,以促成更多的交易。商家无需了解客户喜欢这些产品的原因,而是要让数据自己"发声",通过寻找产品之间的关联性,来判断和预测顾客的购物行为。沃尔玛公司可以通过购物篮分析统计出哪些商品之间会形成关联性购买,"啤酒与尿布""飓风与蛋挞"等案例就是最好的证明。根据舍恩伯格和库克耶的看法,大数据引发的最重要的转变之一就是我们可以不用专注于"寻找因果关系",因为这并非易事,而且"可能会导致我们走上错误的道路",相反,我们现在能够以迅速有效的方式甄别"海量数据中的模式和相关性",这些宏观图景能为我们提供"新颖而宝贵的洞见"(2013a:14)。随着大数据时代的到来,我们有充足的数据可供挖掘,同时,研究方法的精进和计算机功能的强大能帮助我们迅速地找出相关关系。以往用一系列因果关系来验证猜想和假设的研究范式不再大放异彩,而是被无需理论指导的纯粹的相关关系研究所取代。但这并不意味着相关关系的分析能够完全取代因果关系的探究。相关性的洞察不仅可以为我们提供全新的研究视野,还可以为因果性的研究奠定坚实基础。相关性通常以海量数据为支撑,但其本身并不具备任何阐释效力,如果我们仅仅满足于寻找海量数据间的相关性,而忽略了对因果性的考察,我们对世界的理解将会是片面肤浅、以偏概全的。

在数字人文研究中,量化分析和数字方法有助于组织和处理大量文本,揭露海量数据中的相关关系,如分布、频率、规律和趋势等,这类关系的宏观文学图景很难通过对单个文本的阐释而得到。但这并不是说数字人文研究不再需要人文传统。相反,很多数字人文学者越来越意识到人文传统在数字化时代的重要性。在一次访谈中,莫莱蒂指出:"一类句子是由某些词还是某组词来表征,这是一个事实。但这些词可以形成一个语义群,这并非一个不言而喻的事实。这是一种阐释行为。例如,空间、亲密或厌恶等都属于另一种阐释。"(2016:7)面对同样的数据,研究者几乎都能借助计算机获得相同的结果,比如与特定情感或空间相关的单词数量和集合,但他们的主观阐释结果可能会大相径庭。以莫莱蒂的文章《模式与阐释》("Patterns and Interpretation")为例,如图 2-6 和图 2-7 所示,莫莱蒂将"家"(home)和"路"(road)归为一类,作为"空间"(space)的两种变体,而不是将它们对立起来,作为"内部"(inside)与"外部"(outside)的表征(2017:6)。

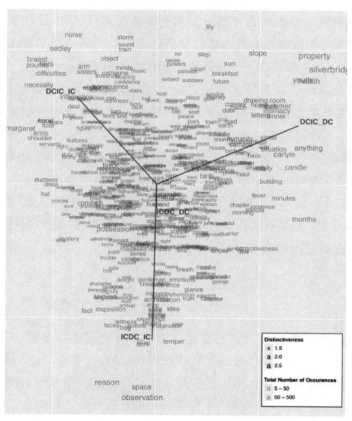

图 2-6　19 世纪英语小说中主从复合句的语义簇

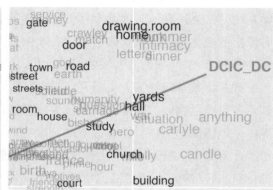

图 2-7　从句及主要语义簇

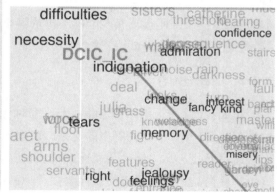

图 2-8　主句及主要语义簇

在主从复合句的研究中,识别主句中广泛的情感表达与从句中的空间因素固然重要,但最终要从混乱的海量数据中提取意义,这需要人文学者来解释"为什么会存在这些模式,它们的作用是什么"(Moretti, 2017:5)。也就是说,再强大的算法也无法解释为什么在 19 世纪小说的句子中,空间因素与情感表达经常形影不离,这显然需要传统的文学阐释方法来明确其中的因果关系。莫莱蒂指出,空间与情感之间的关联其实只是对自古以来反复出现的文学趋势或规律的呼应,其在不同的社会历史背景下"重新功能化并适应时代变化的需求",从哥特小说中的城堡和恐惧心理,到历史小说中的边界和雄心抱负,再到都市小说里的城市空间与各类情感,例如巴黎与野心勃勃的年轻人、圣彼得堡与激进的革命分子、伦敦与奇特人群(Moretti, 2017:8)。如前所述,莫莱蒂的远读方法试图切断与具体文学体验的所有联系,将文本简化为几个分析单位,随后将其抽象化,以甄别长时段下的大范围趋势与规律,再将形式的变化与社会文化语境联系起来。为了展示形式如何"同时成为远读实践的高潮点和转折点",

从而再次将学界的注意力聚焦于文化批评的重要性,莫莱蒂引用了韦伯的"理想类型"(ideal type)概念,"一种在现实中无法凭借经验找到的心理结构",其"一旦得以构建,便可以与现实进行比较和衡量"(Weber,1949:90,97;qtd. in Moretti,2017:9)。文学形式有助于在大量经验数据中揭示某种清晰的秩序,并通过糅合先进的计算能力和人文传统的阐释优势实现莫莱蒂所谓的"噪声阐释学"研究(Moretti,2017:10)。

莫莱蒂在远读实践中采用的研究方法的异质性,虽展现了不同理论和方法之间的冲突与摩擦,但也彰显了这样一个事实:在海量数字语料库和卓越计算工具的帮助下,我们不能再纠结于哪种方法更具有优势,而应该以一种包容开放的心态去促成方法论领域的百花齐放,充分认识到定量方法与定性阐释之间被长期低估的、多模态的、富有成效的战略合作关系。远读的旨趣不是要贬低传统的文学阐释方法,淡化因果关系的作用,更不是要追求功利和实用性,重蹈"反智主义"的覆辙。相反,面对不同的研究对象时,我们可以在不同阅读模式和研究范式之间灵活转变,充分发挥数字和智慧的优势,追求一种更科学、更深刻的文学观。在数学和统计方法的支撑下,我们可以通过大数据的相关性来揭示大量数据中隐藏的关联和模式,但只有通过对因果关系的深入探究才能在文学形式与文学史之间建立重要的联系,以批判的眼光来看待社会、文化与历史,为混乱复杂的历史体验带来些许和谐与秩序。N. 凯瑟琳·海尔斯一针见血地指出,莫莱蒂的远读策略显然是对细读方法的一种必要"平衡",二者具有"不同的功能性、局限性和可能性"(2012:72)。同样,詹姆斯·英格利希(James English)表明,远读与细读的关系远比人们所认识到的"更为紧密",虽然远读方法能有效挖掘长时段视野下文学史的发展模式和规律,但"光是计数和图表呈现还远不足以取代当下的阐释模式"(2010:xv)。对算法产生的新数据的阐释,仍然依赖于阐释学传统。识别数据之间的相关性固然重要,但这并不意味着我们就要完全摒弃因果分析。远读并不满足于仅仅洞察到人文领域的趋势和规律,相反,它致力于将其置于广阔的社会文化语境中,考察其背后的形成机制,这使得莫莱蒂的研究区别于约翰·霍尔博(John Holbo)所谓的"无意识、盲目的事实堆砌——对任何人都毫无吸引力的图表、地图和树形图"(2011:5)。简而言之,莫莱蒂在科学方法和人文阐释之间寻求到了一种平衡。

2.4.3　可伸缩阅读

芝加哥大学文本光学实验室(Textual Optics Lab)最初由霍伊特·朗(Hoyt Long)和苏真(Richard Jean So)组建,现由霍伊特·朗、罗伯特·莫里西(Robert Morrissey)、詹姆斯·斯帕罗(James Sparrow)和苏源熙(Haun Saussy)共同领衔。随着计算机技术和互联网的蓬勃发展,该实验室提出了"可伸缩阅读"的概念和实践模式,力图打破学科界限,推动电脑计算方法和传统人文阐释方法的整合,从而建立一种由数据驱动的人文研究。在开展具体项目时,该实验室积极引进来自科学领域的研究方法,如数据挖掘、可视化、机器学习和网络分析,并将其运用于文学研究之中。文本光学实验室的核心旨趣是在细读和远读之间构建一座桥梁,促成不同领域专家学者的合作共赢。可伸缩阅读提倡多种阅读模式的相互补充,主张"通过多种尺度的'透镜'来阅读和分析文本档案——从单一的词到上百万卷的资料,可以在细读和远读之间自由滑动,在诠释学之类的传统定性研究和从大量数据中提取统计学意义上的显著模式之间来回交替"(赵薇,2020:182)。例如,实验室分别采用了文本细读、历史主义批评和计算手段(机器学习)来辨认现代英语俳句的风格。这并非是要在这三种文本分析方法中分出优劣,而是要通过比较和协调三种批评模式反映出来的现代英语俳句的不同本体观,促成一种全新批评视角的诞生。在文本细读模式下,现代英语俳句具备简短干练、自然意象丰富、暗示性强的显著特点。而当我们将现代英语俳句视为更广阔的东方主义政治文化形态的产物时,它就超越了纯粹的美学价值,成为了一个社会历史事件,能够"反映和激活艺术家群体中更广阔的文化话语与社会行为模式"(霍伊特·朗,2016a:41)。机器学习则可以为现代英语俳句提供一种全新的本体观,一种"比文化历史批评更精细,但又开阔到能考虑一个比文本细读所提供的文本模式在定义上更宽松的阅读模型——不把文本当作个体美学效应的纽带或者社会话语的产物,而是将其视为上百个例子共同分享的一套种属特征"(同上)。这种全新的文学批评方法既不局限于俳句文本的具体细节,例如某种意象或美学编排,也不盲目追求与形式混杂、边界模糊的东方主义话语达成契合。

具体来说,机器学习算法通常由四个步骤组成:分类(categorization)、呈现(representation)、学习(learning)和归类(classification)(霍伊特·朗,2016a:42)。"分类"是指通过不同的类别来为文本做标记。例如,在《为什么机器学习时代需要人文学科》("Why an Age of Machine Learning Needs the Humanities")一文中,泰德·安德伍德(Ted Underwood)详细介绍了如何让计算机从大量人类行为模式中学习,使其能够对未被训练的非结构化数据集进行预测,从而过滤掉电子邮件中的垃圾邮件。"呈现"指的是从大量文本中选定和量化某些特征,形成一个同类数据集,并采用图表等方式呈现出来。"学习"指使用大量和任务相关的数据集来训练多个模型,根据不同模型的表现,找出误差最小、拟合程度最高的模型。"归类"指对未曾在训练集中出现的样本进行预测和分类。值得注意的是,语料库的选定和分类标准的制定从根本上就决定了机器阅读的结果。就垃圾邮件而言,因个人差异导致的不同判断标准极有可能影响机器算法的表现。此外,当人类阅读与机器阅读的结果频繁发生冲突时,我们不仅要考虑提高模型的准确度,更要将其看作一个让人文阐释传统介入机器学习过程的良好契机。例如,如果机器学习算法总是将某位朋友的邮件归类为垃圾邮件,数据科学专家就会把这种情况看作是模型准确度还不够高的表现,并据此不断更新和完善相关模型,使其达到更高的拟合程度。对于人文学者而言,我们不禁要思考的是:机器阅读的这种误判一定是由于模型不够准确导致的吗?若改进后的模型还是不能正确分类该好友的邮件,我们该怎么办?这促使我们将批判和怀疑的目光转向起初的分类工作:我们制定的区分标准是否合理?机器算法频繁将朋友的邮件误判为垃圾邮件,这是否说明我们拟定的分类标准仍具有一定的缺陷?同理,那些被机器算法错误归类的现代英语俳句也值得我们仔细思考。每种方法都有不可避免的局限性,但它们同时又有无法比拟的功能性。文本模式识别可以将人文阅读与机器阅读结合起来,使我们在不同阅读模式中自由伸缩,在碰撞的火花中相互补充,并由此"产生关于英语俳句以及广泛意义上的现代主义的新历史"(霍伊特·朗,2016b:50)。通过观照和比较不同文本分析手段下的模式识别,我们可以在多种阐释视野的交汇中进一步充实和深化传统文学研究。

总之,远读和传统文学阐释方法之间是一种既对立又互补的辩证关系,它们相互交流、互为补充,不断拓展和充实传统人文研究。因此,人文学者决不能故步自封,只专注于哲学上的思辨,从而忽视与其他学科领域积极开展对话与合作。这意味着我们不仅要合理使用科学技术,传承科学精神,更要以辩证的眼光看待文学资源的数字转换带来的机遇与挑战。

? 思考与讨论

(1) 远读和细读方法各自的功能性和局限性是什么?你更倾向于哪种文学阅读模式?我们应当如何看待二者的关系?

(2) 什么是可伸缩阅读?它的优势是什么?

（3）机器学习算法是否会继承人类社会对特定群体的偏见与歧视？为什么？请举例说明。

推荐阅读

〔1〕English, J. F. (2010). Everywhere and Nowhere: The Sociology of Literature After "the Sociology of Literature" 〔J〕. *New Literary History* 41(2), v‐xxiii.

〔2〕Hayles, N. K. (2012). How We Think: Digital Media and Contemporary Technogenesis 〔M〕. Chicago and London: University of Chicago Press.

〔3〕Moretti, F. (2000). Conjectures on World Literature 〔J〕. *New Left Review* (1), 54‐68.

〔4〕Morett, F. (2013). *Distant Reading*〔M〕. London & New York: Verso.

〔5〕霍伊特·朗,苏真.(2016).文学模式识别:文本细读与机器学习之间的现代主义〔J〕.林懿,译.山东社会科学(11), 34‐51.

〔6〕赵薇.(2020).从概念模型到计算批评——Franco Moretti 之后的世界文学研究〔J〕.西南民族大学学报(人文社科版)41(08),181‐189.

第 3 章

数字人文主要工具

3.1 ▸ 科技素养

本小节主要探讨科技素养的内涵，并回顾了与其相关的问题。

新技术的快速发展引发了学界对科技素养的思考。和科技素养相关的术语有科学素养（scientific literacy）、信息素养（information literacy）、数字能力（digital competence）、数字素养（digital literacy）、数据素养（data literacy）、技术素养（technical literacy）、计算素养（computational literacy）等。各个术语都有诸多的定义以及不同适用场景，整体上科技素养指的是一组高阶技能。根据前人的观点，科技素养指的是理解和使用来自各种数字来源的信息的能力，包括读、写和使用技术处理信息的能力。早期大部分的科技素养内涵都包含：有效信息检索、信息筛选、信息评价与选择、信息可靠性判别，以及传递信息有效性等（Williams，2006）。科技素养被视为在特定学科（如生物学）中使用技术的能力，或者是在计算机环境中完成工作所必需的一套通用的 IT 技能（Kock，Aiken & Sandas，2002）。

近年来，艺术和人文学科研究人员的工作方式发生了重大变化。研究不能再孤立地进行，因为处理研究材料需要越来越多的数字工具和某些类型的知识。科技素养是安全、有效、负责地使用、理解、管理和分析技术的能力。这种素养包括使用科学技术来评估、创造和整合信息。科技素养是人在数字时代生存、发展的必备素养。

2019 年联合国教科文组织发布的《教育中的人工智能：可持续发展的挑战和机遇》报告强调要积极地调整教与学的方式，培养适应人工智能时代之工作、学习和生活的能力与素质（Pedro et al.，2019）。该报告采纳了全球学习监测联盟（Global Alliance to Monitor Learning，GAML）等机构联合推出的《数字能力素养评估全球框架》（Antoninis & Montoya，2018），强调信息通信技术知识、沟通与协作能力、数字内容创建能力、问题解决能力、信息安全保护等科技素养的重要性。

数字化时代下科技素养的诸多定义存在共性的特征，联合国教科文组织认为科技素养是一种能够确定、查找、评估、组织和有效地生产、使用和交流信息，并解决面临的问题的能力。科技素养的概念是动态变化和发展的，并且一直受到各国的广泛关注。随着新技术的不断涌现，科技素养的内涵也在变化，因此理解科技素养指标的演变对于我们把握科技素养的本质至关重要。随着时代的变化，国内外科技素养的相关指标也在不断丰富和改变，从关注低阶的科技素养转向注重高阶科技素养的培养。吴砥、王美倩、杨金勇（2021）对比分析了国内外 15 个典型的科技素养评价标准与模型中包含的测评指标，并提炼出 17 个核心指标（见表 3-1）。工业时代主要聚焦于信息使用、查找与获取、理解与吸收、评价等低阶素养，重在考察人对信息的解读、分析和评价能力；信息时代科技素养的评价指标扩展到信息交流与分享、加工与整合，以及生产与制作等方面，信息道德与法律也在这一阶段受到重视；智能时代对科技素养有了更高要求,信息安全与监控、人机交互与协作、信息创新、信息思维以及终身学习等高阶素养被纳入指标,成为衡量人能否适应智能社会发展的新的关键指标。总体来说,随着时代的不断进步,科技素养的评价指标越来越丰富。

表 3-1　不同时代科技素养的指标对比(吴砥、王美倩、杨金勇,2021)

指标时代	信息使用	信息查找与获取	信息理解与吸收	信息存储与管理	信息评价	信息呈现与分享	信息加工与整合	信息需求	信息交流	信息生产与制作	信息意识与态度	信息道德与法律	信息安全与监控	人机交互与协作	信息创新	信息思维	终生学习	相关标准与模型
工业时代	√	√	√		√		√			√								McClure 科技素养模式(McClure, 1994)
	√		√		√													Shapiro 科技素养模式(Shapiro & Hughes, 1996)
	√	√	√	√	√	√	√		√				√					SCONUL 科技素养模型(SCONUL, 1999)
	√	√			√		√				√	√						面向学生学习的科技素养标准(AASL & AECT, 1998)
信息时代	√	√	√		√	√	√			√								美国高等教育科技素养标准(ACRL, 2000)
	√	√						√		√	√							澳大利亚和新西兰科技素养评估框架(ANZIIL, 2004)
	√	√	√	√	√	√	√	√		√	√	√						香港学生科技素养评估框架(Hong Kong Education and Manpower Bureau, 2005)
	√	√		√		√	√			√			√					北京地区高校科技素养能力指标体系(曾晓牧等,2006)
	√	√		√	√	√	√	√		√	√							高校大学生科技素养指标体系(教育部高等学校图书情报工作指导委员会信息素质教育工作组,2008)

（续表）

指标时代	低阶 ———————→ 高阶																	相关标准与模型
	信息使用	信息查找与获取	信息理解与吸收	信息存储与管理	信息评价	信息呈现与分享	信息加工与整合	信息需求	信息交流	信息生产与制作	信息意识与态度	信息道德与法律	信息安全与监控	人机交互与协作	信息创新	信息思维	终生学习	
智能时代	√	√	√	√	√	√	√	√	√	√	√	√						媒体和科技素养指标(UNESCO, 2010)
	√	√		√	√	√		√	√	√		√	√		√			全球媒体科技素养评估框架(UNESCO, 2013)
	√	√	√	√	√	√	√	√	√			√			√			国际计算机与数字素养评估框架(IEA, 2018)
	√	√		√	√	√			√						√	√		美国高等教育科技素养框架（ACRL, 2015)
	√	√		√		√			√			√	√	√	√	√	√	国际教育技术协会学生标准（ISTE, 2016)
	√		√	√	√	√	√		√			√	√	√		√	√	教师信息与通信技术能力框架(UNESCO, 2018)

此外，近年来国际上倾向于使用"数字素养"（digital competence）来代替科技素养。"数字"一词更加凸显现代信息技术区别于以往信息技术的数字化本质。同时由"literacy"变为"competence"体现了该术语更侧重于表达综合性能力与胜任力的含义。数字素养是指在工作、生活、学习、休闲以及社会参与中，自信、批判和创新性地使用信息技术的能力（任友群、随晓筱、刘新阳，2014）。欧盟十分重视公民的数字素养，将其确定为欧盟八项核心素养之一。为促进公民数字素养发展，欧盟于2011年实施"数字素养项目"，这一项目建立了数字素养框架，包括信息域、交流域、内容创建域、安全意识域和问题解决域五个"素养领域"，呈现一种多维立体结构，具有多元适用性。

关于科技素养和数字素养的区别和关联，学界尚无定论，整体而言，两者的关系有以下三个方面：①数字素养是科技素养外延的一部分，与计算机素养是相似的，都是与信息技术技能有关；②数字素养包括科技素养，因为现在是数字时代，任何素养都离不开数字技术；③数字素养和科技素养这两个概念是可以互换使用的（潘燕桃、班丽娜，2022）。

？ 思考与讨论

（1）你如何看待科技素养和科技创新的关系？

（2）你对当今信息化社会有多了解？你掌握多少可量化数据？

推荐阅读

［１］ 教育部高等学校图书情报工作指导委员会信息素质教育工作组.（2008）.中国高校信息素质教育指标体系（讨论稿）［EB/OL］.http://www.docin.com/p-844812404.html.
［２］ 戴安德,姜文涛,赵薇.（2016）.数字人文作为一种方法:西方研究现状及展望［J］.山东社会科学(11),26-33.
［３］ 杨旭,汤海京,丁刚毅.（2017）.数据科学导论(第2版)［M］.北京:北京理工大学出版社.

3.2 ▸ 语料库工具

在过去的几十年里,语料库语言学方法在许多的语言学相关研究中得到了应用,充分说明了语料库方法在获取和验证研究结果方面的有用性。语料库被认为是几乎所有语言学研究的一种默认资源,语料库分析提供了量化的、可重复使用的数据。语料库研究可以被视为数字人文学科的一个部分。语料库工具通常是指不同类型的软件工具,帮助用户和语言研究者获得最大限度的计算机语料库,也指用于检索语料库和进行语言分析的工具。

语料库是数字人文研究的重要工具,探索与语言相关的问题是数字人文学者的普遍任务。语料库方法源于计算语言学和语料库语言学,但在处理数字人文学科的语言数据方面也应用非常广泛。语料库语言学和数字技术具有紧密的联系,语料库语言学利用的是语料库形式的数字化数据、索引以及统计软件的计算分析方法。语料库研究的不同阶段可以使用不同的工具,表 3-2 是可以使用的语料库相关重要工具的简要概述。

表 3-2 语料库分析相关工具

程序	应用	种类
NoteTab	预处理	编辑、HTML 剥离
Soundscriber	转写	转写工具
XMLPad	标注	XML 编辑
WordSmith Tools	探索	索引
AntConc	探索	索引
Transana	转写和分析	研究工具
R	统计分析	统计分析

此外,常用的语料库工具还有 NoSketch Engine。NoSketch Engine 是 Sketch Engine 的开源版本,功能有一定的限制。NoSketch Engine 不包含语料库,用户需要使用外部工具来准备用于 NoSketch Engine 的语料库。和 Sketch Engine 相比,NoSketch Engine 不具备 word Sketches、terminology、thesaurus、n-grams、trends、corpus building tools、corpus management 等功能。使用者可以访问 NoSketch Engine 网上论坛(https://groups.google.com/a/sketchengine.co.uk/g/noske),以便讨论和学习。IMS Corpus workbench 也是开源工具,用于管理和查询带有语言注释的大型文本语料库,目前开发的版本是 3.5。

文本分析是一项应用广泛的技术,旨在深入挖掘和理解文本中的信息。它可以对文本中单词频率、词类和标注等方面进行详尽的分析。统计单词出现次数,可以获得重要关键词和热门话题,进而进行文本分类和相似性分析。此外,文本分析还有助于快速准确地检索特定单词或短语在文本中出现的位置,通过建立索引和使用高效的搜索算法提高信息获取效率。词性标注和命名实体识别等技术可将单词归类,并了解其在句子中的作用和意义,从而更好地理解文本结构和语义之间的关系。文本分析还可以考察单词的分布情况,推断主题的范围和内容,并通过手动标记相关词汇和使用语义搜索软件进一步加强文本分析能力。

文本分析软件具有以下功能:

(1)生成词频表,词频表是表示文本中每个给定单词出现频率的单词表,单词可以按照频率降序、升序或是按字母顺序排列。

(2)形成索引,索引是对所有词语的概览,同时显示每个词在文中的位置和上下文。索引的文本长度可以由用户自行设置,索引也可以根据上下文在单词的左边或右边进行排序。在小说《爱丽丝梦游仙境》中,grow、grew 和 grown 索引就是一个很好的例子(如图 3-1 所示)。

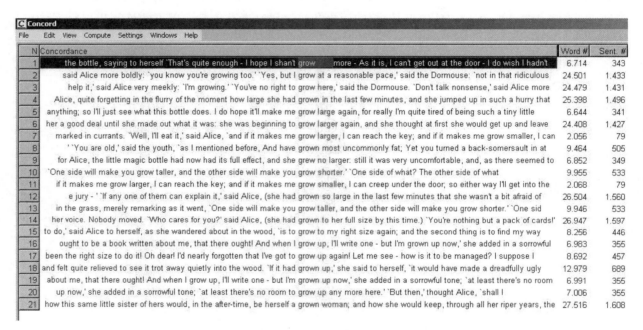

图 3-1 《爱丽丝梦游仙境》文本分析界面

(3)搜索单词或词组,在文本分析中可以使用"通配符"来搜索特定单词或词组(如以 pre 开头或以 ness 结尾的单词),此外,也可以将单词进行排列组合,包括排除某些单词的组合(如"单词 A"或"单词 B"或"单词 C")。搜索查询的结果通常以索引形式显示。

(4)plotting 功能,用图像的方式显示单词或短语在文本中出现的位置,从而展现单词/短语的分布情况。

(5)分析单词组合,分析某个单词通常会和哪些单词组合,统计常用短语和常用搭配,如两个或两个以上的单词组合频率高于统计预期,则该单词组合可被称为搭配(collocation)。

(6)调查 text-specific 单词,通过统计、对比文本词频表的方式,研究文本中哪些单词只出现在该文本中。

(7)可视化,如词云、气泡线、散点图和网络。Voyant Tools 是基于网络的文本分析环境,提供各种可视化工具,可以处理各种格式的数字化文本(如 txt、html、pdf、rtf 等)。

表 3-3 列出了一些常见的文本分析工具,提供了工具的描述、相应的功能介绍、使用的平台和对应的价格。随着计算机技术的不断更新和发展,文本分析工具的列表会随着用户的使用而不断更新。

表 3-3　常见的文本分析工具列表

工具名称	描述	功能	平台	价格
AntCorGen	语料库构建工具	创建、文本分析	Windows, Mac, Linux	免费
AntGram	n-gram 和 p-frame(open-slot n-gram)生成工具	文本分析、n-gram、p-frames、词串、词框架	Windows, Mac, Linux	免费
AntMover	文本结构分析工具	文本分析	Windows	免费
Bow	统计语言建模、文本检索、分类、聚类	文本分析	UNIX, Linux	免费
Chared	检测文本字符编码	文本分析	Python 2.6 以上	免费
CorpusExplorer	复杂语料库分析包	可视化、探索、标记、文本分析	Windows	免费、开源
Corpustools	R 工具包	文本分析	R	免费、开源
DocuScope	计算机辅助修辞分析	修辞分析、文本分析、可视化	Windows (Java)	免费
Online Graded Text Editor	分析文本词汇水平和复杂度	文本分析、编辑	OSX，Windows	免费
pysupersensetagger	MWE 和超感文本分析	文本分析	Unix，Mac (Python)	免费
QDA Miner	商业质性数据分析工具,标注、检索和分析文档及图像	质性数据分析、混合方法、文本分析	Windows	商业软件
QualCoder	质性数据分析	质性数据分析	Linux, Mac, Windows	免费,开源
Sketch Engine	语料库管理、文本分析	标注、检索、标记、抽样、搜索、可视化、词表、主题词、编码、文本分析、n-gram、频率分析、信息回溯、语料库创建、查重、文本处理、关键词提取、双语术语提取、词云、搭配分析等		30 日免费试用期
Stylo for R	文体学分析(作者归属、体裁分析)	文本分析		免费
The Text Feature Analyser	文本特征分析、各种测量	文本分析、检索	Windows	免费
TXM	基于 TreeTagger、CQP 搜索引擎和 R 统计环境的兼容 XML 和 TEI 文本分析软件	文本分析、检索、统计分析、搜索工具	Windows, Mac, Linux, Tomcat	免费
Voyant Tools	基于 web 的数字文本阅读/分析工具包	文本分析、可视化	Web	免费,开源

(1) 语料库视角的研究范式为文学研究提供了什么样的方法？

(2) 为何真实语料需要经过分析和处理才能成为有用的资源？

(3) 语料库的功能是什么？有哪些中文语料库？

[1] 许家金.(2017).语料库研究学术源流考[J].外语教学与研究(1),51-63+159.

[2] 梁茂成,李文中,许家金.(2010).语料库应用教程[M].北京:外语教学与研究出版社.

[3] 胡开宝,杨枫.(2019).基于语料库的文学研究:内涵与意义[J].浙江大学学报(人文社会科学版)49(5),143-156.

[4] 潘璠.(2019).语料库语言学——从理论到实践[M].南京:江苏人民出版社.

3.3 ▸ 自然语言处理工具

自然语言处理(Natural Language Processing，NLP)是人类语言、计算机科学和人工智能的子领域。NLP 涉及计算机与人类语言之间的交互,专门分析人类语言,在机器语言和人类语言之间构架桥梁,NLP 的目标是向机器教授自然语言,找到人类与计算机之间交流的新方法,特别是如何对计算机进行编程以处理和分析大量自然语言数据。NLP 使用计算机对中文、英文等文本信息进行分析处理,属于文本语义分析的研究范畴。NLP 将机器学习与计算语言学、统计学和深度学习模型相结合,使计算机能够从语音或文本数据中处理人类语言,并掌握其全部含义,即作者或说话者的意图。NLP 经常用于开发文字处理器应用程序以及翻译软件。搜索引擎、银行应用程序、翻译软件和聊天机器人等都依赖于 NLP 来更好地理解人类的说话和写作方式。常见的 NLP 应用包括:文本/文档分类、情感分析、信息检索、词性标注、语言检测和机器翻译、对话代理、知识图谱和问答系统、文本摘要、文本生成、拼写检查和语法纠正、语音转文本等。

NLP 的核心任务包括自然语言理解(Natural Language Understanding，NLU)和自然语言生成(Natural Language Generation，NLG)。NLU 可以理解为希望机器能够像人一样理解人类的语言,是语言信息处理的一个分支,也是人工智能的核心课题之一。要机器能理解自然语言的多种表达是个挑战,过去机器只能处理结构化的数据,需要用户输入精确的指令,这个过程可能会在不同的表达中产生误判。NLU 的出现就可以让机器从各种自然语言的表达中区分出哪些话属于哪一类意图,而且不需要输入精确的指令。NLU 的应用包括机器翻译、机器客服等。NLU 的实现从基于规则的方法如 CFG、JSGF 等,到基于统计的方法,如目前基于深度学习的方法,即通过总结规律来判断自然语言的意图,例如 CNN、RNN、LSTM 等方法以及 Transformer。

NLG 旨在将非语言格式的数据转换成人类可以理解的语言格式,如文章和报告等,包括 text-to-text 和 data-to-text。NLG 的实现通常包括六个步骤:第一步,内容确定(content determination)。NLG 需要决定哪些信息应该被包含在正在构建的文本中,哪些信息不应该被包含在内,通常数据中包含的信息应该比最终传达的信息要多。第二步,文本结构(text structuring)。确定需要传达的信息后,NLG 合理组织文本的顺序,如在报道一个重要事件时,需要先表达"什么时间""什么地点""哪些人物"等,然后再表达"事件的概况",最后表达"事件的结尾"。第三步,句子聚合(sentence aggregation)。

NLG 将多个信息合并成一个句子使得表达更流畅,易于阅读。第四步,语法化(lexicalisation)。在确定句子的内容后,NLG 将这些信息组织成自然语言。这个步骤会在各种信息之间加一些连接词,使其看起来更像是一个完整的句子。第五步,参考表达式生成(referring expression generation)。这个步骤类似于语法化,都是选择一些单词和短语来构成一个完整的句子,不过区别在于这一步需要识别出内容的领域,然后使用该领域(而不是其他领域)的词汇。第六步,语言实现(linguistic realisation)。当所有相关的单词和短语都已经确定时,NLG 将它们组合起来形成一个结构完整的句子。

NLP 的实现需要克服一些技术难点:①人类语言的规律是错综复杂的;②自然语言可以自由组合形成复杂的语言表达;③自然语言是一个开放的体系,随时可能出现新的表达;④自然语言有一定的知识依赖;⑤自然语言的使用要基于语境。因此,NLP 工具要大体上能够实现以下功能:

(1) 分词(tokenization)。分词就是将句子、段落、文章这种长文本,分解为以字词为单位的数据结构,方便后续的处理分析工作。深度学习的部分工作中也可以实现“分字”。分词有中文分词和英文分词,中文和英文的分词方式不同,中文分词较英文分词更难,因为英文有天然的空格作为分隔符,但是中文没有,所以如何切分是一个难点。此外,中文中一词多义的情况非常多,很容易出现歧义。英文单词有多种形态,存在丰富的形态变换。为了应对这些复杂的变换,英文 NLP 相比中文 NLP 有特定的处理步骤,我们称之为词形还原(lemmatization)和词干提取(stemming),中文 NLP 则不需要。词形还原:如 does、done、doing、did 需要通过词形还原恢复成 do。词干提取:如 cities、children、teeth 这些词需要转换为 city、child、tooth 这些基本形态。最后,中文分词还需要考虑颗粒度问题,粒度越大,表达的意思就越准确,但是也会导致召回比较少。分词的方法包括词典匹配、统计计算和深度学习。词典匹配的分词方法速度快、成本低,但是适应性不强,不同领域效果差异大;统计计算的分词方法适应性较强,但是成本较高,速度较慢,这类方法目前常用的是算法是 HMM、CRF、SVM、深度学习等,比如 Stanford 和 Hanlp 分词工具是基于 CRF 算法;深度学习的分词方法准确率高、适应性强,但是成本高,速度慢,如双向 LSTM - CRF 中文分词模型,其本质是序列标注,所以具有通用性,命名实体识别等都可以使用该模型,据报道该分词器的字符准确率可高达 97.5%。表 3-4 为 GitHub 上中英文分词工具的星级排名。

表 3-4　中英文分词工具列表

中文分词工具	英文分词工具
1. Hanlp 2. Stanford 分词 3. ansj 分词器 4. 哈工大 LTP 5. KCWS 分词器 6. jieba 7. IK 8. 清华大学 THULAC 9. ICTCLAS	1. Keras 2. Spacy 3. Gensim 4. NLTK

(2) 词干提取(stemming)和词形还原(lemmatization)。词干提取和词形还原是英文语料预处理中的重要环节,英文单词有多种形态,需要进行词形还原和词干提取。词干提取是去除单词的前后缀得到词根的过程,如“books”提取为“book”。词干提取更多地被应用于信息检索领域,如 Solr、Lucene 等,用于扩展检索,粒度较粗。词形还原是基于词典,将单词的复杂形态转变成最基础的形态的过程。词形还原不是简

单地将前后缀去掉,而是根据词典将单词进行转换,比如将 took 转换为 take。词形还原主要被应用于文本挖掘、自然语言处理,用于更细粒度、更为准确的文本分析和表达。三种主流词干提取算法为 Porter、Snowball、Lancaster。

(3)词性标注(pos-tagging)。词性标注也被称为语法标注(grammatical tagging)或词类消疑(word-category disambiguation),是语料库语言学中将语料库内单词的词性根据其含义和上下文内容进行标记的文本数据处理技术。词性标注就是在给定句子中判定每个词的语法范畴,确定其词性并加以标注的过程。

(4)命名实体识别(Named Entity Recognition, NER)。NER 是 NLP 中非常基础的任务,是信息提取、问答系统、句法分析、机器翻译等众多 NLP 任务的重要基础工具。实体可以被认为是某一个概念的实例。如"人名"是一种概念,或者说实体类型,那么"刘备"就是一种"人名"实体了。若"时间"是一种实体类型,那么"春节"就是一种"时间"实体。所谓实体识别,就是将想要获取到的实体,从一句话中挑出来的过程。只有好的实体识别才会让其他任务的开展更有效,比如事件抽取、关系抽取等。

(5)分块(chunking)。文本分块是将一大段文本分割成几段小文本,其目的是获取一段文本中的一小部分,或分割得到固定单词数目的小部分等,这对于体量很大的文本非常有用。文本分块和分词不一样,分词的目的是把一段文本分割成单词,而文本分块的目的是把一大段文本分割成多个小段文本,如标出句子中的短语块,例如名词短语(NP)、动词短语(VP)等。

数据分析领域一直在快速发展,这在一定程度上要归功于机器学习和 NLP 等工具和技术的进步,使我们得以更全面和更快速地理解文档中的信息。

数据分析一般可以用 python 或者 java,因为每个语言生态都有自己的相关 NLP 库。现在有各种各样的开源 NLP 工具,以下是目前几种基于语音或文本的 NLP 应用程序。

Natural Language Toolkit(NLTK)是一种功能很全面的工具,包含 NLP 组件,如分类、标记、词干、标注、解析、语义推理等。用户可以选择想要使用的确切算法或方法,NLTK 支持多种语言,通过字符串的形式表示数据,适用于简单的构架。和其他工具比,其库的更新相对较慢。总体上来说,该工具对于实验、探索和应用程序而言具有优势。

Stanford NLP library 是一种多用途的文本分析工具,和 NLTK 一样提供了各种 NLP 处理应用程序,同时提供了自定义模块,可扩展,适合处理大量数据和执行复杂的计算。Stanford NLP library 在以下方面极具优势:①从公共来源收集数据(社交媒体、用户评论);②民意调查(社交媒体、客户支持);③会话交互(聊天机器人);④文本创建和处理(客户支持、电子商务)。

SpaCy 是 NLTK 的主要竞争对手,擅长句法分析,大多数情况下速度更快,对于每个 NLP 组件,只有单一执行,同时不用字符串表示,这简化了构架应用程序的接口,有助于集成其他框架和数据科学工具,但是 SpaCy 支持的语言没有 NLTK 多。总体来说,Spacy 对于不需要特定算法的新应用程序而言是很好的工具。

TextBlob 是 NLTK 的一种扩展,用户可以通过 TextBlob 以简化的方式访问 NLTK 的许多函数,而且 TextBlob 还包括 Pattern 库,对于新学习的用户来说是很好的工具。

Textacy 使用 SpaCy 作为核心 NLP 功能,通常和 SpaCy 一起使用,可以轻松地导入多种类型的数据而不用编写额外的代码。

PyTorch-NLP 是刚刚问世不久的新工具,但是其用户数量增加迅速,是快速创建原型的好工具,并且经常更新,公司和研究者目前发布了各种工具帮助处理,如图像转换。总体来说,PyTorch-NLP

适用于研究人员,但是也可以用于原型和最先进的算法,在它基础上创建的库也值得研究。

ChatGPT‐3 是自动完成的应用程序,主要用于文本预测,能生成类似的但是基于所需文本的多个实例。预训练的海量数据是其显著优势(1 750 亿个参数),用户可以得到更接近于实际人类语言的结果。

Apache OpenNLP 可长期使用,可访问性高,是一个开源库,利用 Java NLP 和 Python,和 Stanford NLP library 相似。Apache OpenNLP 简单好用,用户可以根据自己的需要定制 OpenNLP,在实体识别、句子检测、分词和 POS 标记方面非常有用。

NLP 帮助我们从非结构化的文本数据(如电子邮件、在线评论、社交媒体帖子等)中提取信息,帮助我们理解文本,获得有价值的见解。NLP 工具让我们更好地理解语言在特定情况下是如何工作的。目前已经出现了各种各样的 NLP 工具。

? 思考与讨论

(1) 在自然语言处理时,为何需要进行分词?

(2) 有哪些手段可以辅助提高分词的正确率?

推荐阅读

［1］普斯特若夫斯基.(2017).面向机器学习的自然语言标注［M］.北京:机械工业出版社.

［2］路彦雄.(2018).文本上的算法——深入浅出自然语言处理［M］.北京:人民邮电出版社.

［3］Bird, S., Klein, E., Loper, E.(2010). Python 自然语言处理［M］.北京:人民邮电出版社.

3.4 ▶ 地理信息系统工具

地理信息系统(Geographic Information System 或 Geo-Information System, GIS)是重要的空间信息系统。GIS 是依靠计算机软硬件系统,通过图层技术与信息技术,对空间地理分布数据进行采集、管理、分析、运算、储存、显示和描述的空间信息系统,同时也可以作为环境与地理资源规划的决策管理系统。GIS 广泛应用于现代社会的各个方面,成为信息化社会的一项核心技术。GIS 促进了地理空间数据的收集、管理、分析和可视化,是一种新兴技术,在城市研究、环境科学、健康、商业、经济学、数字人文等领域有着广泛的用途。

数字人文学科中的大多数数据和现象都具有地理属性。GIS 扩展了收集、存储、分析和可视化空间数据的可能性。数字人文领域中的数字重建、网络和空间分析等主题是重点研究领域,基于空间的数字人文研究成为许多不同类型的人文学科学者关注的主要领域之一。大部分相关研究是基于定量的研究,但也有基于定性数据的研究,如基于空间分析来理解历史数据,包括重大事件或历史发展。事实上空间史成为了历史研究的一个新领域,许多关键人物、事件和时间线都是通过空间关系来得以解释的。数字人文领域关注 GIS 的一个重要因素是其对定量和定性研究的适用性,包括记录数字叙述、进行文档和空间分析,以及记录受访者使用空间方法的不同视角。基于 GIS 的人文社会学科研究中,以历史为重点的研究占主导地位,其不仅仅聚焦于早期的历史,也关注当代文化和历史。研究问题包括地图中的本体论表示和表达、地点的数字表达是如何表示的,等等。文本分析一直是数字人文学科的另一个主要领域。一些研究试图使用自然语言处理来关注历史或叙事,包括主题建模和情感分析,同时整合空间分析,研究叙事关注的地方以及空间视角如何塑造地方的叙述。

数字人文学科面临的挑战是不断增加的研究领域,包括如何在空间分析和数据分析方法中结合各种媒体,如各种网络内容和社交媒体。例如,对来自像 Twitter 等社交媒体的数据进行自然语言处理,并对推文进行空间分析,这需要处理大量的数据。新地理学派和数字人文学科越来越多地将这些主题视为更好地理解空间方法如何应用于文本分析和地理学等传统研究领域的方法。一些 GIS 背景的公司开始雇佣数字人文专家开发产品,此外,越来越多的关注来自于公司的技术人员、数字营销人员、数字支持人员、空间分析师和图书管理员。

数字人文领域的地理信息系统依赖于地理空间数据的分析和可视化。GIS 软件和工具有很多选择,笔者在这里介绍一些入门级的工具。

ArcGIS,是一个稳定的 GIS 行业标准工具,用于管理、分析和显示地理信息。ArcGIS 软件可以共享和分析数据,可以在本地使用或通过云使用,能满足所有地图相关需求。其主要特点是地理编码、路线图、数据可视化、离线模式访问地图、空间分析和意象。ArcGIS 具有工具预设和高级报告功能,可以处理大量矢量数据,轻松发布网络地图。ArcGIS Online 是该软件的一个基于浏览器的版本,用户可以创建免费账号,下载完整软件包则需要许可证授权。

QGIS,是一个用户友好型的开源 GIS 软件,由 GNU 通用公共许可证授权。QGIS 是开源地理空间基金会(OSGeo)的一个官方项目,可以在 Linux、Unix、Mac OSX、Windows 和 Android 上运行,并支持许多矢量、光栅、数据库格式和功能。QGIS 允许用户在操作系统上创建、编辑、可视化和公开地理空间信息,在自动化地图制作、处理地理空间数据和生成制图方面具有优势。

WorldMap,是用于创建和发布地图的开源软件。该系统试图解决桌面 GIS 与基于网站的地图系统之间的差距,前者通常不支持协作,后者通常不支持包含大型数据集。

Historypin,基于用户生成的历史照片、视频等数字档案,以多种格式交互显示,包括图库、时间轴或地图。

StoryMapJS,由美国西北大学的奈特实验室开发,允许用户通过各种网络来源(如谷歌地图、推特、维基百科等等)导入媒体,在网络上突出显示一系列事件的地点。

Palladio,是斯坦福人文和设计实验室开发的数据可视化工具,可以生成地图和网络图。

Esri StoryMaps,允许用户将地图与叙事文本、图像与多媒体内容结合起来,创建以地理为重点的故事,并可在网上分享。

OpenStreetMap,是开源的世界地图,用于创建地图的开放数据。

Desktop ArcInfo,包括三个应用:Arc Map、Arc Catalog 和 Arc Toolbox。Arc Map 实现了地图数据的显示、查询和分析,Arc Catalog 用于基于元数据的定位、浏览和管理空间数据,Arc Toolbox 是由常用数据分析处理工具组成的工具箱。

MapBox,是需要订阅的网络地图平台,可以用来存储和共享地理定位数据,以及创建交互式和基于时间的地图,可以嵌入到网站中。

Tableau,需要订阅,可以作为一个内置地图工具的强大数据分析工具,可以免费试用。

❓ 思考与讨论

(1) 什么是空间数据?

(2) 数字人文与地理信息系统的关系是什么?

推荐阅读

［1］Bolstad, P.（2019）. GIS Fundamentals: A First Text on Geographic Information Systems［M］. Minneapolis: Eider Press.

［2］Law, M. & Collins, A.（2020）. Getting to Know ArcGIS Pro 2.6［M］. Redlands, California: Esri Press.

［3］Chang, K. T.（2018）. Introduction to Geographic Information Systems［M］. Boston: McGraw Hill.

3.5 ▶ 虚拟现实技术

如果文字或艺术作品不需要通过阅读来欣赏,而是可以亲身体验? 如果造访作家居所或漫步古城街道成为可能? 当我们不再是被动的接受者,而是沉浸式体验的共同创造者和参与者时,我们对文学、艺术、历史和考古学的解读将会发生怎样的变化? 这将如何挑战当前的学习和思考范式? 当我们反思虚拟现实技术对人文和社会科学的影响时,这些问题就不可避免了。

虚拟现实技术即 VR 技术,又称虚拟环境、灵境或人工环境,是指利用计算机生成一种可对参与者直接施加视觉、听觉和触觉感受,并允许其交互地观察和操作的虚拟世界的技术。VR 技术从 20 世纪60 年代开始在军事和工业训练中得到应用,且主要应用于一些尖端应用领域,如自然科学、医疗保健、军事和航空培训等,很少在人文社会科学领域中应用。随着科技的不断发展、研究的不断深入,AR、MR 等概念也被相继提出。增强现实（Augmented Reality, AR）,是广义上的虚拟现实技术的扩展。近年来,数字人文学者也对 VR 技术在艺术和文化领域的应用越来越关注。下面列举几个在数字人文领域应用 VR 技术的实例。

美国波士顿学院的学生们根据经典文学作品开发 VR 游戏（基于乔伊斯小说《尤利西斯》开发了 Joycestick,网址为 http://joycestick.com/）,该游戏再现了乔伊斯复杂世界中的各种元素,由数字人文课程教师带队开发。VR 游戏的面世意味着文学教学开辟了新领域。

图 3-2　乔伊斯小说《尤利西斯》VR 游戏 Joycestick 界面

美国杜克大学艺术、艺术史和视觉研究系的 Dig@Lab 则专注于模拟过去。该实验室以"挖掘信息"著称,与古典研究所、计算机科学系和脑科学研究所合作。在虚拟博物馆课程中,学生们创建自己的虚拟博物馆,通过使用多种不同的技术和方法,如增强现实、沉浸式虚拟现实、3D 建模、WebGIS 和整体可视化,将中东冲突造成的损失可视化。

威尼斯大学、帕多瓦大学与杜克大学合作重建了埃雷米塔尼教堂。这座建筑在第二次世界大战期间几乎被毁,三所大学对其进

图 3-3　杜克大学虚拟博物馆课程关注世界遗产的虚拟重建

行了数字扫描,并在虚拟环境中还原了建筑细节。通过使用移动设备的增强现实技术,观众可以体验到这座原始的艺术作品。

耶鲁大学数字人文实验室发布了《约翰·阿什贝利之巢》——这是由人文、英语和美国研究高级讲师卡琳·罗夫曼(Karin Roffman)与来自耶鲁大学数字人文实验室和耶鲁大学信息技术学院的设计师、摄影师和程序员组成的团队合作完成的。通过选择的360度图像和交互式图层,该项目能够带观众走进这位诗人在纽约哈德逊的故居。阿什贝利是一位美国古董收藏家,他的房子里摆满了给他诗歌灵感的物品。穿过空间,观众可以看到音频剪辑、照片和档案资源,丰富了这一作品的背景和情境。

图3-4 耶鲁大学数字人文实验室的《约翰·阿什贝利之巢》

图3-5 达利博物馆的"达利之梦"

VR技术为人们体验艺术作品和理解艺术家的思想开辟了新的途径。达利博物馆使用Oculus Rift头戴式设备创造了以"达利之梦"为主题的展览。观众不再只是达利画作的观赏者,还可以走进这位艺术家的作品,在超现实的风景中穿梭于各色人物之间,可以从不同的角度体验人物,并通过达利发现其他绘画的元素。VR体验不是用3D技术重现艺术家的单一作品,而是进入达利的想象之门。

VR技术使得观众从被动的旁观者变成主动的参与者,激发其新的思想和灵感,为各种数字人文中具有挑战性的议题提供了新的视角和解释模式。研究者不仅仅是在重现过去,他们还在创造沉浸式的环境、情感参与、同理心和情境认知。

VR是完全的3D环境,由软件和兼容的硬件组合而成。用户完全沉浸在3D环境中,以一种看似真实的方式与虚拟世界互动。创建理想的VR用户体验需要几个步骤。先由软件开发人员创建VR,然后用户可以与所创建的对象进行互动。耳机为用户提供了一种完全沉浸在真实环境中的错觉。这些3D物体倾向于对用户移动的变化做出反应,交互模仿真实世界中的变化。VR技术也需要额外的硬件组件,如手套或其他配件,模拟额外的感官体验,如触觉。实现VR的一大障碍是相关产品的高成本和所需的辅助设备,目前也有一些免费的VR工具,无需额外设备。

Story Spheres是一个将虚拟现实和数字故事结合起来的网站,可以让用户创建虚拟现实体验。该网站允许上传360度全景图片,用户可以选择自己拍摄的图片,也可以使用从共享网站下载的图片。上传完成后用户就可以开始定制VR体验,添加歌曲、音效和旁白。对于写叙事性文章的用户来说,故事空间是一种创造性的方式,可以将作品呈现和展示。用户可以使用全景图像来展示背景,并使用声音效果来叙述和捕捉他们的作品的情绪。用户还可以展示历史遗址的图像,并使用声音工具提供事实和其他信息。

HistoryView VR提供许多国家级和世界级遗址的免费VR游览。用户可以用设备点击博物馆、国家公园、政府大楼和其他地标建筑。每一次VR之旅都配备了触点,用户可以选择了解更多关于地点的信息。若想了解古代文明历史,则可以参观罗马斗兽场;若想了解文学,则可以参观马克·吐温故居。用户在体验时可以使用普通的 VR 头戴设备,不需要额外的设备,也可以使用平板电脑或其他智能设备。

? 思考与讨论

（1）虚拟现实有何特点和重要意义？

（2）虚拟现实和增强现实有区别吗？

推荐阅读

［1］Williams, E. R., Love, M. & Love, C. (2021). Virtual Reality Cinema: Narrative Tips and Techniques［M］. London: Routledge.

［2］Guazzaroni, G. & Pillai, A. S. (2019). Virtual and Augmented Reality in Education, Art, and Museums［M］. Hershey: IGI Global.

第**4**章

数字人文主要分析方法①

4.1 ▸ 信息的量化

4.1.1 信息熵

信息是一个抽象的概念，是音讯、消息、通信系统传输和处理的对象，泛指人类社会传播的一切内容。关于信息是否可以被量化，香农（C. E. Shannon）提出的"信息熵"概念解决了这一问题。

一条信息的信息量大小和它的不确定性有直接的关系。信息所包含的概念或对信息的进一步解释是不能被确定的。确定信息内海、边界和进一步扩展、解释意味着新的信息的引入。换言之，一个概念本身就是条件集合或者需要上下文（条件、对象）才能被充分感知、认识和理解。学科内的专有知识本身就具有较强的学科知识背景和条件，相同的词汇，如"调性"在音乐、物理、经济学和语言学中反映的知识存在巨大差异。因为具体应用条件下的信息符号可能会导致信息的排他性和专用性，或者认知上的"障碍"以及知识演绎过程中的"演化隔离"。因此，基于学科知识的表述语言的专用性和一般性是知识认知的具体化和抽象化，熟悉专用性的过程可能在强化知识体系的同时导致该知识在其他"元"上表示为"无信息"或"噪声"。这样就会产生一个特殊的现象，我们不能解释不同学科之间时刻发生的相互影响和不同学科之间大规模的彼此促进过程。随着技术进步和分析工具在各个学科之间的共同使用，关联与共现无处不在，不安与无知由此产生。

信息的量化有两个必要条件，一个条件是相同对象的跨学科、跨知识共现，另一个条件是不确定性信息的熵增过程具有相应的支持性工具。例如，介绍"数字人文""元宇宙"这类概念，如果缺乏相关数据分析方法、统计学思想、高维信息表达以及结构化因果关系，则很可能被简单地理解为"互联网化"或"数值化、区块链化算法"。

如果我们需要搞清楚一个不确定的概念，或者"探索"某一未知事件，这就需要了解大量的信息。相反，如果我们对某件事已经有了较多的了解，我们不需要太多的信息就能把它搞清楚。所以，从这个角度看，我们可以认为，信息量的度量就等于不确定性的大小。任何一个称述本身其实是对特定条件的表述或局部的展示。

解释"黑天鹅"现象并不仅仅是简单地提供不确定性信息的补充，需要理解的层面维度远超于"天鹅"的颜色。例如 literally 一词，柯林斯词典认为该词词性类比于 very 的词性，但是现实中我们并不确定这个词是否适用于其他应用场景。对于特殊条件以及该条件的适用性，我们是十分不确定的。为了

---

① 关注"交大外语"公众号，点击"外语图书"——"智学堂-高等教育"——"音视频资源"，观看本章配套视频讲解。

对一个特定词汇或概念进行甄别,我们需要从影视作品、新闻、特定文本和"时代"角度进行比较,否则我们无法将特定概念外扩,也无法解释特定概念外扩、转移的原因和变动机制。这种认知"判断"过程需要大量的信息,信息熵提升本身也意味着对应的成本提升。换言之,"常识"如果维度越低、备择概率越低,则需要的信息熵也就越低。例如,人需要摄入食物这一常识,因为确定性很高,几乎不需要引入信息,所以信息熵很低。同理,随着科学技术的发展,各个学科之间的知识关联度越来越高,我们进一步利用、发展、挖掘信息的可能性越来越大,便利性也越来越高。

考虑一个离散的随机变量 x,信息的量度应该依赖于概率分布 $p(x)$,我们用函数 $I(x)$ 表示关于概率 $p(x)$ 的单调函数,表达信息对应的概率。这一事件的概率信息具有独立性和排他性,即对于两个不相关的事件 x 和 y,观察两个事件同时发生时获得的信息量应该等于观察事件各自发生时获得的信息之和,即:$I(x, y) = I(x) + I(y)$。因为两个事件是独立不相关的,因此 $p(x, y) = p(x)p(y)$。根据这两个关系,我们很容易看出 $I(x)$ 一定与 $p(x)$ 的对数有关:$\log_a(mn) = \log_a m + \log_a n$。因此,我们可以得出:

$$I(x) = -\log p(x)$$

其中负号是用来保证信息量是正数或者为零。log 函数中基的选择是任意的(信息论中基常常选择为 2,因此信息的单位为比特,bit;而机器学习中基常常选择为自然常数,因此信息的单位被称为奈特,nat)。$I(x)$ 也被称为随机变量 x 的自信息(self-information),描述的是随机变量的某个事件发生所带来的信息量,如图 4-1 所示。

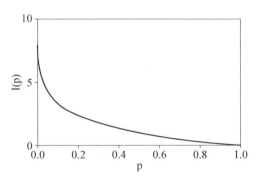

图 4-1　随机变量事件发生的信息量趋势

假设一个发送者想传送一个随机变量的值给接收者,那么在这个过程中,他们传输的平均信息量可以通过求 $I(x) = -\log p(x)$ 关于概率分布 $p(x)$ 的期望得到,即:

$$H(X) = -\sum_x p(x)\log p(x) = -\sum_{i=1}^n p(x_i)\log p(x_i)$$

$H(X)$ 为随机变量 x 的熵,它表示随机变量不确定的度量,是对所有可能发生的事件产生的信息量的期望。从公式可知,随机变量的取值个数越多,状态数也就越多,信息熵就越大,混乱程度也越高。当随机分布为均匀分布时,熵最大,且 $0 \leqslant H(X) \leqslant \log n$。将一维随机变量分布推广到多维随机变量分布,其联合熵为:

$$H(X, Y) = -\sum_{x, y} p(x, y)\log p(x, y) = -\sum_{i=1}^n \sum_{j=1}^m p(x_i, y_i)\log p(x_i, y_i)$$

这里熵只依赖于随机变量的分布,与随机变量取值无关,所以也可以将 X 的熵记作 $H(p)$。

联合熵的定义有着重要的维度性质。考虑一个随机变量 x,该随机变量有 4 种可能的状态,每种状

态都是等可能的。为了把 x 的值传送给接收者,我们需要传输 2 比特的消息,即:

$$H(X) = -4 \times \frac{1}{4} \log_2 \frac{1}{4} = 2 \text{ bits}$$

现在考虑一个具有 4 种可能的状态 $\{a, b, c, d\}$ 的随机变量,每种状态各自的概率为 $\left(\frac{1}{2}, \frac{1}{4}, \frac{1}{8}, \frac{1}{8}\right)$,则这种情形下的熵为:

$$H(X) = -\frac{1}{2} \log_2 \frac{1}{2} - \frac{1}{4} \log_2 \frac{1}{4} - \frac{1}{8} \log_2 \frac{1}{8} - \frac{1}{8} \log_2 \frac{1}{8} = 1.75 \text{ bits}$$

我们可以看到,非均匀分布比均匀分布的熵要小。现在让我们考虑如何把变量状态的类别传递给接收者。与之前一样,我们可以使用一个 2 比特的数字来完成这件事情。然而,我们可以利用非均匀分布这个特点,使用更短的编码来描述更可能的事件,使用更长的编码来描述不太可能的事件。我们希望这样做能够得到一个更短的平均编码长度,可以使用编码串(哈夫曼编码):0、10、110、111 来表示状态 $\{a, b, c, d\}$。传输的编码的平均长度就是:

$$\text{average code length} = \frac{1}{2} \times 1 + \frac{1}{4} \times 2 + 2 \times \frac{1}{8} \times 3 = 1.75 \text{ bits}$$

这个值与上方的随机变量的熵相等。

4.1.2 条件熵

条件熵 $H(Y \mid X)$ 表示在已知随机变量 X 的条件下随机变量 Y 的不确定性。条件熵 $H(Y \mid X)$ 定义为 X 给定条件下 Y 的条件概率分布的熵对 X 的数学期望:

$$H(Y \mid X) = \sum_x p(x) H(Y \mid X = x) = -\sum_{x, y} p(x, y) \log p(y \mid x)$$

条件熵 $H(Y \mid X)$ 相当于联合熵 $H(X, Y)$ 减去单独的熵 $H(X)$,即 $H(Y \mid X) = H(X, Y) - H(X)$。

对于某一判断,如环境温度是低还是高,和穿短袖还是外套这两个事件可以组成联合概率分布 $H(X, Y)$,因为两个事件加起来的信息量肯定大于单一事件的信息量。假设 $H(X)$ 对应今天环境温度的信息量,由于今天环境温度和今天穿什么衣服这两个事件并不是独立分布的,所以在已知今天环境温度的情况下,穿什么衣服的信息量或者说不确定性被减少了。当已知 $H(X)$ 这个信息量时,$H(X, Y)$ 剩下的信息量就是条件熵:

$$H(Y \mid X) = H(X, Y) - H(X)$$

因此,描述 X 和 Y 所需的信息就是描述 X 所需的信息,加上给定 X 的条件下具体化 Y 所需的额外信息。

4.1.3 相对熵

假设 $p(x)$、$q(x)$ 是离散随机变量 X 中取值的两个概率分布,则 p 对 q 的相对熵是:

$$D_{KL}(p \parallel q) = \sum_x p(x) \log \frac{p(x)}{q(x)} = E_{p(x)} \log \frac{p(x)}{q(x)}$$

该相对熵的性质为：

（1）若 $p(x)$ 和 $q(x)$ 两个分布相同，则相对熵等于 0。

（2）若 $D_{KL}(p \parallel q) \neq D_{KL}(q \parallel p)$，则相对熵具有不对称性。

（3）若 $D_{KL}(p \parallel q) \geqslant 0$，则相对熵可以用来衡量两个概率分布之间的差异，上述公式的意义就是求 p 与 q 之间的对数差在 p 上的期望值。

4.1.4　交叉熵

现在有关于样本集的两个概率分布 $p(x)$ 和 $q(x)$，其中 $p(x)$ 为真实分布，$p(x)$ 为非真实分布。如果用真实分布 $p(x)$ 来衡量识别一个样本所需要编码长度的期望（平均编码长度），则是：

$$H(p) = \sum_x p(x) \log \frac{1}{p(x)}$$

如果使用非真实分布 $q(x)$ 来表示来自真实分布 $p(x)$ 的平均编码长度，则是：

$$H(p, q) = \sum_x p(x) \log \frac{1}{q(x)}$$

这里 $H(p, q)$ 为交叉熵。考虑一个随机变量 x，真实分布 $p(x) = \left(\frac{1}{2}, \frac{1}{4}, \frac{1}{8}, \frac{1}{8}\right)$，非真实分布 $q = \left(\frac{1}{4}, \frac{1}{4}, \frac{1}{4}, \frac{1}{4}\right)$，则 $H(p) = 1.75\ \text{bits}$（最短平均码长），交叉熵为：

$$H(p, q) = \frac{1}{2} \log_2 4 + \frac{1}{4} \log_2 4 + \frac{1}{8} \log_2 4 + \frac{1}{8} \log_2 4 = 2\ \text{bits}$$

由此可以看出，根据非真实分布 $q(x)$ 得到的平均码长大于根据真实分布 $p(x)$ 得到的平均码长。

这里将相对熵公式线性展开：

$$D_{KL}(p \parallel q) = \sum_x p(x) \log \frac{p(x)}{q(x)} = \sum_x p(x) \log p(x) - p(x) \log q(x)$$

根据熵的公式 $H(p) = -\sum_x p(x) \log p(x)$ 和交叉熵公式 $H(p, q) = \sum_x p(x) \log \frac{1}{q(x)} = -\sum_x p(x) \log q(x)$，我们可以得出：

$$D_{KL}(p \parallel q) = H(p, q) - H(p)$$

又因为 $D_{KL}(p \parallel q) \geqslant 0$，所以 $H(p, q) \geqslant H(p)$（当 $p(x) = q(x)$ 时取等号，此时交叉熵等于信息熵）。当 $H(p)$ 为常量时，最小化相对熵 $D_{KL}(p \parallel q)$ 等价于最小化交叉熵 $H(p, q)$，也等价于最大似然估计。

在机器学习中，我们希望在训练数据上模型学到的分布 $P(\text{model})$ 和真实数据的分布 $P(\text{real})$ 越接近越好，所以我们可以使其相对熵最小。但是由于我们没有真实数据的分布，所以只能希望模型学到的分布 $P(\text{model})$ 和训练数据的分布 $P(\text{train})$ 尽量相同。假设训练数据是从总体中独立同分布采样的，那么我们可以通过最小化训练数据的经验误差来降低模型的泛化误差。其过程为：

（1）希望学到的模型分布和真实分布一致，即

$$P(\text{model}) \backsimeq P(\text{real})$$

（2）由于真实分布不可知，所以假设训练数据是从真实数据中独立同分布采样的，即

$$P(\text{train}) \backsimeq P(\text{real})$$

（3）因此，我们希望学到的模型分布至少和训练数据的分布一致，即

$$P(\text{train}) \backsimeq P(\text{model})$$

根据之前的描述，最小化训练数据的分布 $P(\text{train})$ 与最小化模型分布 $P(\text{model})$ 的差异等价于最小化相对熵，即 $D_{KL}(P(\text{train}) \parallel P(\text{model}))$。此时，$P(\text{train})$ 就是 $D_{KL}(p \parallel q)$ 中的 p，即真实分布 $P(\text{real})$，$P(\text{model})$ 就是其中的 q。又因为训练数据的分布 p 是给定的，所以求 $D_{KL}(p \parallel q)$ 等价于求 $H(p, q)$。由此得证，交叉熵可以用来计算学习模型分布与训练分布之间的差异。交叉熵广泛用于逻辑回归的特征值向量计算，并作为损失函数使用。

? 思考与讨论

（1）如何量化信息？信息的量化需要什么条件？

（2）为什么说"信息量的度量就等于不确定性的大小"？

推荐阅读

［1］Lefebvre T. (2022). Information-theoretic Policy Learning from Partial Observations with Fully Informed Decision Makers[J]. *Pattern Recognition Letters*, 164, 81 - 88.

［2］Feldman D P. & Crutchfield J P. (2022). Discovering Noncritical Organization: Statistical Mechanical, Information Theoretic, and Computational Views of Patterns in One-Dimensional Spin Systems[J]. *Entropy*, 24(9), 1 - 72.

［3］张汝华, 郭森垚, 施庆利. (2022). 基于信息熵的山东省货运结构演变及动因分析[J]. 重庆交通大学学报：自然科学版, (12), 8.

［4］董红瑶, 申成奥, 李丽红. (2023). 基于邻域容差熵选择集成分类算法[J]. 郑州大学学报（理学版）, (06), 15 - 21.

［5］李晓豪, 郑海斌, 王雪柯等. (2022). 基于改进交叉熵的模仿学习鲁棒性增强方法[J]. 控制与决策, (11), 1 - 9.

4.2 ▶ 自然语言处理与知识图谱

自然语言处理的无监督学习和概率图、知识图谱相互关联，本小节对核心参数和基本参数估计进行梳理。在深度学习中，参数估计是基本步骤之一，是模型训练过程。了解训练模型的损失函数，需要系统学习概率论的相关知识。损失函数估计是平均平方误差，是欧式距离的误差扰动表述。概率模型对应的"交叉熵"函数则来源于概率论中的最大似然函数。

4.2.1 最大似然估计（MLE）

最大似然估计的核心思想是对"存在"的事件进行概率表述。如果事件 X 的概率分布为 $p(X)$，若一次观测中具体观测到的值分别为 X_1、X_2、$\cdots$、X_n，并假设它们是相互独立的，那么

$$\mathcal{P} = \prod_{i=1}^{n} p(X_i)$$

是最大的。如果 $p(X)$ 是一个带有参数 θ 的概率分布式 $p_\theta(X)$，选择 θ 从而使出现特定事件的概率 $\mathcal{L}$ 最大化，即

$$\theta = \arg\max_\theta \mathcal{P}(\theta) = \arg\max_\theta \prod_{i=1}^n p_\theta(X_i)$$

对概率取对数，就得到等价形式：

$$\theta = \arg\max_\theta \sum_{i=1}^n \log p_\theta(X_i)$$

右端再除以 n，则可以得到更精炼的表达形式：

$$\theta = \arg\max_\theta \mathcal{L}(\theta) = \arg\max_\theta \mathbb{E}\left[\log p_\theta(X_i)\right]$$

—$\mathcal{L}(\theta)$ 即为交叉熵。

根据已有的数据，我们可以得到每个 X 的统计频率 $\tilde{p}(X)$，也可以得到上式的等价形式：

$$\theta = \arg\max_\theta \mathcal{L}(\theta) = \arg\max_\theta \sum_X \tilde{p}(X)\log p_\theta(X)$$

实际上我们几乎不能得到 $\tilde{p}(X)$（尤其是对于连续分布），我们能直接计算的是关于它的数学期望，也就是对 θ 的估计表达式，因为求期望只需要把每个样本的值算出来，然后求和并除以 n。因此，上式只具有理论价值，便于后面的推导。

要注意的是，上述内容是一般化描述，其中 X 可以是任意对象。它有可能是连续的实数，这时候我们就要把求和换成积分，把 $p(X)$ 变成概率密度函数。

从 KL 散度出发也可以导出最大似然的形式。假如有两个分布 $\tilde{p}(X)$ 和 $p(X)$，我们可以用 KL 散度来衡量它们的距离：

$$KL(\tilde{p}(X) \parallel p(X)) = \sum_X \tilde{p}(X)\ln\frac{\tilde{p}(X)}{p(X)} = \mathbb{E}\left[\ln\frac{\tilde{p}(X)}{p(X)}\right]$$

当两个分布相同时，KL 散度为 0。当两个分布不同时，KL 散度大于 0。假设我们已经知道这些性质，并假设 X 的样本已经给出，这就意味着 $\tilde{p}(X)$ 可以视为已知，这时可以得到：

$$\theta = \arg\min_\theta KL(\tilde{p}(X) \parallel p_\theta(X)) = \arg\max_\theta \mathbb{E}\left[\log p_\theta(X_i)\right]$$

这就重新导出了关于 θ 的等价形式。事实上 KL 散度要比简单的最大似然在含义上更为丰富，因为最大似然相当于假设 $\tilde{p}(X)$ 是已知的（已知 X 的样本），但很多时候我们只知道 X 的部分信息，这时候就要回归到 KL 散度上来。

4.2.2　有监督模型

有监督学习对概率条件的描述有所不同。假设 (X, Y) 构成了一个事件，于是我们得出：

$$\theta = \arg\max_\theta \mathbb{E}_{X, Y}\left[\log p_\theta(X, Y)\right]$$

这里已经注明了是对 X，Y 整体求数学期望。但是，该设定对于分类问题而言仍然需要进一步的设定。

以分类问题为例，我们通常假定事件的条件概率为 $p(Y \mid X)$ 而不是 $p(X, Y)$，即我们观察的事件

为条件概率分布,而不是联合分布,所以我们还是要从最大似然估计的理论形式出发,利用 $p(X,Y)=p(X)p(Y\mid X)$,得到

$$\theta = \arg\max_{\theta} \sum_{X,Y} \widetilde{p}(X,Y)\log\left[p_{\theta}(X)p_{\theta}(Y\mid X)\right]$$

因为我们只对 $p(Y\mid X)$ 建模,因此 $p_{\theta}(X)$ 可以被认为是 $\widetilde{p}(X)$,那么这相当于让优化目标多了一个常数项,因此上式等价于

$$\theta = \arg\max_{\theta} \sum_{X,Y} \widetilde{p}(X,Y)\log p_{\theta}(Y\mid X)$$

因为 $\widetilde{p}(X,Y)=\widetilde{p}(X)\widetilde{p}(Y\mid X)$,于是有监督模型还可以再变成

$$\theta = \arg\max_{\theta} \sum_{X} \widetilde{p}(X) \sum_{Y} \widetilde{p}(Y\mid X)\log p_{\theta}(Y\mid X)$$

对于有监督学习中的分类问题,一般而言在训练数据中对于确定的输入,X 就只有一个类别,所以 $\widetilde{p}(Y_t\mid X)=1$,其余为 0,$Y_t$ 就是 X 的目标函数,所以可得

$$\theta = \arg\max_{\theta} \sum_{X} \widetilde{p}(X)\log p_{\theta}(Y_t\mid X)$$

下式即为分类问题的最大似然函数:

$$\theta = \arg\max_{\theta} \mathbb{E}_X\left[\log p_{\theta}(Y_t\mid X)\right]$$

4.2.3 隐变量估计

分类问题要建模的是 $p(Y\mid X)$,当以最大似然函数为目标函数时,我们得到最大似然函数估计的表达式:

$$\theta = \arg\max_{\theta} \mathbb{E}_{X,Y}\left[\log p_{\theta}(X,Y)\right]$$

如果给出关于事件的数据对是 (X,Y),那么这就是一个普通的有监督学习问题,然而如果只给出条件 X 而不给出 Y,输出对象 Y 即为隐变量,该变量存在,但是无法被直接观测到。

4.2.4 GMM 模型

如果缺乏标签数据信息 (X,Y) 双侧信息时,分类问题则可以在 GMM 模型中进行表达,GMM 假设:

$$p_{\theta}(X,Y)=p_{\theta}(Y)p_{\theta}(X\mid Y)$$

此处标签关系为 $p_{\theta}(Y)p_{\theta}(X\mid Y)$ 而不是 $p_{\theta}(X)p_{\theta}(Y\mid X)$,两者区别在于我们难以直接估计 $p(X)$,也难以直接猜测 $p(Y\mid X)$ 的形式。$p(Y)$ 和 $p(X\mid Y)$ 的概率表达则相对容易,因为我们通常假设 Y 的意义是类别,所以 $p(Y)$ 只是一个有限向量,而 $p(X\mid Y)$ 表示每个类内对象的分布。由于这些对象都属于同一个类,所以它们在该类中都具有相似的分布。GMM 则是基于类别遵循正态分布的假设。

这种情况下,我们完整的数据是 (X,Y),但我们并没有这种成对的样本 $(X_1,Y_1),\cdots,(X_n,Y_n)$(否则就退化为有监督学习),我们只知道 X 的样本 $X_1,\cdots,X_n$,这就对应了我们在 KL 散度中的

描述。

4.2.5　PLSA 模型

不是无监督学习才有隐变量,有监督学习也可以有,假设

$$p(Y \mid X) = \sum_Z p_\theta(Y \mid Z) p_\theta(Z \mid X)$$

这时候多出了一个变量 Z,就算给出 (X, Y) 这样的标签数据对,但 Z 仍然是没有数据的,是我们假想的一个变量,它也就是隐变量,PLSA 就是这样的一个问题。也就是说,这时候完整的数据对应该是 (X, Y, Z) 形式,但我们只知道 $(X_1, Y_1), \cdots, (X_n, Y_n)$ 这样的部分样本。

4.2.6　EM 算法

对于 EM 算法,我们一般将它分为 M 步和 E 步,应当说,M 步是比较好理解的,E 步的 Q 函数构造有别于以上讨论。

对于含有隐变量的问题,一般的处理方案是:由于隐变量不可观测,因此一般改用边缘分布(也就是显变量的分布)的最大似然为目标函数,即

$$\theta = \arg \max_\theta \sum_X \widetilde{p}(X) \log \sum_Z p_\theta(X \mid Z) p_\theta(Z)$$

为最大化的目标。

从简化角度出发,我们可以通过分析联合概率分布的 KL 散度来极大简化 EM 算法的推导。而如果采用边缘分布最大似然的做法,我们就无法直观地理解 Q 函数的来源。

以 GMM 为例,首先我们估计 $\widetilde{p}(X, Y)$ 和 $p_\theta(X, Y)$ 的 KL 散度:

$$KL(\widetilde{p}(X, Y) \parallel p_\theta(X, Y)) = \mathbb{E}_X \left[\sum_Y \widetilde{p}(Y \mid X) \log \frac{\widetilde{p}(Y \mid X)}{p_\theta(X \mid Y) p_\theta(Y)} \right] + \text{constant}$$

对上式而言,我们希望找到一组分布的参数 θ,使得 $KL(\widetilde{p}(X, Y) \parallel p_\theta(X, Y))$ 越小越好,$p_\theta(X, Y)$ 已经给定为 $p_\theta(X \mid Y) p_\theta(Y)$ 形式,只有参数 θ 是未知的。但是在上式中,$\widetilde{p}(Y \mid X)$ 也是未知的。

作为备择证明,初步假定 $\widetilde{p}(Y \mid X)$ 为常数,那么我们就可以计算参数 θ:

$$\theta^{(r)} = \arg \max_\theta \mathbb{E}_X \left[\sum_Y \widetilde{p}^{(r-1)}(Y \mid X) \log p_\theta(Y) p_\theta(X \mid Y) \right]$$

这时我们可能将得到新的 $\theta^{(r)}$,则把 $p_\theta(X \mid Y)$ 当成已知的,求 $\widetilde{p}(Y \mid X)$:

$$\widetilde{p}^{(r)}(Y \mid X) = \arg \min_{\widetilde{p}(Y \mid X)} \mathbb{E}_X \left[\sum_Y \widetilde{p}(Y \mid X) \log \frac{\widetilde{p}(Y \mid X)}{p_{\theta^{(r)}}(X \mid Y) p_{\theta^{(r)}}(Y)} \right]$$

上式可以直接写出解析解,方括号内的部分可以改写为:

$$\sum_Y \widetilde{p}(Y \mid X) \log \frac{\widetilde{p}(Y \mid X)}{p_{\theta^{(r)}}(X, Y)} = KL(\widetilde{p}(Y \mid X) \parallel p_{\theta^{(r)}}(Y \mid X)) - \text{constant}$$

所以最小化过程相当于最小化 $KL(\widetilde{p}(Y \mid X) \parallel p_{\theta^{(r)}}(Y \mid X))$,根据 KL 散度的性质,显然最优解就是

两个分布完全一致,即

$$\tilde{p}(Y \mid X) = p_{\theta^{(r)}}(Y \mid X) = \frac{p_{\theta^{(r)}}(Y) p_{\theta^{(r)}}(X \mid Y)}{\sum_Y p_{\theta^{(r)}}(Y) p_{\theta^{(r)}}(X \mid Y)}$$

EM 算法实际上就是对标签对概率关系的交替训练:先固定一部分,最大化另外一部分,然后交换过来。简言之,EM 算法就是对复杂目标函数的交替训练方法。EM 算法的求解过程包括 E 步(求期望)和 M 步(最大化期望),而 E 步的公式经常被简化表达为 Q 函数。

? 思考与讨论

(1) 什么是参数估计? 参数估计的方法有哪些?

(2) 有监督学习和无监督学习的主要区别是什么?

(3) 最大似然函数对应上一节中的哪个熵概念?

推荐阅读

[1] Nunoo R, Anderson P, Kumar S, et al.(2020). Margin of Safety in TMDLs: Natural Language Processing-Aided Review of the State of Practice[J]. *Journal of Hydrologic Engineering* 25(4),1-12.

[2] Sundararajan M, Srikrishnan P & Nayak K.(2020).Requirements' Complexity Ranking Using Natural Language Processing and Complexity Class Correlation with Defect Severity[J]. *International Journal of Forensic Software Engineering* 1(2-3),180-192.

[3] 黎新川,方艺,方涛等.(2022).深度学习在自然语言处理中的运用[J].电子技术(12),206-207.

[4] 练志闲.(2023).ChatGPT:先进的自然语言处理工具[N].中国社会科学报,2023-02-20(003).

[5] 毛瑞彬,朱菁,李爱文等.(2022).基于自然语言处理的产业链知识图谱构建[J].情报学报(03),287-299.

[6] 诸雨辰.(2022).自然语言处理与古代文学研究[J].文学遗产(06),13-18.

4.3 ▶ 潜在语义分析

4.3.1　词向量与潜在语义分析

单词向量空间模型通过单词的向量表示文本的语义内容。输入单词—文本矩阵 X

$$X = \begin{bmatrix} x_{11} & x_{12} & \cdots & x_{1n} \\ x_{21} & x_{22} & \cdots & x_{2n} \\ \vdots & \vdots & & \vdots \\ x_{m1} & x_{m2} & \cdots & x_{mn} \end{bmatrix}$$

其中每一行对应一个单词,每一列对应一个文本,每一个元素表示单词在文本中的频数或权值(如 TF-IDF)。

单词向量空间模型认为,这个矩阵的每一列向量是单词向量,表示一个文本,两个单词向量的内积或标准化内积表示文本之间的语义相似度。

话题向量空间模型通过话题的向量表示文本的语义内容。假设有话题—文本矩阵 Y

$$Y = \begin{bmatrix} y_{11} & y_{12} & \cdots & y_{1n} \\ y_{21} & y_{22} & \cdots & y_{2n} \\ \vdots & \vdots & & \vdots \\ y_{k1} & y_{k2} & \cdots & y_{kn} \end{bmatrix}$$

其中每一行对应一个话题,每一列对应一个文本,每一个元素表示话题在文本中的权值。话题向量空间模型认为,这个矩阵的每一列向量是话题向量,表示一个文本,两个话题向量的内积或标准化内积表示文本之间的语义相似度。

假设有单词—话题矩阵 T

$$T = \begin{bmatrix} t_{11} & t_{12} & \cdots & t_{1k} \\ t_{21} & t_{22} & \cdots & t_{2k} \\ \vdots & \vdots & & \vdots \\ t_{m1} & t_{m2} & \cdots & t_{mk} \end{bmatrix}$$

其中每一行对应一个单词,每一列对应一个话题,每一个元素表示单词在话题中的权值。

给定一个单词—文本矩阵 X

$$X = \begin{bmatrix} x_{11} & x_{12} & \cdots & x_{1n} \\ x_{21} & x_{22} & \cdots & x_{2n} \\ \vdots & \vdots & & \vdots \\ x_{m1} & x_{m2} & \cdots & x_{mn} \end{bmatrix}$$

潜在语义分析的目标是,找到合适的单词—话题矩阵 T 与话题—文本矩阵 Y,将单词—文本矩阵 X 近似地表示为 T 与 Y 的乘积形式:

$$X \approx TY$$

等价地,潜在语义分析将文本在单词向量空间中的表示 X 通过线性变换 T 转换为话题向量空间中的表示 Y。潜在语义分析的关键是对单词—文本矩阵进行上述矩阵因子分解(话题分析)。

潜在语义分析的算法是奇异值分解。通过对单词—文本矩阵进行截断奇异值分解,得到

$$X \approx U_k \Sigma_k V_k^T = U_k (\Sigma_k V_k^T)$$

矩阵 U_k 表示话题空间,矩阵 $(\Sigma_k V_k^T)$ 是文本在话题空间中的表示。

非负矩阵分解也可以用于话题分析。非负矩阵分解将非负的单词—文本矩阵近似地分解成两个非负矩阵 W 和 H 的乘积,得到

$$X \approx WH$$

矩阵 W 表示话题空间,矩阵 H 是文本在话题空间的表示。

非负矩阵分解可以表示为以下的最优化问题:

$$\min_{W, H} \| X - WH \|^2$$
$$\text{s. t. } W, H \geqslant 0$$

非负矩阵分解的算法是迭代算法。乘法更新规则的迭代算法,交替地对 W 和 H 进行更新。其本质是梯度下降法,通过定义特殊的步长和非负的初始值,保证迭代过程及结果的矩阵 W 和 H 均为非负。

LSA 是一种无监督学习方法,主要用于文本的话题分析,其特点是通过矩阵分解发现文本与单词之间的基于话题的语义关系,也被称为潜在语义索引(latent semantic indexing, LSI)。

LSA 使用的是非概率的话题分析模型。它将文本集合表示为单词—文本矩阵,对单词—文本矩阵进行奇异值分解,从而得到话题向量空间,以及文本在话题向量空间中的表示。非负矩阵分解是另一种矩阵的因子分解方法,其特点是分解的矩阵为非负。

4.3.2　单词向量空间

给定一个文本,用一个向量表示该文本的"语义",向量的每一维对应一个单词,其数值为该单词在该文本中出现的频数或权值。基本假设是文本中所有单词的出现情况表示该文本的语义内容,文本集合中的每个文本都表示为一个向量,存在于一个向量空间。向量空间的度量,如内积或标准化内积表示文本之间的相似度。

给定一个含有 n 个文本的集合 $D = (d_1, d_2, \cdots, d_n)$,以及在所有文本中出现的 m 个单词的集合 $W = (w_1, w_2, \cdots, w_m)$,将单词在文本中出现的数据用一个单词—文本矩阵表示,记作 X:

$$X = \begin{bmatrix} x_{11} & x_{12} & x_{1n} \\ x_{21} & x_{22} & x_{2n} \\ \vdots & \vdots & \vdots \\ x_{m1} & x_{m2} & x_{mn} \end{bmatrix}$$

这是一个 $m * n$ 矩阵,元素 x_{ij} 表示单词 w_i 在文本 d_j 中出现的频数或权值。由于单词的种类很多,而每个文本中出现单词的种类通常较少,所以所有单词—文本矩阵是一个稀疏矩阵。

权值通常用单词频率—逆文本率(term frequency-inverse document frequency, TF‑IDF)表示:

$$TF‑IDF(t, d) = TF(t, d) * IDF(t)$$

其中,$TF(t, d)$ 为单词 t 在文本 d 中出现的概率,$IDF(t)$ 是逆文本率,用来衡量单词 t 对表示语义的重要性。

$$IDF(t) = log\left(\frac{len(D)}{len(t \in D) + 1}\right)$$

单词向量空间模型的优点是模型简单,计算效率高。因为单词向量通常是稀疏的,单词向量空间模型也有一定的局限性,体现在内积相似度未必能够准确表达两个文本的语义相似度上,因为自然语言的单词具有一词多义性(polysemy)及多词一义性(synonymy)。

4.3.3　话题向量空间

4.3.3.1　话题向量空间

给定一个含有 n 个文本的集合 $D = (d_1, d_2, \cdots, d_n)$,以及在所有文本中出现的 m 个单词的集合 $W = (w_1, w_2, \cdots, w_m)$,可以获得其单词—文本矩阵 X:

$$X = \begin{bmatrix} x_{11} & x_{12} & x_{1n} \\ x_{21} & x_{22} & x_{2n} \\ \vdots & \vdots & \vdots \\ x_{m1} & x_{m2} & x_{mn} \end{bmatrix}$$

假设所有文本共含有 k 个话题,每个话题由一个定义在单词集合 W 上的 m 维向量表示,m 被称为话题向量,即:

$$t_l = \begin{bmatrix} t_{1l} \\ t_{2l} \\ \vdots \\ t_{ml} \end{bmatrix}, \ l = 1, 2, \cdots, k$$

其中 t_{il} 表示单词 w_i 在话题 t_l 的权值,$i = 1, 2, \cdots, m$,权值越大,该单词在该话题中的重要程度就越高。这 k 个话题向量 $t_1, t_2, \cdots, t_k$ 张成一个话题向量空间,维数为 k。 话题向量空间是单词向量空间的一个子空间,即:

$$T = \begin{bmatrix} t_{11} & t_{12} & t_{1k} \\ t_{21} & t_{22} & t_{2k} \\ \vdots & \vdots & \vdots \\ t_{m1} & t_{m2} & t_{mk} \end{bmatrix}$$

矩阵 T 被称为单词—话题矩阵,$T = [t_1, t_2, \cdots, t_k]$。

4.3.3.2　文本在话题向量空间中的表示

文本集合 D 中的文本 d_j 在单词向量空间中由一个向量 x_j 表示,将 x_j 投影到话题向量空间 T 中,得到话题向量空间的一个向量 y_j,y_j 是一个 k 维向量:

$$y_j = \begin{bmatrix} y_{1j} \\ y_{2j} \\ \vdots \\ y_{kj} \end{bmatrix}, \ j = 1, 2, \cdots, n$$

其中,y_{lj} 是文本 d_j 在话题 t_l 中的权值,$l = 1, 2, \cdots, k$,权值越大,该话题在该文本中的重要程度就越高。

矩阵 Y 表示话题在文本中出现的情况,被称为话题—文本矩阵,记作:

$$Y = \begin{bmatrix} y_{11} & y_{12} & y_{1n} \\ y_{21} & y_{22} & y_{2n} \\ \vdots & \vdots & \vdots \\ y_{k1} & y_{k2} & y_{kn} \end{bmatrix}$$

也可写成:$Y = [y_1, y_2, \cdots, y_n]$。

4.3.3.3 从单词向量空间到话题向量空间的线性变换

单词向量空间的文本向量 x_j 可以通过它在话题向量空间中的向量 y_j 近似表示,具体地由 k 个话题向量以 y_j 为系数的线性组合近似表示:

$$x_j = y_{1j}t_1 + y_{2j}t_2 + \cdots + y_{yj}t_k, \quad j=1, 2, \cdots, n$$

所以,单词—文本矩阵 X 可以近似地表示为单词—话题矩阵 T 与话题—文本矩阵 Y 的乘积形式,即 $X \approx TY$。

潜在语义分析是将单词向量空间中的表示通过线性变换转换为在话题向量空间中的表示,这个线性变换以矩阵因子分解式的形式体现。

4.3.4 潜在语义分析算法

潜在语义分析利用矩阵奇异值分解,即对单词—文本矩阵进行奇异值分解,将其左矩阵作为话题向量空间,将其对角矩阵与右矩阵的乘积作为文本在话题向量空间中的表示。

潜在语义分析根据确定的话题数 k 对单词—文本矩阵 X 进行截断奇异值分解:

$$X \approx U_k \Sigma_k V_k^T = \begin{bmatrix} \mu_1 & \mu_2 & \cdots & \mu_k \end{bmatrix} \begin{bmatrix} \sigma_1 & 0 & 0 & 0 \\ 0 & \sigma_2 & 0 & 0 \\ 0 & 0 & \ddots & 0 \\ 0 & 0 & 0 & \sigma_k \end{bmatrix} \begin{bmatrix} v_1^T \\ v_2^T \\ \vdots \\ v_k^T \end{bmatrix}$$

矩阵 U_k 中的每一个列向量 u_1、u_2、$\cdots$、u_k 表示一个话题,被称为话题向量。由这 k 个话题向量张成一个子空间:

$$U_k = \begin{bmatrix} u_1 & u_2 & \cdots & u_k \end{bmatrix}$$

该空间被称为话题向量空间。

我们可以通过对单词—文本矩阵的奇异值分解进行潜在语义分析:

$$X \approx U_k \Sigma_k V_k^T = U_k(\Sigma_k V_k^T)$$

得到话题空间 U_k,以及文本在话题空间中的表示 $(\Sigma_k V_k^T)$。

4.3.5 非负矩阵分解算法

非负矩阵分解也可以用于话题分析。对单词—文本矩阵进行非负矩阵分解,将其左矩阵作为话题向量空间,将其右矩阵作为文本在话题向量空间中的表示。

4.3.5.1 非负矩阵分解

若一个矩阵的索引元素非负,则该矩阵为非负矩阵。若 X 是非负矩阵,则 $X \geqslant 0$。给定一个非负矩阵 X,找到两个非负矩阵 W 和 H,使得:

$$X \approx WH$$

非负矩阵 X 分解为两个非负矩阵 W 和 H 的乘积形式,成为非负矩阵分解。因为 WH 与 X 完全相等很难实现,所以只要求近似相等。

假设非负矩阵 X 是 $m \times n$ 矩阵,非负矩阵 W 和 H 分别为 $m \times k$ 矩阵和 $k \times n$ 矩阵,若 $k < \min(m, n)$,即 W 和 H 小于原矩阵 X,则非负矩阵分解是对原数据的压缩。W 为基矩阵,H 为系数矩阵。非负矩阵分解旨在用较少的基向量和系数向量来表示较大的数据矩阵。

令 $W = \begin{bmatrix} w_1 & w_2 & \cdots & w_k \end{bmatrix}$ 为话题向量空间,w_1、w_2、$\cdots$、w_k 表示文本集合的 k 个话题。令 $H = \begin{bmatrix} h_1 & h_2 & \cdots & h_n \end{bmatrix}$ 为文本在话题向量空间中的表示,h_1、h_2、$\cdots$、h_n 表示文本集合的 n 个文本。

非负矩阵分解在形式上可以化为最优化问题求解。我们可以利用平方损失或散度来作为损失函数。目标函数 $\|X - WH\|^2$ 关于 W 和 H 的最小化,满足约束条件 $W, H \geq 0$,即:

$$\min_{W, H} \|X - WH\|^2$$
$$\text{s.t.} \quad W, H \geq 0$$

乘法更新规则:

$$W_{il} \leftarrow W_{il} \frac{(XH^T)_{il}}{(WHH^T)_{il}}$$

$$H_{lj} \leftarrow H_{lj} \frac{(W^TX)_{lj}}{(W^TWH)_{lj}}$$

选择初始矩阵 W 和 H 为非负矩阵,可以保证迭代过程及结果的矩阵 W 和 H 非负。

4.3.5.2 非负矩阵分解的迭代算法

输入:单词—文本矩阵 $X \geq 0$,文本集合的话题个数 k,最大迭代次数 t;

输出:话题矩阵 W,文本矩阵 H。

1)初始化

$W \geq 0$,并对 W 的每一列数据归一化;

$H \geq 0$。

2)迭代

对迭代次数由 1 到 t 执行下列步骤:

a. 更新 W 的元素,对 l 从 1 到 k,i 从 1 到 m 更新 W_{il};

b. 更新 H 的元素,对 l 从 1 到 k,j 从 1 到 m 更新 H_{lj}。

？思考与讨论

(1)什么是潜在语义分析?

(2)潜在语义分析有哪些缺点?

(3)PLSA 的核心思想是什么?

推荐阅读

[1] Kherwa P, Bansal P. (2023). Three Level Weight for Latent Semantic Analysis: an Efficient Approach to Find Enhanced Semantic Themes [J]. *International Journal of Knowledge and Learning*, 16(1), 56 - 72.

[2] Zhang Y, Ge C, Hong S, et al. (2022). DeleSmell: Code Smell Detection Based on Deep Learning and Latent Semantic Analysis [J]. *Knowledge-Based Systems* 225(14), 1 - 12.

[3] Wu, J. R., Wang, W. Y., et al. (2022). Intrusion Detection Technique Based on Flow Aggregation and Latent Semantic Analysis [J]. *Applied Soft Computing*, 127, 109375.

［4］Borade J G, Kiwelekar A W, Netak L D. (2022). Automated Grading of PowerPoint Presentations Using Latent Semantic Analysis［J］. *Revue d'Intelligence Artificielle* 36(2), 305.

［5］刘云峰,齐欢,代建民.(2005).潜在语义分析在中文信息处理中的应用[J].计算机工程与应用 41(3),3.

［6］王青芸,周靖,李艳青等.(2021).基于 PLSA 模型的在线评论量化研究[J].赣南师范大学学报 42(3),4.

4.4 ▶ 概率潜在语义分析

概率潜在语义分析是利用概率生成模型对文本集合进行话题分析的方法。概率潜在语义分析受潜在语义分析的启发,提出两者可以通过矩阵分解关联起来。给定一个文本集合,通过概率潜在语义分析,可以得到各个文本生成话题的条件概率分布,以及各个话题生成单词的条件概率分布。

概率潜在语义分析的模型有生成模型,以及等价的共现模型。其学习策略是观测数据的极大似然估计,其学习算法是 EM 算法。

生成模型表示文本生成话题,话题生成单词,从而得到单词—文本共现数据的过程。假设每个文本由一个话题分布决定,每个话题由一个单词分布决定,单词变量 w 与文本变量 d 是观测变量,话题变量是隐变量,生成模型的定义如下:

$$P(T) = \prod_{(w, d)} P(w, d)^{n(w, d)}$$
$$P(w, d) = P(d)P(w \mid d)$$

共现模型描述单词—文本共现数据拥有的模式,其定义如下:

$$P(T) = \prod_{(w, d)} P(w, d)^{n(w, d)}$$
$$P(w, d) = \sum_{z \in Z} P(z)P(w \mid z)P(d \mid z)$$

概率潜在语义分析的模型的参数个数是 $O(M \cdot K + N \cdot K)$。现实中,所有概率潜在语义分析通过话题对数据进行更简洁地表示,实现了数据压缩。

模型中的概率分布 $P(w \mid d)$ 可以由参数空间中的单纯形表示。M 维参数空间中,单词单纯形表示所有可能的文本的分布,其中的话题单纯形表示在 K 个话题定义下的所有可能的文本的分布。话题单纯形是单词单纯形的子集,表示潜在语义空间。

概率潜在语义分析的学习通常采用期望最大化(Expectation-Maximization, EM)算法迭代学习模型的参数 $P(w|z)$ 和 $P(z \mid d)$,而 $P(d)$ 可直接统计得出。

概率潜在语义分析(probabilistic latent semantic analysis, PLSA),也称概率潜在语义索引(probabilistic latent semantic indexing, PLSI),是一种利用概率生成模型对文本集合进行话题分析的无监督学习方法。该模型假设每个文本由一个话题分布决定,每个话题由一个单词分布决定,其最大特点是用隐变量表示话题,整个模型表示文本生成话题,话题生成单词,从而得到单词—文本共现数据的过程。

4.4.1 生成模型

假设有单词集合 $W = \{w_1, w_2, \cdots, w_M\}$,其中 M 是单词个数;文本(指标)集合 $D = \{d_1, d_2, \cdots, d_N\}$,其中 N 是文本个数;话题集合 $Z = \{z_1, z_2, \cdots, z_K\}$,其中 K 是预先设定的话题个数。随机变量

w 取值于单词集合,随机变量 d 取值于文本集合,随机变量 z 取值于话题集合。概率分布 $P(d)$、条件概率分布 $P(z|d)$、条件概率分布 $P(w|z)$ 皆属于多项分布,其中 $P(d)$ 表示生成文本 d 的概率,$P(z|d)$ 表示文本 d 生成话题 z 的概率,$P(w|z)$ 表示话题 z 生成单词 w 的概率。

每个文本 d 拥有自己的话题概率分布 $P(z|d)$,每个话题 z 拥有自己的单词概率分布 $P(w|z)$,也就是说,一个文本的内容由其相关话题决定,一个话题的内容由其相关单词决定。

生成模型通过以下步骤生成单词—文本共现数据:

(1) 依据概率分布 $P(d)$,从文本(指标)集合中随机选取一个文本 d,形成 N 个文本;针对每个文本,执行以下操作;

(2) 在文本 d 给定条件下,依据条件概率分布 $P(z|d)$,从话题集合中随机选取一个话题 z,共生成 L 个话题,这里 L 为文本长度;

(3) 在话题 z 给定条件下,依据条件概率分布 $P(w|z)$,从单词集合中随机选取一个单词 w。

值得注意的是,这里为叙述方便,假设所有文本都是等长的,现实中不需要这个假设。

生成模型中,单词变量 w 与文本变量 d 是观测变量,话题变量 z 是隐变量,也就是说模型生成的是单词—话题—文本三元组合 (w,z,d) 的集合,但观测到的是单词—文本二元组合 (w,d) 的集合,观测数据表示为单词—文本矩阵 T 的形式,矩阵 T 中的行表示单词,列表示文本,元素表示单词—文本对 (w,d) 的出现次数。

从数据生成过程可以推出,单词—文本共现数据 T 的生成概率为所有单词—文本对 (w,d) 的生成概率的乘积:

$$P(T) = \prod_{w,d} P(w,d)^{n(w,d)}$$

这里 $n(w,d)$ 表示 (w,d) 的出现次数,单词—文本对出现的总次数是 $N \times L$。每个单词—文本对 (w,d) 的生成概率由以下公式决定:

$$P(w,d) = P(d)P(w|d) = P(d)\sum_z P(z|d)P(w|z)$$

4.4.2　共现模型

共现模型是一种用于处理文本数据的统计模型,通常用于构建文本的语义表示。这种模型基于单词或短语在文本中的共现情况来捕捉它们之间的语义关系。最常见的共现模型之一是共现矩阵(Co-occurrence Matrix),即

$$P(w,d) = \sum_{z \in Z} P(z)P(w|z)P(d|z)$$

虽然生成模型与共现模型在概率公式意义上是等价的,但是拥有不同的性质。生成模型刻画单词—文本共现数据生成的过程,共现模型描述单词—文本共现数据拥有的模式。

如果直接定义单词与文本的共现概率 $P(w,d)$,模型参数的个数是 $O(M \times N)$,其中 M 是单词数,N 是文本数,概率潜在语义分析的生成模型和共现模型的参数个数是 $O(M \times K + N \times K)$,其中 K 是话题数。现实中 $K \ll M$,所以概率潜在语义分析通过话题对数据进行更简洁地表示,减少了学习过程中过拟合的可能性。

4.4.3 概率潜在语义模型参数估计的 EM 算法

输入：设单词集合为 $W=\{w_1,w_2,\cdots,w_M\}$，文本集合为 $D=\{d_1,d_2,\cdots,d_N\}$，话题集合为 $Z=\{z_1,z_2,\cdots,z_K\}$，共现数据 $\{n(w_i,d_j)\}$，$i=1、2、\cdots、M$，$j=1、2、\cdots、N$；

输出：$P(w_i\mid z_k)$ 和 $P(z_k\mid d_j)$。

（1）设置参数 $P(w_i\mid z_k)$ 和 $P(z_k\mid d_j)$ 的初始值。

（2）迭代执行以下 E 步、M 步，直到收敛为止。

E 步：

$$P(z_k\mid w_i,d_j)=\frac{P(w_i\mid z_k)P(z_k\mid d_j)}{\sum_{k=1}^{K}P(w_i\mid z_k)P(z_k\mid d_j)}$$

M 步：

$$P(w_i\mid z_k)=\frac{\sum_{j=1}^{N}n(w_i,d_j)P(z_k\mid w_i,d_j)}{\sum_{m=1}^{M}\sum_{j=1}^{N}n(w_m,d_j)P(z_k\mid w_m,d_j)}$$

$$P(z_k\mid d_j)=\frac{\sum_{i=1}^{M}n(w_i,d_j)P(z_k\mid w_i,d_j)}{n(d_j)}$$

? 思考与讨论

（1）概率潜在语义分析有哪些可能的应用场景？

（2）概率潜在语义模型参数估计过程运用了哪些概率分布？

推荐阅读

［1］罗景,涂新辉.（2008).基于概率潜在语义分析的中文信息检索[J].计算机工程(02),199-201.

［2］Kumar K.（2020). Probabilistic Latent Semantic Analysis of Composite Excitation-emission Matrix Fluorescence Spectra of Multicomponent System[J]. *Spectrochimica Acta Part A：Molecular and Biomolecular Spectroscopy* (prepublish). doi:10. 1016/j. saa. 2020. 118518.

4.5 ▶ 马尔可夫链蒙特卡罗法

蒙特卡罗法（Monte Carlo method），也被称为统计模拟方法（statistical simulation method），是从概率模型的随机抽样中进行近似数值计算的方法。马尔可夫链蒙特卡罗法（Markov Chain Monte Carlo，MCMC），则是以马尔可夫链（Markov chain）为概率模型的蒙特卡罗法。

马尔可夫链蒙特卡罗法构建一个马尔可夫链，使其平稳分布就是为了进行抽样，首先基于该马尔可夫链进行随机游走，产生样本的序列，之后使用该平稳分布的样本进行近似数值计算。Metropolis-Hastings 算法是最基本的马尔可夫链蒙特卡罗法，梅特罗波利斯（Metropolis）等人在 1953 年提出原始算法，黑斯廷斯（Hastings）在 1970 年对之加以推广，形成了现在的形式。吉布斯抽样（Gibbs sampling）是更简单、使用更广泛的马尔可夫链蒙特卡罗法，于 1984 年由斯图尔特·杰曼（S. Geman）和唐纳德·杰曼（D. Geman）提出。

马尔可夫链蒙特卡罗法被应用于概率分布的估计、定积分的近似计算、最优化问题的近似求解等问题,特别是被应用于统计学习中概率模型的学习与推理,是重要的统计学习计算方法。

一般的蒙特卡罗法有直接抽样法、接受—拒绝抽样法、重要性抽样法等。接受—拒绝抽样法、重要性抽样法适用于概率密度函数复杂(如密度函数含有多个变量、各变量相互不独立、密度函数形式复杂),且不能直接抽样的情况。

接受—拒绝抽样法的基本想法是,找一个容易抽样的建议分布,其密度函数的倍数大于等于想要抽样的概率分布的密度函数,之后按照建议分布随机抽样得到样本,再按照要抽样的概率分布与建议分布的倍数的比例随机决定接受或拒绝该样本,循环执行以上过程。

马尔可夫链蒙特卡罗法数学期望估计是蒙特卡罗法的另一种应用,按照概率分布 $p(x)$ 抽取随机变量 x 的 n 个独立样本,根据大数定律可知,当样本容量增大时,函数的样本均值以概率 1 收敛于函数的数学期望:

$$\hat{f}_n \to E_{p(x)}\big[f(x)\big],\, n \to \infty$$

计算样本均值 $\hat{f}_n$,作为数学期望 $E_{p(x)}\big[f(x)\big]$ 的估计值。

马尔可夫链是具有马尔可夫性的随机过程:

$$P(X_t \mid X_0 X_1 \cdots X_{t-1}) = P(X_t \mid X_{t-1}),\, t = 1,\, 2,\, \cdots$$

通常考虑时间齐次马尔可夫链。有离散状态马尔可夫链和连续状态马尔可夫链,分别由概率转移矩阵 P 和概率转移核 $p(x, y)$ 定义。

满足 $\pi = P\pi$ 或 $\pi(y) = \int p(x, y)\pi(x)dx$ 的状态分布被称为马尔可夫链的平稳分布。

马尔可夫链有不可约性、非周期性、正常返等性质。一个马尔可夫链若是不可约、非周期、正常返的,则该马尔可夫链满足遍历定理。当时间趋于无穷时,马尔可夫链的状态分布趋近于平稳分布,函数的样本均值依概率收敛于该函数的数学期望:

$$\lim_{t \to \infty} P(X_t = i \mid X_0 = j) = \pi_i,\, i = 1,\, 2,\, \cdots;\, j = 1,\, 2$$
$$\hat{f}_t \to E_\pi[f(X)],\, t \to \infty$$

可逆马尔可夫链是满足遍历定理的充分条件。

马尔可夫链蒙特卡罗法是以马尔可夫链为概率模型的蒙特卡罗积分方法,其基本过程如下:

(1) 在随机变量 x 的状态空间 X 上构造一个满足遍历定理条件的马尔可夫链,其平稳分布为目标分布 $p(x)$;

(2) 由状态空间的某一点 X_0 出发,用所构造的马尔可夫链进行随机游走,产生样本序列 X_1, X_2, $\cdots$, X_t, $\cdots$;

(3) 应用马尔可夫链遍历定理,确定正整数 m 和 $n(m < n)$,得到样本集合 $\{x_{m+1}, x_{m+2}, \cdots, x_n\}$,进行函数 $f(x)$ 的均值(遍历均值)估计:

$$\hat{E}f = \frac{1}{n-m}\sum_{i=m+1}^{n} f(x_i)$$

Metropolis-Hastings 算法是最基本的马尔可夫链蒙特卡罗算法。假设目标是对概率分布 $p(x)$ 进行抽样,构造建议分布 $q(x, x')$,定义接受分布 $\alpha(x, x')$ 进行随机游走,假设当前处于状态 x,按照

建议分布 $q(x, x')$ 随机抽样,按照概率 $\alpha(x, x')$ 接受抽样,转移到状态 x',然后按照概率 $1-\alpha(x, x')$ 拒绝抽样,停留在状态 x,持续以上操作,得到一系列样本。这样的随机游走是根据转移核为 $p(x, x')=q(x, x')\alpha(x, x')$ 的可逆马尔可夫链(满足遍历定理条件)进行的,其平稳分布就是要抽样的目标分布 $p(x)$。

吉布斯抽样用于多元联合分布的抽样和估计,吉布斯抽样是单分量 Metropolis-Hastings 算法的特殊情况。这时建议分布为满条件概率分布:

$$q(x, x') = p(x'_j \mid x_{-j})$$

吉布斯抽样的基本做法是,从联合分布定义满条件概率分布,依次从满条件概率分布进行抽样,得到联合分布的随机样本。假设多元联合概率分布为 $p(x)=p(x_1, x_2, \cdots, x_k)$,吉布斯抽样从一个初始样本 $x^{(0)}=(x_1^{(0)}, x_2^{(0)}, \cdots, x_k^{(0)})^T$ 出发,不断进行迭代,每一次迭代得到联合分布的一个样本 $x^{(i)}=(x_1^{(i)}, x_2^{(i)}, \cdots, x_k^{(i)})^T$,在第 i 次迭代中,依次对第 j 个变量按照满条件概率分布随机抽样 $p(x_j \mid x_1^{(i)}, \cdots, x_{j-1}^{(i)}, x_{j+1}^{(i-1)}, \cdots, x_k^{(i-1)})$,$j=1, 2, \cdots, k$,得到 $x_j^{(i)}$,最终得到样本序列 $\{x^{(0)}, x^{(1)}, \cdots, x^{(n)}\}$。

4.5.1　数学期望估计

蒙特卡罗法,如直接抽样法、接受—拒绝抽样法、重要性抽样法,也可以用于数学期望估计(estimation of mathematical expectation)。

假设有随机变量 x,取值 $x \in X$,其概率密度函数为 $p(x)$,$f(x)$ 为定义在 X 上的函数,目标是求函数 $f(x)$ 关于密度函数 $p(x)$ 的数学期望 $E_{p(x)}[f(x)]$。

针对这个问题,蒙特卡罗法按照概率分布 $p(x)$ 独立地抽取 n 个样本 $x_1, x_2, \cdots, x_n$,用以上的抽样方法,计算函数 $f(x)$ 的样本均值 $\hat{f}_n$:

$$\hat{f}_n = \frac{1}{n} \sum_{i=1}^{n} f(x_i)$$

作为数学期望 $E_{p(x)}[f(x)]$ 近似值。

根据大数定律可知,当样本容量增大时,样本均值以概率 1 收敛于数学期望:

$$\hat{f}_n \to E_{p(x)}[f(x)], \, n \to \infty$$

这样就得到了数学期望的近似计算方法:

$$E_{p(x)}[f(x)] \approx \frac{1}{n} \sum_{i=1}^{n} f(x_i)$$

4.5.2　马尔可夫链

考虑一个随机变量的序列 $X = X_0, X_1, \cdots, X(t)$,这里 X_t 表示时刻 t 的随机变量,$t=0, 1, 2, \cdots$。

每个随机变量 $X_t(t=0, 1, 2, \cdots)$ 的取值集合相同,被称为状态空间,表示为 S。随机变量可以是离散的,也可以是连续的。

以上随机变量的序列构成随机过程(stochastic process)。

假设在时刻 0 的随机变量 X_0 遵循概率分布 $P(X_0)=\pi$，则该分布被称为初始状态分布。在某个时刻 $t \geqslant 1$ 的随机变量 X_t 与前一个时刻的随机变量 X_{t-1} 之间有条件分布 $P(X_t \mid X_{t-1})$。 如果 X_t 只依赖于 X_{t-1}，而不依赖于过去的随机变量 X_0，X_1，$\cdots$，X_{t-2}，则这一性质被称为马尔可夫性，即

$$P(X_t \mid X_0, X_1, \cdots, X_{t-1})=P(X_t \mid X_{t-1}), \ t=1, 2, \cdots$$

具有马尔可夫性的随机序列被称为马尔可夫链，或马尔可夫过程(Markov process)。条件概率分布 $P(X_t \mid X_{t-1})$ 被称为马尔可夫链的转移概率分布。转移概率分布决定了马尔可夫链的特性。

4.5.2.1　平稳分布

设有马尔可夫链 $X=X_0$，X_1，$\cdots$，$X(t)$，其状态空间为 S，转移概率矩阵为 $P=(p_{ij})$，如果存在状态空间 S 上的一个分布

$$\pi = \begin{bmatrix} \pi_1 \\ \pi_2 \\ \vdots \end{bmatrix}$$

使得 $\pi=P\pi$，则称 π 为马尔可夫链的平稳分布。

直观上，如果马尔可夫链的平稳分布存在，那么以该平稳分布作为初始分布，面向未来进行随机状态转移，之后任何一个时刻的状态分布都是该平稳分布。

给定一个马尔可夫链 $X=X_0$，X_1，$\cdots$，$X(t)$，状态空间为 S，转移概率矩阵为 $P=(p_{ij})$，则分布 $\pi=(\pi_1, \pi_2, \cdots)^T$ 为 X 的平稳分布的充要条件，是下列方程组的解：

$$x_i=\sum_j p_{ij}x_j, \ i=1, 2, \cdots$$
$$x_i \geqslant 0, \ i=1, 2, \cdots \quad \sum_i x_i=1$$

4.5.2.2　吉布斯采样

输入：目标概率分布的密度函数 $p(x)$，函数 $f(x)$；

输出：$p(x)$ 的随机样本 x_{m+1}，x_{m+2}，$\cdots$，x_n，函数样本均值 f_{mn}；

参数：收敛步数 m，迭代步数 n。

(1) 初始化，给出初始样本 $x^0=(x_1^0, x_2^0, \cdots, x_k^0)^T$。

(2) 对 i 执行循环。

设第 $i-1$ 次迭代结束前的样本为 $x^{i-1}=(x_1^{i-1}, x_2^{i-1}, \cdots, x_k^{i-1})^T$，则第 i 次迭代进行如下操作：

(a) 由满条件分布 $p(x_1 \mid x_2^{i-1}, \cdots, x_k^{i-1})$ 抽取 x_1^i；

$\cdots$

(j) 由满条件分布 $p(x_j \mid x_1^i, \cdots, x_{j-1}^i, x_{j+1}^{i-1}, \cdots, x_k^{i-1})$ 抽取 x_j^i；

(k) 由满条件分布 $p(x_k \mid x_1^i, \cdots, x_k^i)$ 抽取 x_k^i；

得到第 i 次迭代值 $x^{(i)}=(x_1^{(i)}, x_2^{(i)}, \cdots, x_k^{(i)})^T$。

(3) 得到样本集合 $x^{(m+1)}$，$x^{(m+2)}$，$\cdots$，$x^{(n)}$。

(4) 计算 $f_{mn}=\dfrac{1}{n-m}\sum_{i=m+1}^{n}f(x^{(i)})$。

思考与讨论

（1）马尔可夫链蒙特卡罗法有哪些可能的应用场景？

（2）一般的蒙特卡罗法有哪些细分类型？

（3）马尔可夫链有哪些性质？

推荐阅读

［1］Endo A, van Leeuwen E, Baguelin M. (2019). Introduction to Particle Markov-chain Monte Carlo for Disease Dynamics Modellers［J］. *Epidemics*. doi:10.1016/j.epidem.2019.100363.

［2］Oware E K, Irving J, Hermans T. (2019). Basis-constrained Bayesian Markov-chain Monte Carlo Difference Inversion for Geoelectrical Monitoring of Hydrogeologic Processes［J］. *Geophysics* 84(4), 1 - 21.

4.6 ▶ 潜在狄利克雷分布

潜在狄利克雷分布（Latent Dirichlet Allocation, LDA），作为基于贝叶斯学习的话题模型，是潜在语义分析、概率潜在语义分析的扩展，于 2002 年由戴维·布莱（David M. Blei）等人提出，LDA 在文本数据挖掘、图像处理、生物信息处理等领域被广泛使用。

LDA 模型是文本集合的生成概率模型。模型假设每个文本由话题的一个多项分布表示，每个话题由单词的一个多项分布表示，话题分布和单词分布的先验分布都是狄利克雷分布。先验分布的导入使 LDA 能够更好地应对话题模型学习中的过拟合现象。

狄利克雷分布的概率密度函数为

$$p(\theta \mid \alpha) = \frac{\Gamma\left(\sum_{i=1}^{k} \alpha_i\right)}{\prod_{i=1}^{k} \Gamma(\alpha_i)} \prod_{i=1}^{k} \theta_i^{\alpha_i - 1}$$

其中 $\sum_{i=1}^{k} \theta_i = 1$，$\theta_i \geqslant 0$，$\alpha = (\alpha_1, \alpha_2, \cdots, \alpha_k)$，$\alpha_i > 0$，$i = 1, 2, \cdots$，狄利克雷分布是多项分布的共轭先验。

LDA 模型是含有隐变量的概率图模型。模型中，每个话题的单词分布、每个文本的话题分布、文本的每个位置的话题是隐变量；文本的每个位置的单词是观测变量。LDA 模型的学习与推理无法直接求解，通常使用吉布斯抽样和变分 EM 算法（variational EM algorithm），前者是蒙特卡罗法，而后者是近似算法。

LDA 生成文本集合的过程如下：

（1）话题的单词分布：随机生成所有话题的单词分布，话题的单词分布是多项分布，其先验分布是狄利克雷分布。

（2）文本的话题分布：随机生成所有文本的话题分布，文本的话题分布是多项分布，其先验分布是狄利克雷分布。

（3）文本的内容：随机生成所有文本的内容。在每个文本的每个位置，按照文本的话题分布随机生成一个话题，再按照该话题的单词分布随机生成一个单词。

LDA 中的吉布斯抽样算法的基本想法如下：目标是对联合概率分布 $p(w, z, \theta, \varphi \mid \alpha, \beta)$ 进行估计。通过积分求和将隐变量 θ 和 φ 消掉,得到边缘概率分布 $p(w, z \mid \alpha, \beta)$;对概率分布 $p(w \mid z, \alpha, \beta)$ 进行吉布斯抽样,得到分布 $p(w \mid z, \alpha, \beta)$ 的随机样本;再利用样本对变量 z, θ 和 φ 的概率进行估计,最终得到 LDA 模型 $p(w, z, \theta, \varphi \mid \alpha, \beta)$ 的参数估计。具体算法如下:对给定的文本单词序列,在每个位置上随机指派一个话题,整体构成话题系列,然后循环执行以下操作,对整个文本序列进行扫描,在每一个位置上计算在该位置上的话题的满条件概率分布,然后进行随机抽样,得到该位置的新的话题,将其指派给这个位置。

变分推理的基本想法如下:假设模型是联合概率分布 $p(x, z)$,其中 x 是观测变量(数据),z 是隐变量,目标是推导得到学习模型的后验概率分布 $p(z \mid x)$。考虑用变分分布 $q(z)$ 的近似条件概率分布 $p(z \mid x)$,用 KL 散度计算两者的相似性,找到与 $p(z \mid x)$ 在 KL 散度意义下最近变分分布,记为 $q^*(z)$,用 $q^*(z)$ 近似 $p(z \mid x)$。假设 $q^*(z)$ 中的 z 的所有分量都是互相独立的。利用 Jensen 不等式,KL 散度的最小化可以通过证据下界的最大化实现。因此,变分推理变成求解以下证据下界最大化问题:

$$L(q, \theta) = E_q[\log p(x, z \mid \theta)] - E_q[\log q(z)]$$

LDA 的变分 EM 算法如下:针对 LDA 模型定义变分分布,应用变分 EM 算法。目标是对证据下界 $L(\gamma, \eta, \alpha, \varphi)$ 进行最大化,其中 α 和 φ 是模型参数,γ 和 η 是变分参数。交替迭代 E 步和 M 步,直到收敛。

(1) E 步:固定模型参数 α 和 φ,通过关于变分参数 γ 和 η 的证据下界的最大化,估计变分参数 γ 和 η。

(2) M 步:固定变分参数 γ 和 η,通过关于模型参数 α 和 φ 的证据下界的最大化,估计模型参数 α 和 φ。

? 思考与讨论

(1) 潜在狄利克雷分布与蒙特卡罗法的主要区别是什么?

(2) 请简述 LDA 生成文本的过程。

推荐阅读

[1] 唐晓波,王洪艳.(2013).基于潜在狄利克雷分配模型的微博主题演化分析[J].情报学报(03),281-287.
[2] 孔翔宇,毕秀春,张曙光.(2016).财经新闻与股市预测——基于数据挖掘技术的实证分析[J].数理统计与管理(02),215-224.
[3] Jockers M.(2014) Text Analysis with R for Students of Literature[M]. Berlin: Springer.
[4] Boehmke B. & Greenwell B. (2019) Hands-On Machine Learning with R[M]. Boca Raton: Chapman and Hall/CRC.

4.7 ▶ 文本挖掘:以自然语言处理为例

在做文本挖掘的时候,首先要做的预处理就是分词。英文单词之间天然有空格隔开,容易按照空格分词,但是有时候也需要把多个单词作为一个词,比如一些名词如“New York”,需要被当作一个词看待。而中文由于没有空格,所以分词就是一个需要专门去解决的问题。无论是英文还是中文,分词的原理都是类似的,本节旨在对文本挖掘时的分词原理做一个总结。

4.7.1 分词的基本原理

现代分词都是基于统计的分词,而统计的样本内容来自一些标准的语料库。假如有这样一个句子:"小明来到荔湾区",我们期望语料库统计后分词的结果是:"小明/来到/荔湾/区",而不是"小明/来到/荔/湾区"。

从统计的角度,我们期望"小明/来到/荔湾/区"这个分词出现的概率要比"小明/来到/荔/湾区"大。如果用数学的语言来说,假设有一个句子 S,它有如下 m 种分词选项:

$$
\begin{array}{cccc}
A_{11} & A_{12} & \cdots & A_{1n_1} \\
A_{21} & A_{22} & \cdots & A_{2n_2} \\
& \cdots\cdots\cdots\cdots & & \\
A_{m1} & A_{m2} & \cdots & A_{mn_m}
\end{array}
$$

其中下标 n_i 代表第 i 种分词的词个数。如果我们从中选择了最优的第 r 种分词方法,那么这种分词方法对应的统计分布概率应该最大,即:

$$
r = \underset{i}{\arg\max} P(A_{i1}, A_{i2}, \cdots, A_{in_i})
$$

但是概率分布 $P(A_{i1}, A_{i2}, \cdots, A_{in_i})$ 并不能直接得出,因为它涉及到 n_i 个分词的联合分布。在 NLP 中,为了简化计算,我们通常使用马尔可夫假设,即每一个分词出现的概率仅仅和前一个分词有关,即:

$$
P(A_{ij} \mid A_{i1}, A_{i2}, \cdots, A_{i(j-1)}) = P(A_{ij} \mid A_{i(j-1)})
$$

MCMC 采样也使用相同的假设来简化模型复杂度。使用马尔可夫假设,可以得到联合分布,即:

$$
P(A_{i1}, A_{i2}, \cdots, A_{in_i}) = P(A_{i1})P(A_{i2} \mid A_{i1})P(A_{i3} \mid A_{i2})\cdots P(A_{in_i} \mid A_{i(n_i-1)})
$$

通过标准语料库,我们可以近似地计算出所有的分词之间的二元条件概率,比如任意两个词 w_1 和 w_2,它们的条件概率分布可以近似地表示为:

$$
P(w_2 \mid w_1) = \frac{P(w_1, w_2)}{P(w_1)} \approx \frac{freq(w_1, w_2)}{freq(w_1)}
$$

$$
P(w_1 \mid w_2) = \frac{P(w_2, w_1)}{P(w_2)} \approx \frac{freq(w_1, w_2)}{freq(w_2)}
$$

其中 $freq(w_1, w_2)$ 表示 w_1、w_2 在语料库中一起相邻出现的次数,而其中 $freq(w_1)$、$freq(w_2)$ 分别表示 w_1、w_2 在语料库中出现的统计次数。

利用语料库建立的统计概率,对于一个新的句子,我们就可以通过计算各种分词方法对应的联合分布概率,找到最大概率对应的分词方法,即最优分词。

4.7.2 N 元模型

将只依赖于前一个词的假定进一步扩展,扩展为依赖于前两个词,即:

$$P(A_{i1}, A_{i2}, \cdots, A_{in_i}) = P(A_{i1})P(A_{i2} \mid A_{i1})P(A_{i3} \mid A_{i1}A_{i2}) \cdots P(A_{in_i} \mid A_{i(n_i-2)}A_{i(n_i-1)})$$

此时联合分布的计算量大大增加。我们一般称只依赖于前一个词的模型为二元模型(Bi-Gram model),而依赖于前两个词的模型为三元模型。以此类推,我们可以建立四元模型、五元模型,一直到通用的 N 元模型。数字越往后,概率分布的计算复杂度越高。

在实际应用中,N 一般较小,一般都小于 4,主要原因是 N 元模型概率分布的空间复杂度为 $O(\mid V \mid^N)$,其中 $\mid V \mid$ 为语料库大小,而 N 为模型的元数,当 N 增大时,计算复杂度呈指数级增长。

N 元模型的分词方法虽然更加灵活,但在实际应用中也有很多问题。首先,当某些生僻词,或者相邻分词联合分布不存在于语料库中时,我们一般会使用拉普拉斯平滑,即给它一个较小的概率值,这个方法基于朴素贝叶斯算法进行解决。第二个问题是如果句子长,分词有多种情况,计算量也非常大,这时我们可以用维特比算法来简化算法。

4.7.3　维特比算法与分词

对于一个有很多分词可能的长句子,我们当然可以用最直接的方法去计算出所有的分词可能的概率,再找出最优分词方法,但是用维特比算法可以大大缩短求出最优分词的时间。

维特比算法可用于隐式马尔可夫模型 HMM 解码算法,但它是一个通用的求序列最短路径的方法,不光可以用于 HMM,也可以用于其他的序列最短路径算法,比如最优分词。

维特比算法采用动态规划来解决最优分词问题,动态规划要求局部路径也是最优路径的一部分,很显然我们的问题是成立的。首先我们看一个简单的分词例子:"人生如梦境"。它的可能分词可以用图 4-2 表示:

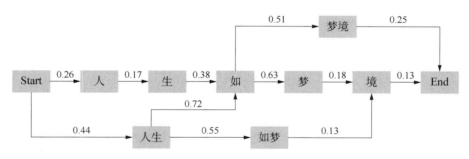

图 4-2　分词位置条件概率

图中的箭头为通过统计语料库而得到的对应的各分词位置 BEMS(开始位置,结束位置,中间位置,单词)的条件概率,比如 P(生 | 人)=0.17。 根据图 4-2,维特比算法需要找到从 Start 到 End 的一条最短路径。对于在 End 之前的任意一个当前局部节点,我们需要得到该局部节点的最大概率,和记录到达当前节点满足最大概率的前一节点位置 Ψ。

我们先用这个例子来观察维特比算法的过程。首先我们初始化有:

$$\delta(人)=0.26 \quad \Psi(人)=Start \quad \delta(人生)=0.44 \quad \Psi(人生)=Start$$

对于节点"生",它只有一个前向节点,因此有:

$$\delta(生)=\delta(人)P(生 \mid 人)=0.0442 \quad \Psi(生)=人$$

对于节点"如",情况稍微复杂一点,因为它有多个前向节点,我们要计算出到"如"概率最大的路径:

$$\delta(如)=\max\{\delta(生)P(如|生),\delta(人生)P(如|人生)\}=\max\{0.01680,0.3168\}$$
$$=0.3168 \quad \Psi(如)=人生$$

类似的方法可以用于其他节点，如下：

$$\delta(如梦)=\delta(人生)P(如梦|人生)=0.242 \quad \Psi(如梦)=人生$$
$$\delta(梦)=\delta(如)P(梦|如)=0.1996 \quad \Psi(梦)=如$$
$$\delta(境)=\max\{\delta(梦)P(境|梦),\delta(如梦)P(境|如梦)\}$$
$$=\max\{0.0359,0.0315\}=0.0359 \quad \Psi(境)=梦$$
$$\delta(梦境)=\delta(如)P(梦境|如)=0.1616 \quad \Psi(梦境)=如$$

最后我们看看最终节点 End：

$$\delta(End)=\max\{\delta(梦境)P(End|梦境),\delta(境)P(End|境)\}$$
$$=\max\{0.0396,0.0047\}=0.0396 \quad \Psi(End)=梦境$$

由于最后的最优解为"梦境"，现在我们开始反推：

$$\Psi(End)=梦境\to\Psi(梦境)=如\to\Psi(如)=人生\to\Psi(人生)=start$$

从而得到最终的分词结果为"人生/如/梦境"。

4.7.4　word2vec 词向量分析

word2vec 是 google 在 2013 年推出的一个 NLP 工具，它的特点是将所有的词向量化，这样就可以定量地去度量词与词之间的关系，挖掘词之间的联系。

最早的词向量是很冗长的，词向量维度大小为整个词汇表的大小，对于每个具体的词汇表中的词，将对应的位置置为 1。比如我们有五个词组成的词汇表，词"Queen"的序号为 2，那么它的词向量就是 $(0,1,0,0,0)(0,1,0,0,0)$。这种词向量的编码方式一般被称为独热编码（one hot representation）。

用独热编码来表示词向量是非常简单的，但是却有很多问题。最大的问题是我们的词汇表一般都非常大，比如达到百万级别。这样的向量其实除了一个位置是 1，其余的位置全部都是 0，表达的效率不高。

分布式表示（distributed representation）可以解决独热编码的问题，它的思路是通过训练，将每个词都映射到一个较短的词向量上来。所有的这些词向量就构成了向量空间，进而可以用普通的统计学方法来研究词与词之间的关系。这个较短的词向量维度一般需要在训练时由研究者自己来指定。

举例来说，我们将词汇表里的词用 Royalty、Masculinity、Femininity 和 Age 四个维度来表示，King 这个词对应的词向量可能是 $(0.99,0.99,0.05,0.7)(0.99,0.99,0.05,0.7)$。当然在实际情况中，我们并不能对词向量的每个维度做一个很好的解释。

通过用分布式表示来表现较短的词向量，我们可以较容易地分析词之间的关系，比如当我们将词的维度降到 2 维，用下方的词向量表示词汇表里的词时，我们可以发现：

$$King\to-Man\to+Woman\to=Queen\to King\to-Man\to+Woman\to=Queen\to$$

由此可见，我们只要得到了词汇表里所有词对应的词向量，我们就可以进一步分析词向量之间的关系。常见的方法是使用神经网络模型（DNN）。

神经网络模型可以用来训练词向量，进而处理词与词之间的关系。采用的方法一般是一个三层的神经网络结构（也可以多层），分为输入层、隐藏层和输出层（softmax 层）。DNN 模型通过 CBOW（Continuous Bag-of-Words）与 Skip-Gram 两种模型来定义数据的输入和输出。

CBOW 模型的训练输入是某一个特定词的上下文相关的词对应的词向量，而输出就是该特定词的词向量。举例来说，上下文大小取值为 4，特定词是 Learning，也就是我们需要的输出词向量，上下文对应的词有 8 个，前后各 4 个，这 8 个词是我们模型的输入。由于 CBOW 使用的是词袋模型，因此这 8 个词都是平等的，不考虑它们和我们关注的词之间的距离大小，只要在上下文之内即可。

在这个 CBOW 的例子里，输入是 8 个词向量，输出是所有词的 softmax 概率（训练的目标是期望训练样本特定词对应的 softmax 概率最大），对应的 CBOW 神经网络模型输入层有 8 个神经元，输出层有词汇表大小个神经元。隐藏层的神经元个数我们可以自己指定。通过 DNN 的反向传播算法，我们可以求出 DNN 模型的参数，同时得到所有词对应的词向量。这样当我们有新的需求，要求出某 8 个词对应的最可能的输出中心词时，我们可以通过一次 DNN 前向传播算法并通过 softmax 激活函数找到概率最大的词对应的神经元。

Skip-Gram 模型和 CBOW 的思路相反，即输入是特定词的词向量，而输出是特定词对应的上下文词向量。还是上面的例子，我们的上下文大小取值为 4，特定词 Learning 是我们的输入，而这 8 个上下文词是我们的输出。

Skip-Gram 的例子里，我们的输入是特定词，输出是 softmax 概率排前 8 的词，对应的 Skip-Gram 神经网络模型输入层有 1 个神经元，输出层有词汇表大小个神经元。隐藏层的神经元个数我们可以自己指定。通过 DNN 的反向传播算法，我们可以求出 DNN 模型的参数，同时得到所有词对应的词向量。这样当我们有新的需求，要求出某一个词对应的最可能的 8 个上下文词时，我们可以通过一次 DNN 前向传播算法得到概率大小排前 8 的 softmax 概率对应的神经元所对应的词。

DNN 模型的处理过程非常耗时。我们的词汇表一般在百万级别以上，这意味着我们 DNN 的输出层需要进行 softmax 计算各个词的输出概率的计算量很大。word2vec 在 DNN 模型的基础上继续优化。

word2vec 采用霍夫曼树来代替隐藏层和输出层的神经元，霍夫曼树的叶子节点起到输出层神经元的作用，叶子节点的个数即为词汇表的大小，内部节点则起到隐藏层神经元的作用。

霍夫曼树的建立过程如下：

输入：权值为 $(w_1, w_2, \cdots, w_n)$ 的节点。

输出：对应的霍夫曼树。

（1）将 $(w_1, w_2, \cdots, w_n)$ 看做是有 n 棵树的森林，每棵树仅有一个节点。

（2）在森林中选择根节点权值最小的两棵树进行合并，得到一棵新的树，这两棵树分布作为新树的左右子树。新树的根节点权重为左右子树的根节点权重之和。

（3）将之前的根节点权值最小的两棵树从森林中删除，并把新树加入森林。

（4）重复步骤 2）和 3）直到森林里只有一棵树为止。

下面我们用一个具体的例子来说明霍夫曼树建立的过程，我们有 (a, b, c, d, e, f) 共 6 个节点，节点的权值分布是 (20, 4, 8, 6, 16, 3)。

首先是最小的 b 和 f 合并，得到的新树根节点权重是 7，此时森林里有 5 棵树，根节点权重分别是

20，8，6，16，7。然后，将根节点权重最小的 6 和 7 合并，得到新子树，依次类推，最终得到下面的霍夫曼树。

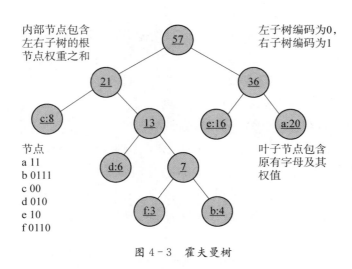

内部节点包含左右子树的根节点权重之和

左子树编码为0，右子树编码为1

节点
a 11
b 0111
c 00
d 010
e 10
f 0110

叶子节点包含原有字母及其权值

图 4-3　霍夫曼树

一般得到霍夫曼树后，我们会对叶子节点进行霍夫曼编码，由于权重越高的叶子节点越靠近根节点，而权重低的叶子节点会远离根节点，所以高权重节点编码值较短，而低权重节点编码值较长。这保证树的带权路径最短，也符合我们的信息论，即我们希望越常用的词拥有更短的编码。如何编码呢？一般对于一个霍夫曼树的节点（根节点除外），我们可以约定左子树编码为 0，右子树编码为 1。如图 4-3，我们可以得到 c 的编码是 00。

在 word2vec 中，约定编码方式和上面的例子相反，即约定左子树编码为 1，右子树编码为 0，同时约定左子树的权重不小于右子树的权重。

word2vec 在霍夫曼树的基础上给出两种改进方法，一种是基于 Hierarchical Softmax 模型，另一种是基于 Negative Sampling 模型，这两种方法将在下文中详述。

4.7.5　Hierarchical Softmax 模型

传统神经网络词向量语言模型一般有三层，输入层（词向量）、隐藏层和输出层（softmax 层）。其中最大的问题在于从隐藏层到 softmax 层的计算量很大，因为要计算所有词的 softmax 概率，再去找概率最大的值。这个模型如下图所示，其中 V 是词汇表的大小。

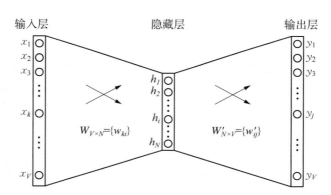

输入层　　　　隐藏层　　　　输出层

$$W_{V \times N} = \{w_{ki}\}$$

$$W'_{N \times V} = \{w'_{ij}\}$$

图 4-4　word2vec 映射后的神经网络词向量语言模型

word2vec 对这个模型做了改进。首先，对于从输入层到隐藏层的映射，word2vec 没有采取神经网络的线性变换加激活函数的方法，而是采用简单的对所有输入词向量求和并取平均值的方法。比如输入的是三个 4 维词向量：(1，2，3，4)、(9，6，11，8)、(5，10，7，12)、(1，2，3，4)、(9，6，11，8)、(5，10，7，12)，那么我们 word2vec 映射后的词向量就是(5，6，7，8)、(5，6，7，8)。

第二个改进就是从隐藏层到 softmax 层的计算量改进。为了避免要计算所有词的 softmax 概率，word2vec 采用了霍夫曼树来代替从隐藏层到 softmax 层的映射。

由于我们把所有词的 softmax 概率计算变成了一棵二叉霍夫曼树，我们的 softmax 概率计算只需要沿着树形结构进行就可以了。如图 4-5 所示，我们可以沿着霍夫曼树从根节点一直走到叶子节点的词 w_2。

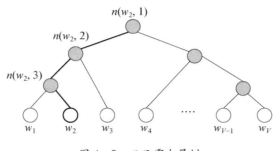

图 4-5　二叉霍夫曼树

和之前的神经网络模型相比，霍夫曼树的所有内部节点就类似于神经网络隐藏层的神经元。其中根节点的词向量对应映射后的词向量，而所有叶子节点就类似于之前神经网络输出层的神经元，叶子节点的个数就是词汇表的大小。在霍夫曼树中，隐藏层到输出层的 softmax 映射不是一下子完成的，而是沿着霍夫曼树一步步完成，因此这种 softmax 被取名为 Hierarchical Softmax。

word2vec 采用二元逻辑回归的方法，即规定沿着左子树走，则为负类（霍夫曼树编码 1），沿着右子树走，则为正类（霍夫曼树编码 0）。判别正类和负类的方法是使用 sigmoid 函数，即：

$$P(+) = \sigma(x_w^T \theta) = \frac{1}{1 + e^{-x_w^T \theta}}$$

其中 x_w 是当前内部节点的词向量，而 θ 则是我们需要从训练样本中求出的逻辑回归的模型参数。

使用霍夫曼树的优点在于二叉树分析使之前的计算量 V 变成了 $\log_2 V$。由于霍夫曼树中高频的词靠近树根，这样高频词可以用更少的时间被找到。这里被划分为左子树而成为负类的概率为 $P(-) = 1 - P(+)$。在某一个内部节点，要判断是沿左子树走还是右子树走的标准就是看 $P(-)$ 和 $P(+)$ 的概率值哪个更大。而控制 $P(-)$ 和 $P(+)$ 概率值的因素之一是当前节点的词向量，另一个因素是当前节点的模型参数 θ。

对于上图中的 w_2，如果它是一个训练样本的输出，那么我们期望里面的隐藏节点 $n(w_2, 1)$ 的 $P(-)$ 概率大，$n(w_2, 2)$ 的 $P(-)$ 概率大，$n(w_2, 3)$ 的 $P(+)$ 概率大。我们的目标就是找到合适的所有节点的词向量和所有内部节点，使训练样本达到最大似然。

我们使用最大似然法来寻找所有节点的词向量和所有内部节点。先拿上面的例子来看，我们期望最大化下面的似然函数：

$$\prod_{i=1}^{3} P(n(w_i), i) = \left(1 - \frac{1}{1 + e^{-x_w^T \theta_1}}\right)\left(1 - \frac{1}{1 + e^{-x_w^T \theta_2}}\right)\frac{1}{1 + e^{-x_w^T \theta_3}}$$

对于所有的训练样本，我们期望最大化所有样本的似然函数乘积。

为了便于我们后面一般化的描述，我们定义输入的词为 w，其从输入层词向量求和平均后的霍夫曼树根节点词向量为 x_w。从根节点到 w 所在的叶子节点,包含的节点总数为 l_w,w 在霍夫曼树中从根节点开始,经过的第 i 个节点表示为 p_i^w,对应的霍夫曼编码为 $d_i^w \in \{0, 1\}$,其中 $i = 2, 3, \cdots, l_w$。该节点对应的模型参数表示为 θ_i^w,其中 $i = 1, 2, \cdots, l_{w-1}$,没有 $i = l_w$ 是因为模型参数仅仅针对霍夫曼树的内部节点。

定义 w 经过的霍夫曼树某一个节点 j 的逻辑回归概率为 $P(d_j^w \mid x_w, \theta_{j-1}^w)$,其表达式为:

$$P(d_j^w \mid x_w, \theta_{j-1}^w) = \begin{cases} \sigma(x_w^T \theta_{j-1}^w) & d_j^w = 0 \\ 1 - \sigma(x_w^T \theta_{j-1}^w) & d_j^w = 1 \end{cases}$$

那么对于某一个目标输出词 w,其最大似然为:

$$\prod_{j=2}^{l_w} P(d_j^w \mid x_w, \theta_{j-1}^w) = \prod_{j=2}^{l_w} \left[\sigma(x_w^T \theta_{j-1}^w) \right]^{1-d_j^w} \left[1 - \sigma(x_w^T \theta_{j-1}^w) \right]^{d_j^w}$$

在 word2vec 中,由于使用的是随机梯度上升法,所以我们并没有通过所有样本的似然相乘得到真正的训练集最大似然,仅仅每次只用一个样本更新梯度,这样做的目的是减少梯度计算量。这样我们可以得到 w 的对数似然函数,如下:

$$L = \log \prod_{j=2}^{l_w} P(d_j^w \mid x_w, \theta_{j-1}^w) = \sum_{j=2}^{l_w} \left((1-d_j^w) \log \left[\sigma(x_w^T \theta_{j-1}^w) \right] + d_j^w \log \left[1 - \sigma(x_w^T \theta_{j-1}^w) \right] \right)$$

要得到模型中词向量和内部节点的模型参数 θ,我们可以使用梯度上升法。首先求模型参数 θ_{j-1}^w 的梯度:

$$\begin{aligned} \frac{\partial L}{\partial \theta_{j-1}^w} &= (1-d_j^w) \frac{(\sigma(x_w^T \theta_{j-1}^w)(1-\sigma(x_w^T \theta_{j-1}^w))}{\sigma(x_w^T \theta_{j-1}^w)} x_w - d_j^w \frac{(\sigma(x_w^T \theta_{j-1}^w)(1-\sigma(x_w^T \theta_{j-1}^w))}{1-\sigma(x_w^T \theta_{j-1}^w)} x_w \\ &= (1-d_j^w)(1-\sigma(x_w^T \theta_{j-1}^w)) x_w - d_j^w \sigma(x_w^T \theta_{j-1}^w) x_w \\ &= (1-d_j^w - \sigma(x_w^T \theta_{j-1}^w)) x_w \end{aligned}$$

使用同样的方法,可以求出 x_w 的梯度表达式:

$$\frac{\partial L}{\partial x_w} = \sum_{j=2}^{l_w} (1-d_j^w - \sigma(x_w^T \theta_{j-1}^w)) \theta_{j-1}^w$$

有了梯度表达式,我们就可以用梯度上升法进行迭代来一步步求解我们需要的所有的 θ_{j-1}^w 和 x_w。

1)基于 Hierarchical Softmax 的 CBOW 模型

首先,我们定义词向量的维度大小为 M,以及 CBOW 的上下文大小为 $2c$。对于训练样本中的每一个词,其前面的 c 个词和后面的 c 个词作为 CBOW 模型的输入,该词本身作为样本的输出,期望 softmax 概率最大。

在做 CBOW 模型前,我们需要先将词汇表建立成一棵霍夫曼树。对于从输入层到隐藏层(投影层),我们可以通过对 w 周围的 $2c$ 个词向量求和取平均,即:

$$x_w = \frac{1}{2c} \sum_{i=1}^{2c} x_i$$

第二步，通过梯度上升法来更新我们的 θ_{j-1}^w 和 x_w，注意这里的 x_w 是由 $2c$ 个词向量相加而成，梯度更新完毕后会用梯度项直接更新原始的各个 $x_i(i=1,2,\cdots,2c)$，即：

$$\theta_{j-1}^w = \theta_{j-1}^w + \eta(1-d_j^w-\sigma(x_w^T\theta_{j-1}^w))x_w$$

其中 η 为梯度上升法的步长。

基于 Hierarchical Softmax 的 CBOW 模型的随机梯度上升流程如下：

输入：基于 CBOW 的语料训练样本，词向量的维度大小 M，CBOW 的上下文大小 $2c$，步长 η。

输出：霍夫曼树的内部节点模型参数 θ，所有的词向量 w。

（1）基于语料训练样本建立霍夫曼树。

（2）随机初始化所有的模型参数 θ，所有的词向量 w 进行梯度上升迭代过程，对于训练集中的每一个样本(context(w)，w)做如下处理：

a）$\eta=0$，计算 $x_w = \dfrac{1}{2c}\sum\limits_{i=1}^{2c} x_i$

b）for $j=2$ to l_w，计算：

$$f = \sigma(x_w^T\theta_{j-1}^w)$$
$$g = (1-d_j^w-f)\eta$$
$$e = e + g\theta_{j-1}^w$$
$$\theta_{j-1}^w = \theta_{j-1}^w + gx_w$$

c）对 context(w) 中的每一个词向量 x_i（共 $2c$ 个）进行更新：

$$x_i = x_i + e$$

d）如果梯度收敛，则结束梯度迭代，否则回到步骤 c 继续迭代。

2）基于 Hierarchical Softmax 的 Skip-Gram 模型

首先，我们来看看基于 Skip-Gram 模型时，Hierarchical Softmax 如何使用。此时输入的只有一个词 w，输出为 $2c$ 个词向量 context(w)。

我们对于训练样本中的每一个词，该词本身作为样本的输入，其前面的 c 个词和后面的 c 个词作为 Skip-Gram 模型的输出，期望这些词的 softmax 概率比其他词的大。

在做 CBOW 模型前，我们需要先将词汇表建立成一棵霍夫曼树。

对于从输入层到隐藏层（投影层），这一步比 CBOW 简单，由于只有一个词，所以 x_w 就是词 w 对应的词向量。

第二步，通过梯度上升法来更新 θ_{j-1}^w 和 x_w，注意这里的 x_w 周围有 $2c$ 个词向量，此时我们期望 $P(x_i\mid x_w)$，$i=1,2,\cdots,2c$ 最大化。由于上下文是相互的，在期望 $P(x_i\mid x_w)$，$i=1,2,\cdots,2c$ 最大化的同时，反过来我们也期望 $P(x_w\mid x_i)$，$i=1,2,\cdots,2c$ 最大。word2vec 使用 $P(x_w\mid x_i)$ 条件期望，这样做的好处就是在一个迭代窗口内，我们不只更新 x_w 一个词，而是更新 x_i，$i=1,2,\cdots,2c$，共 $2c$ 个词。由于这个原因，Skip-Gram 模型并没有和 CBOW 模型一样对输入进行迭代更新，而是对输出进行迭代更新。

基于 Hierarchical Softmax 的 Skip-Gram 模型的随机梯度上升流程如下：

输入：基于 Skip-Gram 的语料训练样本，词向量的维度大小 M，Skip-Gram 的上下文大小 $2c$，步

长 η。

输出:霍夫曼树的内部节点模型参数 θ,所有的词向量 w。

(1)基于语料训练样本建立霍夫曼树。

(2)随机初始化所有的模型参数,所有的词向量 w 进行梯度上升迭代过程,对于训练集中的每一个样本 $(w, \text{context}(w))$ 做如下处理:

a) for $i = 1$ to $2c$:

i) $e = 0$

ii) for $j = 2$ to l_w,计算:

$$f = \sigma(x_i^T \theta_{j-1}^w)$$
$$g = (1 - d_j^w - f)\eta$$
$$e = e + g\theta_{j-1}^w$$
$$\theta_{j-1}^w = \theta_{j-1}^w + gx_i$$

iii)

$$x_i = x_i + e$$

b) 如果梯度收敛,则结束梯度迭代,算法结束,否则回到步骤 a 继续迭代。

4.7.6 Negative Sampling 模型

使用霍夫曼树来代替传统的神经网络,可以提高模型训练的效率。但是如果训练样本里的中心词是一个很生僻的词,那么我们就得在霍夫曼树中分析很久。Negative Sampling 摒弃霍夫曼树,采用负采样的方法来求解。

比如我们有一个训练样本,中心词是 w,它周围上下文共有 $2c$ 个词,记为 $\text{context}(w)$。由于这个中心词 w 和 $\text{context}(w)$ 相关,因此它是一个真实的正例。通过 Negative Sampling,我们得到 neg 个和 w 不同的中心词 w_i,$i = 1, 2, \cdots, neg$,这样 $\text{context}(w)$ 和 w_i 就组成了 neg 个并不真实存在的负例。利用这一个正例和 neg 个负例,我们进行二元逻辑回归,得到负采样对应每个词 w_i 对应的模型参数 θ_i,和每个词的词向量。为了统一描述,我们将正例定义为 w_0。

Negative Sampling 由于没有采用霍夫曼树,每次只是通过采样 neg 个不同的中心词做负例就可以训练模型,因此整个过程要比 Hierarchical Softmax 简单。

在逻辑回归中,我们的正例应该期望满足:

$$P(\text{context}(w_0), w_i) = \sigma(x_{w_0}^T \theta^{w_i}), \ y_i = 1, \ i = 0$$

我们的负例期望满足:

$$P(\text{context}(w_0), w_i) = 1 - \sigma(x_{w_0}^T \theta^{w_i}), \ y_i = 0, \ i = 1, 2, \cdots, neg$$

我们期望可以最大化下式:

$$\prod_{i=0}^{neg} P(\text{context}(w_0), w_i) = \sigma(x_{w_0}^T \theta^{w_0}) \prod_{i=1}^{neg} (1 - \sigma(x_{w_0}^T \theta^{w_i}))$$

利用逻辑回归,此时模型的似然函数为:

$$\prod_{i=0}^{neg} \sigma(x_{w_0}^T \theta^{w_i})^{y_i} (1 - \sigma(x_{w_0}^T \theta^{w_i}))^{1-y_i}$$

此时对应的对数似然函数为：

$$L = \sum_{i=0}^{neg} y_i \log(\sigma(x_{w_0}^T \theta^{w_i})) + (1 - y_i) \log(1 - \sigma(x_{w_0}^T \theta^{w_i}))$$

和 Hierarchical Softmax 类似，我们采用随机梯度上升法，每次仅仅只用一个样本更新梯度，来进行迭代更新得到我们需要的 x_{w_i}、θ^{w_i}，$i = 0, 1, \cdots, neg$，这里我们需要求出 x_{w_0}、θ^{w_i}，$i = 0, 1, \cdots, neg$ 的梯度。

首先我们计算的梯度为：

$$\frac{\partial L}{\partial \theta^{w_i}} = y_i(1 - \sigma(x_{w_0}^T \theta^{w_i}))x_{w_0} - (1 - y_i)\sigma(x_{w_0}^T \theta^{w_i})x_{w_0} = (y_i - \sigma(x_{w_0}^T \theta^{w_i}))x_{w_0}$$

使用同样的方法，我们可以求出 x_{w_0} 的梯度：

$$\frac{\partial L}{\partial x^{w_0}} = \sum_{i=0}^{neg} (y_i - \sigma(x_{w_0}^T \theta^{w_i}))\theta^{w_i}$$

有了梯度表达式，我们就可以用梯度上升法进行迭代来一步步求解我们需要的 x_{w_0}、θ^{w_i}，$i = 0, 1, \cdots, neg$。

如果词汇表的大小为 V，那么我们就将一段长度为 1 的线段分成 V 份，每份对应词汇表中的一个词。当然每个词对应的线段长度是不一样的，高频词对应的线段长，低频词对应的线段短。每个词 w 的线段长度由下式决定：

$$\text{len}(w) = \frac{\text{count}(w)}{\sum_{u \in \text{vocab}} \text{count}(u)}$$

在 word2vec 中，分子和分母都取了 3/4 次幂，如下：

$$\text{len}(w) = \frac{\text{count}(w)^{3/4}}{\sum_{u \in \text{vocab}} \text{count}(u)^{3/4}}$$

在采样前，我们将这段长度为 1 的线段划分成 M 等份，这里 $M \gg V$，这样可以保证每个词对应的线段都会划分成对应的小块。而 M 份中的每一份都会落在某一个词对应的线段上。在采样的时候，我们只需要从 M 个位置中采样出 neg 个位置就行，此时采样到的每一个位置对应到的线段所属的词就是我们的负例词。在 word2vec 中，取值默认为 10^8。

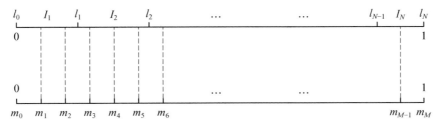

图 4-6　word2vec 采样分布关系

有了上面 Negative Sampling 的方法和逻辑回归求解模型参数的方法,我们就可以总结出基于 Negative Sampling 的 CBOW 模型算法流程。梯度迭代过程使用了随机梯度上升法:

输入:基于 CBOW 的语料训练样本,词向量的维度大小 M,CBOW 的上下文大小 $2c$,步长 η,负采样的个数 neg。

输出:词汇表每个词对应的模型参数 θ,所有的词向量 w。

(1)随机初始化所有的模型参数 θ,所有的词向量 x_w。

(2)对于每个训练样本 $(\text{context}(w_0),w_0)$ 负采样出 neg 个负例中心词 w_i,$i=1,2,\cdots,neg$。

(3)进行梯度上升迭代过程,对于训练集中的每一个样本 $(\text{context}(w_0),w_0,w_1,\cdots,w_{neg})$ 做如下处理:

a)$e=0$,计算 $x_{w_0}=\dfrac{1}{2c}\sum\limits_{i=1}^{2c}x_i$

b)for $i=0$ to neg,计算:

$$f=\sigma(x_{w_0}^T\theta^{w_i})$$
$$g=(y_i-f)\eta$$
$$e=e+g\theta^{w_i}$$
$$\theta^{w_i}=\theta^{w_i}+gx_{w_0}$$

c)对于 $\text{context}(w)$ 中的每一个词向量 x_k(共 $2c$ 个)进行更新:

$$x_k=x_k+e$$

d)如果梯度收敛,则结束梯度迭代,否则回到步骤(3)继续迭代。

Negative Sampling 的 Skip-Gram 模型算法流程使用了随机梯度上升法:

输入:基于 Skip-Gram 的语料训练样本,词向量的维度大小 M,Skip-Gram 的上下文大小 $2c$,步长 η,负采样的个数 neg。

输出:词汇表每个词对应的模型参数 θ,所有的词向量 x_w。

(1)随机初始化所有的模型参数,所有的词向量 w。

(2)对于每个训练样本 $(\text{context}(w_0),w_0)$ 负采样出 neg 个负例中心词 w_i,$i=1,2,\cdots,neg$。

(3)进行梯度上升迭代过程,对于训练集中的每一个样本 $(\text{context}(w_0),w_0,w_1,\cdots,w_{neg})$ 做如下处理:

a)for $i=1$ to $2c$:

i)$e=0$

ii)for $j=0$ to neg,计算:

$$f=\sigma(x_{w_{0i}}^T\theta^{w_j})$$
$$g=(y_j-f)\eta$$
$$e=e+g\theta^{w_j}$$
$$\theta^{w_j}=\theta^{w_j}+gx_{w_{0i}}$$

iii)词向量更新:

$$x_{w_{0i}} = x_{w_{0i}} + e$$

b) 如果梯度收敛,则结束梯度迭代,算法结束,否则回到步骤 a 继续迭代。

? 思考与讨论

(1) N 元语言模型基于什么假设? 该模型在实际应用中存在什么问题? 维特比算法利用什么原理求最优路径?

(2) word2vec 两个算法模型的原理是什么? 哪个效果好,哪个速度快?

(3) word2vec 参数是如何更新的? 对词频低的和词频高的单词有什么影响?

(4) word2vec 加速训练的方法有哪些?

推荐阅读

[1] Bishop, C. M. (2016). Pattern Recognition and Machine Learning[M]. Berlin: Springer.

[2] Davidson-Pilon, C. (2015). Bayesian Methods for Hackers: Probabilistic Programming and Bayesian Methods [M]. Boston: Addison-Wesley Professional.

[3] Goodfellow, I., Bengio Y. & Courville, A. (2016). Deep Learning: Adaptive Computation and Machine Learning series[M]. Cambridge: The MIT Press.

[4] Murphy, K.P. (2012). Machine Learning: A Probabilistic Prospective[M]. Cambridge: The MIT Press.

4.8 ▶ 文本分析流程

知识的发展有两个方面,即归纳和演绎,二者相互影响、彼此创造。前者强调对既有认知进行规律性总结,包括内涵、类型、规律。后者强调对既有认知进行演绎、外推、猜想和形而上的分析,经常通过公式等符号逻辑进行创造性、非观测性推广。新的观点、原叙事演化、新的结构性变动则需要将归纳(文本源)和演绎(算法)进行结合。

对同一文本源或不同文本源进行比较分析,可以说明"词共现""新词发现""短语发现"的区别。以列表['举','个','例子','来说']为例,短语发现、新词发现,关注词—词连续共现的频率,窗口范围为1,也就是:'举''例子';'个''例子';'例子''来说',探究挨得很近的词之间的关系。词共现关注词—词离散出现,既包括了上面的内容,又探究不挨着的词出现的次数。

短语发现和新词发现算法是自然语言处理中的重要研究领域,旨在从大规模文本数据中自动识别出具有独特语义和语言结构的短语和新词。这些算法利用统计和机器学习方法,通过分析文本中的频率、共现关系、上下文信息等特征,来发现那些在语言中频繁使用但没有明确定义的短语和新词汇。这些算法能够有效地帮助我们理解和处理自然语言的复杂性,加强信息提取、文本分类、机器翻译等文本处理的性能。在短语发现算法中,常用的方法包括基于词频的检测、互信息、关联规则和概率模型等;而新词发现算法则使用类似于分割和合并、字符层面的分析、语义分析等技术。这些算法的发展不仅对学术研究有重要意义,也在实际应用领域如搜索引擎、社交网络分析、情感分析等中有着广泛的应用和推广价值。

文本分析是从大量文本数据中提取有意义的信息和知识的过程。以下是基于各类新闻平台的标题分类内容进行的聚合分析的一般操作流程(如图 4-7 所示)。

(1) 关键属性提取:从文本中提取主要属性,如人名、地名、时间、职业和称谓。

（2）专业名词分词：使用专有名词词库对文本进行精确分词，如采用 jieba 库进行再次分词。

（3）关键属性描述统计：对上述提取的关键属性进行描述性统计。

（4）词向量提取与相似度分析：利用 word2vec 库（如 gensim 训练的模型）提取词向量，进而进行文本的相似度分析。

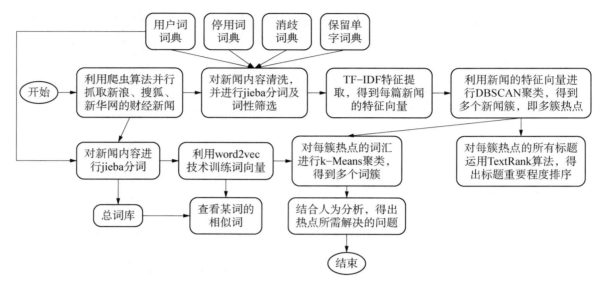

图 4-7　不同媒体新闻内容聚合分析

? 思考与讨论

（1）文本分析主要有哪些方法？有哪些步骤？

（2）如何定义一个词？词应该符合哪些特征，其核心指标是什么？

推荐阅读

［1］Liu, J.L., Shang, J.B., Han, J.W. (2017). Phrase Mining from Massive Text and Its Applications ［M］. New York: Springer Cham.

［2］Dias, G. et al. (2010). Automatic Discovery of Word Semantic Relations Using Paraphrase Alignment and Distributional Lexical Semantics Analysis ［J］. *Natural Language Engineering* 16(4), 439-467.

［3］Zimek, A. et al. (2014). Frequent Pattern Mining ［M］. New York: Springer Cham.

下篇

数字人文的应用与实践

第 **5** 章

数字人文与语言学

5.1 ▶ 文本意义挖掘

弗斯(J. R. Firth, 1890—1960)是英国历史上第一任语言学教授,是英国语言学界的核心人物,被誉为英国语言学之父。他旗帜鲜明地提出,分析语言的意义是描写语言学研究的根本任务。弗斯所说的语言意义指语言的社会意义、语境意义、用法意义,而不是语言的概念意义、命题意义,或者心智意义。弗斯提出了搭配的概念,用来分析词在搭配语境中的意义。他有句经典的论述,即"欲知词之义,必知其伴"(You shall learn a word by the company it keeps),这里的"伴"就是指词语所具有的习惯性的、特有的搭配。通过搭配建构起来的意义,是从词语横组合关系层面上抽象出来的,与通过概念或者心智路径获取的词的意义完全不同。例如,英语单词 night 的一个意义是在其与单词 dark 搭配时产生的,当然,dark 的其中一个意义也是因为与 night 搭配才具有的,dark 与 night 的搭配强弱可以通过搭配力的计算来判断。搭配的概念对语料库语言学以及意义分析产生了深刻的影响。

辛克莱(J. McH. Sinclair, 1933—2007)是现代语料库语言学的奠基人。他在学术思想上继承了弗斯的部分学说,并创造性地提出了一系列重要的语言学思想,引领了语料库语言学研究,使之成为二十世纪中后期语言学领域内极其重要的学术流派,语料库也作为一种重要的数据资源和研究方法被广泛应用到许多领域,包括各类语言学研究、人文科学研究、人工智能研究等。辛克莱的学术思想体系的核心内容就是挖掘真实语言文本内部的意义,基于对大型语料库数据的观察分析,他指出语言的意义单位是短语,而不是传统语言学所认为的单个单词。短语也因此成为语料库语言学研究的核心内容。2008 年,约翰·本杰明出版社出版了论文集《短语学:跨学科视角》(*Phraseology: An Interdisciplinary Perspective*)(Granger & Meunier, 2008),在书的最后,辛克莱附上一篇跋,重点论述了他创建短语理论的思想。该理论完全基于他在过去几十年对短语意义的观察和描写,是从数据分析中概括抽象出来的理论。

本章将从语料库短语学入手,重点介绍如何用语料库分析技术来分析语言的意义。

5.1.1 语料库短语学

短语学是语料库语言学研究的核心内容,研究成果颇丰,对整个语言学研究做出的贡献是不可低估的。本节采撷几种具有代表性的研究成果进行介绍,重点展示如何通过短语路径来挖掘文本的意义。

第一种是搭配框架(collocational framework)。搭配框架的概念最早是由辛克莱和雷诺夫(Antoinette Renouf)在 1991 年提出来的。雷诺夫教授当时与辛克莱教授在英国伯明翰大学开展语料库语言学研究。他们发现,在语料库中,除了英语实义词,如动词、名词、形容词等,具有典型的搭配特征之外,平时被忽视的语法词也呈现出非常明显的搭配规律。所谓搭配框架,是指两个语法词之间的非连续性序列，两个语法词不分层级，可以定位于其中任何一个语法词进行描写分析；在语法上，搭配框架本身不具有独立性，其结构的完整性完全依赖于其他的介入成分。这样的搭配框架有 a＋？＋of、be＋？＋to、for＋？＋of、an＋？＋of、too＋？＋to、had＋？＋of、many＋？＋of 等。这些搭配框架具有以下几个主要特点：①它们在语料库中出现频率非常高，与许多词都能够构成搭配的关系；②搭配框架在选择搭配词时具有选择性，它们之间具有明显的共选关系；③不同的搭配框架在语言的能产性上具有差别，有些搭配框架具有灵活多变性；④搭配框架与搭配框架之间也不是孤立存在的，相互之间彼此交错，从而构成更大的语言表述单位。搭配框架一经提出，便引起学界的广泛关注，许多研究者都采用搭配框架的分析路径，并结合学科、文类等不同文本属性，探索它们之间存在的共性和个性特征。

第二种是型式语法（pattern grammar，或者 lexical pattern），是由英国伯明翰大学的苏珊·霍斯顿（Susan Hunston）和吉尔·弗朗西斯（Gill Francis）提出的，霍斯顿教授也因为她在该领域做出的卓越成就，被英国女王授予官佐勋章（OBE，是最优秀不列颠帝国勋章的第四等级）。所谓词的型式，指与该词有规律地联系在一起的所有其他词和结构，并且它们一起共同决定了该词的意义。识别词的型式需要满足三个条件：①型式必须以相对较高频率出现；②型式必须依附于某个特定的词项；③词的型式能够表达一个清晰的意义。描写型式成分也有具体的要求：①要把某一类词性中绝大多数词都可以共现的成分，以及用于表示方式、地点或者实践等信息的介词或者副词短语排除在外；②保留两个基本范畴，也就是必要的具体的词语和词性。霍斯顿教授描写的型式语法体系包括了动词型式、名词型式、形容词型式等不同的型式范畴。每一种型式都与语言意义相关联，并且这种关联也呈现出比较复杂的情况。例如，在一些型式中，是型式本身，而不是型式中出现的词汇，具有某种特定的意义。型式 v. *way* prep./adv. 的意义不是由单词 way 决定的，并且在动词位置，只允许出现表示"说话、交流"意义的词，整个型式表示"某人使用聪明的、不真实的，或者强势的语言，来达到某种目的，其意图通常是从某种困境中脱身，或者达到某种令人羡慕的状况"。这样的动词有 talk、negotiate、bluff、charm、lie、argue、wheedle、reason、bluster、bullshit、cajole、joke、sweet talk、apologize、blather、communicate、discuss、flatter、persuade、rationalize 等。当然，这些词在语料库中出现的频数信息也不一致，有的比较高频，有的则出现得比较少，频数高说明这样的表述比较典型。型式语法一经提出，便受到众多学者的关注，触发了一系列相关研究，直到现在，型式语法仍然是语料库语言学及其与其他学科交叉研究的热点。例如，有学者将形容词补语型式分析置于构式语法语境中，指出大量的意义型式组合可以被识别成构式，并且可以对其进行评价性局部语法的分析。

第三种是搭配（collocation）。弗斯很早就提出了搭配意义（meaning by collocation）的概念，他用 dark 和 night 为例来解释搭配意义。但若追根求源，搭配并非弗斯首创，在两次世界大战期间，日本的一些语言教师就曾提过搭配的概念，但主要是用于在战争时期快速培养翻译人员。弗斯提出搭配，并确立它在语言学意义研究中的核心地位。辛克莱继承了弗斯的搭配理念，并将搭配研究发扬光大，使其成为语料库语言学研究领域中的重点。在弗斯生活的年代，计算机科学才刚萌芽，他提出的一些重要思想，如搭配力（collocability）还无法通过计算机来实现。但到了辛克莱时期，计算机技术已经取得长足进步，并建成了许多大型的电子语料库，语料库检索技术也在不断成熟，词语搭配统计由理论变成了现实。据文献考证，辛克莱在其最早的一篇论文中就提到了搭配。他是这么描述搭配的："我们使用节点词来指代一个项，我们所研究的就是它的搭配情况，然后可以界定一个跨距，用来指在节点词左右两边出现的、与之相关联的其他项的数目，在跨距限定的范围内出现的项，我们称之为搭配词"（Sinclair，1966：412）。搭配研究贯穿于辛克莱学术研究的始终，也对语言学研究产生了非常巨大的影响。围绕搭配展开的研究不胜枚举,涉及多个领域,包括语言习得、语言教学、心理语言学、语言认知、计算语言学、话语分析、翻译等。

第四种是词束(lexical bundles)。美国著名语料库语言学家道格拉斯·比伯(Douglas Biber)最早提出了词束的概念,将之定义为在某个语域中经常重复出现的多词序列,并带领团队开展了大规模的语料库驱动的词束研究。从技术层面来看,在语料库中大批量地提取词束并不复杂,主要采用机械切分的技术。目前,大多数语料库检索软件如 Wordsmith Tools 和 Antconc 都有"词丛"(cluster)等功能,可对语料进行多词的自动切分,然后自动统计出所切词丛的频数,从而记做词束的频数。词束具有如下一些特点:①出现频数高,频数是判断词束的重要指标;②绝大多数词束结构并不完整,在书面语语料库中结构完整的词束约占总数的百分之五;③词束作为一个整体存储在人的大脑中,并作为一个预制性语块被语言使用者使用;④词束具有结构、功能和语域的特征,可进行相关研究。词束研究在语料库语言学意义研究中具有重要地位,这一点也得到了辛克莱的肯定。

第五种是扩展意义单位(extended unit of meaning)。扩展意义单位是由辛克莱教授提出的,是整个语料库短语学研究中的菁华,也是目前在语料库视角下开展意义单位研究最具完整性的体系,将词语搭配、语法结构、语义和语用完美地结合在一起。扩展意义单位包括五个组成部分,即搭配核、搭配、类联接、语义倾向和语义韵,其中搭配核和语义韵是扩展意义单位的必要成分,搭配、类联接和语义倾向是非必要成分。搭配的概念在前面已经进行过阐释,这里不再赘述,泛指与搭配核共现的词语。类联接(colligation)一般指语法选项的共现,在扩展意义单位中,类联接专指与搭配共现的词性特征。语义倾向(semantic preference)指对呈现规律性共现的词语的一种语义限制,即这些词之间共享某一种语义特征,例如,这些词都表示运动的意义。语义韵(semantic prosody)是扩展意义单位具有的态度意义(attitudinal meaning),它通常位于语义—语用连续统中靠近语用一端的地方。语义韵具有一定的隐蔽性,它的实现形式也不拘泥于某种特定形式。关于扩展意义单位的具体分析,我们将在下一个小节中重点介绍。

第六种是同现词列(concgram,也有研究者翻译成框合结构)。辛克莱在后期的意义单位研究中,提出了意义移变单位(meaning shift unit)的概念,重新修正了有关搭配计算的统计方法。例如,他指出,在过去的搭配统计中,把语料库中某个搭配出现的频数与搭配中各成分的频数进行对比的做法是错误的。他给出的解释是,当词语的共选模式发生变化,原来的意义就会发生改变,新的意义会产生。换言之,过去的搭配计算过度强调了统计数据,而忽视了搭配的意义。搭配的意义具有完整性,它与搭配成分在其他不同搭配中的意义没有关联。辛克莱用"hard work"为例来说明这个问题。当统计结果显示这两个词的共现具有显著性时,它们在语料库中共现的所有实例都是不可分开的语言实体,这个搭配与单词 hard 和 work 的其他搭配是没有关系的。换言之,搭配"hard work"中的单词 hard 与其他搭配(即不出现单词 work 的搭配)中的单词 hard 仅仅是一种同形异义的关系,而这些不同的 hard 的搭配实际上是不同的意义移变单位。由香港理工大学的郑教授(Winnie Cheng)领衔的团队提出了同现词列的概念,其目的就是想通过识别大量的意义移变单位来充分描写语言中的短语特点。他们提出了同现词列的分析方法,将同现词列界定为共现词的所有实例,同现词之间可以是连续的,也可以是非连续的,并且不一定具有相同的排列次序(sequential order)。同现词列分析一般包括如下几个步骤:①通过 ConcGram 软件自动获取语料库中的形符表;②基于该词表,以每个形符为搜索源检索出"两词同现词列"(two-word concgram),并且列出每个搜索源具有的共现词,通过 T 值和 MI 值计算出共现词与搜索源之间联系的显著性;③将每个同现词列以同现词列列表的形式显示出来,并且标示出成分排序和位置上的变化形式;④基于所有的两词同现词列,通过双检索源检索出三词同现词列,然后按照同样的检索步骤,找到四词乃至五词的同现词列。同现词列研究,一方面是为了全面描写语言中的短语特点,发现语言中的意义移变单位,另一方面也是为了克服之前的 N 元模型和跨元模型的不足。但同时,我们也应该看到,同现词列分析实际上只是找到了扩展意义单位中的搭配核及其搭配,但要发现完整意义上的意义单位,则需要采用扩展意义单位分析的路径,在词语、语法、语义和语用等多个层面进行综合分析。

除了上述六种短语学研究路径之外,还有搭配构式(collostruction)、语义序列(semantic sequence)、词汇启动(lexical priming)等,因为篇幅有限,此处不再赘述。接下来,我们将重点了解如何通过语料库分析技术来研究语言意义。

5.1.2 阅读索引行

与传统语言学研究相比,现代语言学研究具有两个显著特征。首先是能够获得大量的语言数据作为研究对象或者证据;其次是在分析真实的语言材料时,由于语言变化多样,很难对其进行精准的概括。另外,现代语言学研究有两种分析路径,即自上而下的分析路径以及自下而上的分析路径。自上而下的分析路径重点在于顶层设计,通过演绎手段,制定出语法规则,语言数据分析则位于次要的地位。自下而上的分析路径,则从语言数据描写开始,通过归纳手段,在描写基础上进行概括总结,找到语言使用中的规律。两种分析路径各有优劣。若从上而下,则很难找到一种通用规则,适用于所有的语言使用事实。若从下而上,由于描写的真实语言数量大、变化多,很难形成极具概括性的语言学表述。

对于语料库语言学而言,重点不在于发现一条广泛意义上的规则去迎合数据中呈现出来的语言型式,而是要观察具体细微的语言个体,并基于观察形成能够说明语言使用规律特征的表述,同时要排除那些早已习以为常的但不符合语言使用特征的观点或者论点。如上一节所述,语料库语言学,属于描写性语言学研究范畴,其重要的目标或者任务是描写语言使用中产生的意义,设计完善、代表性高的语料库,为语言意义研究提供了大量的可靠的语言数据。从方法上来讲,用语料库来研究意义,通常要从阅读索引行开始。索引行(concordance)一般以"语境中的关键词"(keyword in context)的形式呈现,即以关键词为检索节点词,并以其为中心,显示左右一定跨距范围内的文本语境,并且将从语料库中检索到的所有节点词的例子纵向排列。目前,大多数语料库检索软件,如 WordSmith Tools、AntConc、Lancsbox,以及在线语料库检索平台 BNC、COCA 等,都具有检索索引行的功能。图 5-1 就是用 AntConc 软件,以"book﹡"(﹡是通配符,表示检索的节点词前四个字母是 book)为节点词检索的索引行。

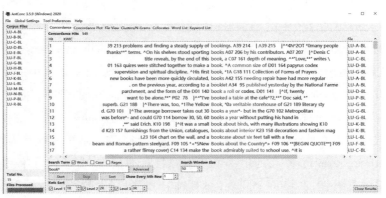

图 5-1 以"book﹡"为节点词的索引行

从语料库中提取索引行之后,我们该如何进行观察呢? 如果一个语料库的库容很大,检索节点词又是一个高频出现的词,从语料库中提取的索引行数量就会很大,我们很难一下子全部观察完。通常情况下,我们会很快地浏览一下索引行,然后从中随机抽取一些进行观察,对数据进行归类,找到规律性的型式特征。之后再进行随机抽样,一方面证实已经找到的型式特征,大致了解不同的型式特征的频数;另一方面找到新的型式变化。重复这个过程,总结所找到的主要型式具有的数量特征。经过几次这样的重复,直至在随机抽取的样本中,不再有新的型式特征出现,或者只有极少的新型式出现,这时,我们可以停止继续阅读观察索引行,并且大概率不会漏掉任何重要的型式特征。

阅读索引行可以遵循如下几个具体的步骤:

第一步:起始(initiate)。观察直接出现在节点词右面的词,特别关注那些重复出现的词。然后观察直接出现在节点词左面的词,找到最为明显的规律特征,作为下一步分析的起点。

第二步:解读(interpret)。基于观察到的重复出现的词,形成语言假设,该假设能够将这些词联系起来。例如,这些词都具有同一种词性,或者他们可能共享某种语义,等等。

第三步:加固(consolidate)。如果在第二步中能够成功地形成语言假设,那么要找到更多的其他的语言证据来支持这个假设。例如,其他的能够接近你所设置的语言标准,或者能够表达详尽意义的不同结构形式,等等。

第四步:报告(report)。当你穷尽所观察到的型式,并且不断修正假设使之变得足够灵活和令人信服之后,将语言假设准确清晰地书写下来,便于之后进行进一步检验。

第五步:循环(recycle)。观察检索节点词附近出现的其他重要型式特征,重复上述步骤,找到最为显著的型式特征。

第六步:结果(result)。制作最终的假设列表,并将它与开始观察到的报告相关联。

第七步:重复(repeat)。从语料库中再随机抽取一批样本,并且将之前的观察报告应用到对这批数据的分析中。重复上述步骤,对已有的语言假设不断进行验证、延展或者修正。

第八步:终止(stop)。根据数据的复杂程度,经过几轮重复之后,之前做出的语言假设已经成立,若继续分析下去,我们也不会再发现新的规律性特征,只会在已经找到的范畴内增加例子。如果研究是小规模的,这个时候就可以终止观察索引行。如果是更加彻底的研究,那么我们可以通过猜测其他单词或者短语进行个案分析。当检索到的索引行的数量很大时,尝试观察分析每一条索引行,实际上是不明智的,也是不可取的。

接下来,我们以辛克莱教授的经典案例为例,来具体介绍如何通过阅读观察索引行,找到语言的意义单位。检索节点词是 naked eye,语料库是 BNC 网络版。图 5-2 是我们截取的部分索引行。

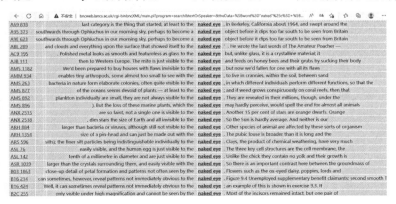

图 5-2　节点词 naked eye 在 BNC 中的部分索引行

传统的语言学观点认为，单词具有核心意义（core meaning），但是很明显，这种观点无法解释 naked eye 的意义，因为 naked eye 的意义无法用两个词的所谓核心意义相加得以解释，即"不加遮掩的视觉器官"。那么，我们通过阅读观察索引行，具体来看由 naked eye 所构成的意义单位到底表示什么含义。

我们首先观察位于 naked eye 右边的第一个位置，发现基本上是标点符号，这说明这个意义单位到这里基本上就停止了。因此，我们主要观察位于 naked eye 左边的位置。在左边第一的位置上，我们发现高频出现的词是定冠词 the，很少情况下出现了不定冠词 a。通过分析发现，两种情况表示的意思不同。鉴于 the 出现的频数占据绝大部分，因此我们把 the 以 naked eye 的搭配词的形式记录下来，即"the＋naked eye"。

接下来观察位于 naked eye 左边第二的位置，我们发现出现了 to、with、from、by 等词。这时，如果我们按照处理定冠词的方法，将这些词以搭配词的形式写进意义单位的话，意义单位的描写会显得比较复杂。经过分析这些词，我们发现，它们具有一个共同的属性，即同属于介词。因此，我们以类联接的方式将它们写进意义单位，即"prep.＋the＋naked eye"。

接着向左观察，我们发现共现的词语变化多样，如 visible、invisible、see、seen、detectable、obvious、show、perceive、indistinguishable、look、hidden、unnoticed、discernible、view、noticeable、identified、detect、gauge 等，这里面有动词，也有形容词，用类联接的方式显然不能概括它们的属性特征。经过分析发现，这些词共享同一种意义，即"可见性"。因此，我们选择比类联接更加抽象的范畴，即语义倾向，来说明这些词的特征，并写进意义单位中，即"visibility＋prep.＋the＋naked eye"。

对意义单位的观察并没有结束，继续向左观察（必要时需要向右跨越标点符号观察），我们无法找到具有类联接，或者语义倾向特征的词语。但是，周围出现了诸如 hardly、small、faint、weak、difficult、easy、not、finest、slight、no、slight 等词语，从中我们解读出一种表示"困难"的态度评价义。因此，用更为抽象的语义韵来说明它们的特征，并写进意义单位中，即"DIFFICULT＋visibility＋prep.＋the＋naked eye"。也就是说，当说话者使用由 naked eye 组建的意义单位时，通常是要表达一种用肉眼很难看到的态度义。当继续向左向右观察至再也无法找到明显的规律性特征时，我们认为已经找到了意义单位的边界，此时就可以终止阅读观察索引行了。

5.1.3 搭配计算

辛克莱教授提出两种截然不同的意义解读原则，用于阐释语言文本如何产生意义。这两种原则中的任何一种都不足以完全说明意义的产生，它们分别是"开放—选择性原则"（the open-choice principle）和"习语原则"（the idiom principle）。第一种原则是把语言文本看成是大量的复杂性选择的结果，在每一处完整的单位上（可能是一个单词，也可能是一个短语或者小句），都有大量的可选项，判断填充到该位置上的选项是否合适的唯一标准是"合乎语法性"（grammaticalness）。这个原则也可以被称为"空缺—填充式"模型。该模型将语言文本看成一系列不同的空缺，从满足当下语法限制的词库中（lexicon）选取填充项。截至目前，几乎所有的语法都是建立在开放—选择性原则的基础上的。

但是，显而易见的是，文本中词汇的出现不是随机的，开放—选择性原则也无法充分地解释文本中出现的连续性选择。也就是说，我们不能够仅仅依靠开放—选择性原则产出正常的文本，同时还要依靠另外一种，即习语原则。该原则认为，语言使用者拥有大量的半预制性短语，这些短语在结构上呈现单一选择性特点，尽管它看起来可以被拆分成多个成分。这一点是符合我们实际使用语言时遵循的省力原则的,尤其是在口语交际中,说话者会受到实时对话产生的紧急性的影响,不会总是依靠开放—选择性原则来产出语言,而是使用大量的半预制性短语。

习语原则关照下的语言具有如下一些重要特征(Sinclair, 1991:111-112):

(1) 许多短语具有一定的不确定性。例如,短语 set eyes on 似乎要与人称代词充当的主语搭配使用,并且可能会与 never 或者其他表示时间维度的连接词,如 the moment、the first time 等,以及作为助动词的 has 搭配。但是,关于这些词是否属于短语 set eyes on 的内部成分,尚无法给予准确判断。

(2) 多数短语的内部在词汇上具有一定的变化。例如,我们既可以说 in some cases,也可以说 in some instances。

(3) 多数短语的内部在词汇句法上具有一定的变化。例如,短语 it's not in his nature to,其中,动词的位置上可以是 is,也可以是 was,还可以包括情态助动词,not 可以被其他表示否定含义的词替代,如 hardly、scarcely 等。介词 in 是固定不变的,但是人称代词 his 可以被其他的物主性代词所替代。单词 nature 是固定不变的。

(4) 许多短语在内部词汇顺序上允许一定的变化。如 it is not in the nature of an academic to recriminate 可以变成 to recriminate is not in an academic's nature。

(5) 许多词语或者短语以强搭配的形式吸引其他词。如 hard 可以与 work、luck、facts、evidence 等词构成强搭配。

(6) 许多词语或者短语展现出与一定的语法选项共现的趋势。例如,动词短语 set about,当其表示开始时,会与动名词搭配使用,如 set about leaving,并且这个动名词具有及物性的特征,如 set about testing it。

(7) 许多词语或者短语倾向于出现在一定的语义环境中。例如,动词 happen 经常会与表示不开心的含义的词搭配使用,如 accidents 等。

虽然两种原则不同,但在真实的语言交际中,两种原则并不是相互不兼容的。但是,首先被使用的应该是习语原则,虽然有时候会转换成开放—选择性原则,但总是很快会被再次使用。关于这一点,目前已经有许多实证性研究给予证实。

搭配的使用很好地诠释了习语原则。如果说弗斯的搭配还是停留在概念层面的话,辛克莱则通过计算搭配力来评估词语之间的搭配强弱。当两个具有不同频数的词语呈现显著性搭配关系时,这种搭配关系对于描写这两个词中的任何一个都会具有不同的价值。比如,当单词 a 的频数是单词 b 的频数的两倍时,那么它们之间的每一次共现对于单词 b 而言,其重要程度是单词 a 的两倍。因此,当计算和评估单词 a 和单词 b 的所有共现数值时,一个数值被记录在单词 a 轮廓中,另外一个数值会是第一个数值的两倍大小,被记录在单词 b 轮廓中。我们将搭配中的成分,一个命名为节点词(node),另一个则命名为搭配词(collocate)。以上述单词 a 和单词 b 为例,我们可以区分出两种搭配类型。当单词 a 是节点词,单词 b 是它的搭配词时,这种搭配被称为“下行式搭配”(downward collocation),即一个常见的词与一个不常见的词的搭配。如果单词 b 是节点词,单词 a 是搭配词,这种搭配则被称为“上行式搭配”(upward collocation)。这两种搭配具有明显的差异。上行式搭配在统计学意义上呈现出较弱的型式,搭配词通常会是一些语法框架里的成分,或者是一些上义词。而下行式搭配则相反,通常能够让我们对词语进行语义分析,因此成为研究的重点。

在搭配计算中,有两个基本概念需要介绍,即形符(token)与类符(type)。所谓形符就是文本中的一个个单词,如一篇长度为 100 个单词的文本就包括了 100 个形符。类符指任何一个不同的词。因此,在一篇文本中,单词 the 只能按一个类符来计算,但可以计算成好多个形符。由于语义没有考虑进去,计算机在统计类符时,是依照词语的拼写来的,任何两个拼写相同的形符都属于同一个类符。此外,还有另外两个概念需要介绍,一个是跨距(span),另一个是跨距位置(span position)。当单词 a 是搜索节点词时,搭配词 b 出现在它的左边第一的位置上,我们说单词 b 是位于节点词左一跨距位置上的搭配词,以此类推。在计算搭配时,我们会设定一定的跨距范围,如位于节点词 a 左边和右边各四个单词之内,这就是所谓的搭配研究的"九词窗口"。搭配力的计算就是要测量出位于节点词的某一个跨距位置或者跨距范围内的词与节点词共现的显著性,从而判断它们之间的搭配强度,实际上就是借助统计推算它们共现的概率大小。

之所以区分跨距位置和跨距范围,是因为有些搭配是与位置相关的,而有的则是位置自由的。计算搭配强度的主要算法包括:互信值(MI, mutual information)、Z 值(Z score)、T 值(T score)、卡方值(X^2)、对数似然比(Log-likelihood)等,这些算法各有优劣,目前多数语料库检索软件会选择不同的算法来计算搭配词,计算方法不一样,得出的结果也多少会有些差异。如 AntConc 软件提供了 MI 值、对数似然比和 T 值的算法选择,见图 5-3。

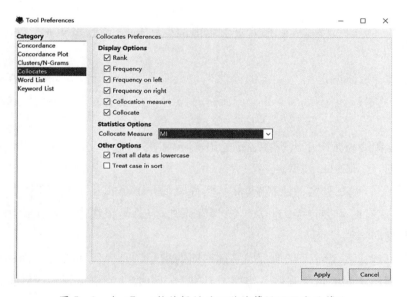

图 5-3　AntConc 软件提供的四种计算搭配强度的算法

WordSmith 软件使用的计算方法包括互信值、对数似然比、Dice 系数、Z 值、T 值和 Delta P 值等。另外,WordSmith 软件可以统计出跨距位置上的搭配词,而 AntConc 软件只给出跨距范围内的搭配。

接下来我们通过搭配词分析的方法来区分单词在不同语境中的意义。单词选择动词 provide,使用的语料库是一个英语通用语料库 FLOB。考虑到动词时态的问题,检索节点词设置成 provide、provides、provided,跨距范围设置为节点词左 2 和右 2,使用的检索软件是 WordSmith,目的是分析搭配词的具体位置。图 5-4 是软件显示的部分搭配词及其位置。

先从左边位置的搭配词开始分析,我们发现主要是一些代词或者情态助动词,它们在区分动词 provide 意义上作用不大,暂且忽略。除此之外,还有一些名词,如 act、scheme、facilities、framework、constitution、allowance、plan 等,它们只出现在了动词的左边,通过阅读索引行我们发现它们主要作动词的主语,并且有些时候动词后面会添加 that 连接词。这时,动词 provide 表示的意思是规定、明确

N	Word	With	Set	Texts	Total	Total Left	Total Right	L2	L1	Centre	R1	R2
3	TO	provide		9	62	61	1			61		1
4	THE	provided		9	50	18	32	18			13	19
5	PROVIDES	provides		9	42	0	0			42		
6	THAT	provided		7	24	4	20	2	2		17	3
7	BY	provided		10	23	0	23				20	3
8	FOR	provided		10	18	0	18				18	
9	WITH	provided		6	17	1	16				7	9
10	IS	provided		5	15	13	2	2	11		1	1
11	AND	provide		5	13	8	5	7	1		1	4
12	THE	provided		7	13	0	13				11	2
13	BE	provided		6	11	11	0		11			
14	TO	provided		6	11	5	6	5			3	1
15	AN	provide		6	11	0	11				11	
16	WAS	provided		6	10	10	0		10			
17	FOR	provide		5	9	1	8				5	4
18	THE	provide		7	9	1	8	1			5	3
19	IN	provided		4	9	1	8	1			7	1
20	IT	provides		6	9	9	0	3	6			
21	ARE	provided		5	8	7	1	2	5			1
22	AND	provided		5	8	4	4	2	2		3	1
23	THEY	provide		5	7	7	0	5	2			
24	IT	provided		5	6	2	4		2		1	3
25	FOR	provides		5	6	1	5				5	1
26	HE	provide		3	6	3	3	3			2	1
27	WOULD	provide		5	6	6	0		6			
28	WHICH	provide		5	6	6	0		6			
29	WILL	provide		5	6	6	0		6			
30	THAT	provides		4	5	1	4				1	4
31	THEM	provided		4	5	0	5				1	4
32	CAN	provides		2	5	5	0	1	4			
33	AN	provides		4	5	0	5				4	1

图 5-4　WordSmith 软件统计出动词 provide 在 FLOB 语料库中的部分搭配词

要求、公布、声明，即声明或者要求动词后宾语从句中的事情将要发生，如"The Act provides that only the parents of a child have a responsibility for that child's financial support"。

然后观察位于动词右面的搭配词，除了一些代词等语法词之外，还出现了一些名词，如 means、accommodation、service、support、water、evidence、opportunity、information、money 等。当动词 provide 与这些词搭配使用时，表达的意思是给某人提供他所需的物品，或者是给他人物品，如"The members felt that it provided them with an opportunity for worth-while Christian activity"。

从上面的例子可以看出，搭配词分析可以区分词在具体语境中的意义，搭配也充分证明，语言的使用是遵循习语规则的。脱离了语境，单个单词的意义是不确定的。传统语言学认为语言存在歧义问题，实际上是因其采用了最小路径，把单词界定为语言的基本意义单位。但歧义并不是语言的本质属性，是语言学家在描写意义时使用了错误的方法所导致的。如果我们采用最大路径，在分析语言意义时，将与单词共现的文本语境（当然包括搭配在内）都考虑进去，歧义是不存在的。正如动词 provide 的意义，根据前后共现的搭配词不同，其表达的意义也是不同的。我们在实际语言交际过程中，歧义很少发生，否则正常的交际是无法进行的。

短语学是语料库语言学最主要的研究内容，其主要目标是描写真实语言使用中的意义。短语学又包括了许多不同的内容，虽然这些研究都关注短语，但分析视角还是具有差异。本章节重点介绍了一些常见的短语分析方法，为开展文本意义分析提供了方法论上的支撑。

? 思考与讨论

（1）有学者认为，弗斯确立了语料库语言学研究框架，而后来者如辛克莱等只是按照这一框架进行填充。你认为这种观点对吗？为什么？

（2）语料库语言学视角下的短语学研究具有哪些重要的特征？

推荐阅读

［1］Sinclair, J. (1991). Corpus, Concordance, Collocation ［M］. Oxford: Oxford University Press.

［2］Granger, S. & Meunier, F. (2007). Phraseology: An Interdisciplinary Perspective ［M］. Amsterdam/ Philadelphia: John Benjamins Publishing Company.

5.2 ▸ 语料库文体学研究

所谓文体学,指用各种语言分析的工具和手段来研究文学作品中的语言特征,属于实证研究的范畴。文体学常用的分析方法是将语言学科中现有的范畴体系应用到对诗歌和散文等文学作品的分析中,涉及语言的语音、句法和语义,并且语言学其他研究领域如社会语言学、语用学、认知语言学、历史语言学等中的理论和分析技术同样也可以被拿来分析文学文本。

文体学分析依赖的是文学文本中的语言证据,而语料库语言学研究,作为一种语言描写的实证研究,依赖的也是语料库中收集到的语言使用的证据。基于这一点,有研究者开始将语料库方法应用到文体学研究中,语料库文体学应运而生,并受到越来越多研究者的关注。英国伯明翰大学的米凯拉·马赫伯格(Mahlberg, 2007)认为,尽管很难判断语料库文体学的独立学科属性,但语料库文体学所使用的具有革命意义的语言描写工具,不仅可以解释文本特征,还可以与文学解读关联起来。

5.2.1 使用基于语料库方法的优势

众所周知,传统的文体学研究基于的是研究者个人广泛的阅读经验,在分析的过程中,研究者会从先前的阅读中寻找例子来说明或者验证某些假设。这种研究范式比较适合研究小说文本中的会话或者人物的思想活动。但是研究者主要是靠手动的方式来收集文本中的证据,无法保证数据的完整性和系统性。德国的叙事学学者多丽特·科恩(Dorrit Cohn, 1924—2012)在分析小说文本中的人物思想活动时,就用手动的方式收集了大量的语言证据。科恩(Cohn, 1978:v)说:"基于一些基本的叙事理论,我能够漫游在叙事文学中,挑选出作品,或者从作品中挑选出片段,它们能够很好地诠释完整的分析的幅度,让这些文学作品展露出无法一眼就能被看到的色调"。尽管在她所处的那个年代,计算机技术还不发达,语料库建设也才刚刚起步,语言学界还没有多少人会在研究中用到语料库,但她的思想与之后的基于语料库的文体学研究却具有相似之处,即只有通过分析大量的语言事实,才能够揭示文本中一些并不显而易见的特征。只不过,现代的语料库技术在设计标准、文本取样、语料提取与统计上更加精细和系统。如果科恩生活在我们这个时代,估计她一定会将语料库应用到叙事文学研究中去。

另外一个德国的英国文学教授,同样也是叙事学研究者的莫妮卡·弗卢德尼克(Monika Fludernik)就提出可以在叙事文学文本分析中使用语料库,她认为统计分析以及量化结果可以用来证实、修饰或者驳斥观点和假设。但是,她在研究中最终还是没有使用语料库,因为她认为基于语料库的方法会限制她只能研究某一种语言或者国家或者时期的文学作品,并且语料库以及语料库的信息标注会产生严重的方法上的问题,毕竟标注的信息是对相关范畴的恣意性界定。尽管这些都是弗鲁德尼克对语料库以及标注信息认识不够全面而造成的,但她所提出的统计分析也有局限性的观点还是有一定道理的,这也是为什么目前语料库文体学将定量和定性方法相结合的原因。

英国的兰卡斯特大学(Lancaster University)最早和挪威的奥斯陆大学(University of Oslo)、卑尔根大学(University of Bergen)共建了世界上第一代大型电子语料库,即 LOB 语料库(The Lancaster-Oslo/Bergen corpus),并且建成了英国国家语料库(The British National Corpus),成为英国乃至世界范围内主要的语料库语言学研究中心。兰卡斯特大学的托尼·麦克内里(Tony McEnery)教授组建了 ESRC – CASS 研究中心(ESRC Center for Corpus Approaches to Social Science),带领一大批优秀学者,致力于语料库在社会语言学、语用学、语篇研究、语言比较与翻译研究以及语言教学等方面的应用,取得了丰硕的研究成果,麦克内利教授也在 2012 年当选英国社会科学院院士。但是,必须指出的是,并不是所有的语言学研究者都赞成使用基于语料库的研究方法,尤其是对于许多文体学研究者而言,语料库自身有一定的局限性。那为什么还要使用基于语料库的方法来开展文体学研究呢? 这主要是因为基于语料库的方法为文体研究提供了非常好的研究工具。例如,语料库中丰富的语言事实可以用来证明某种文体研究的分析模型是否合乎需求,存在哪些问题,以及如何完善等,这是传统文体研究所依赖的便捷式文本或者基于语言直觉的零散的例子所无法比拟的。为了保证语料库的质量和系统使用,相关研究者不仅要提高语料的代表性,而且要对文本进行必要的标注。

如前所述,目前基于语料库的文体学研究通常是将定量与定性研究相结合。所谓的定性,指在研究的过程中,研究者会利用语言直觉进行理论探讨或者阐释文本。另外,研究者也会调查读者对文本的反应,并将分析结果与其他的文体学研究和文体学理论进行对比。之所以将定量与定性相结合,主要目的是要深入探究读者是如何与文本进行交互并理解,以及获得与文本理解、文本反馈以及文本类型等相关内容的普遍性理论。学界已经有许多研究者进行基于语料库的定量和定性相结合的文本学研究,并取得了卓有成效的研究成果。例如,英国著名应用语言学家以及语料库语言学家迈克尔·斯图布斯(Michael Stubbs, 1996)就曾经使用基于语料库的方法,通过定量与定性相结合,研究了英国作家及国际童军运动创始人罗伯特·贝登堡(Robert Baden-Powell)的作品文本风格,即贝登堡如何在女童子军和男童子军中对同一类词项进行不同使用。另外,英国另一名著名的语料库语言学家比尔·洛(Bill Louw, 1997)也使用了同样的方法,调查研究英国诗人菲利普·拉金(Phillip Larkin)在他的诗"First Sight"中,如何使用单词"utterly"在诗的结尾处营造出一种强烈的威胁感。

很明显,多数研究者认为,在文体学研究中,语料库语言学方法要与基于语言直觉的方法搭配使用,这可以成为基于语料库的文体学研究。但是,也有学者,如马赫伯格教授提出,可以尝试使用语料库驱动的方法来研究文学作品的文体特征,并且提出将局部文本功能(local textual functions)作为工具,可以在文体分析中实现语料库驱动。在她看来,语料库语言学与文学文体学有着天然的联系。二者都对语言的意义和形式感兴趣。文体学强调说什么以及怎么说,语料库语言学则认为讲话的内容依赖讲话的形式,而形式可以通过语料库的方式发现。当然,二者也有区别。文体学更加关注是什么让文本别具特色,并且研究那些背离语言标准的语言特征,因为正是这些特征起到了文学效果,反映了作家语言使用的创造性。而语料库语言学主要关注多个文本中重复出现的典型的语言特征。但是用语料库的方法来研究文本特征时,可以通过将某一个特定文本与其他多个文本进行比较,从而找到该文本中出现的某种倾向性,并折射出社会或者文化语境。

5.2.2 语料库建设与标注

语料库文体学研究需要语料库作为支撑,因此,建设合适的语料库成为该类研究的基础。研究结果的质量取决于语料库的质量,而衡量语料库质量的标准又包括语料的代表性、取样的科学性、语料内容的平衡性等。用于文体学研究,特别是文学文体学研究的语料库建设与通用语料库的建设既有相似,也有不同,在语料库框架设计、样本取样、语料标注等环节上具有自身的特点。我们接下来以塞米诺和肖特(Semino & Short, 2004)的研究为例,重点说明用于文体学研究的语料库建设和标注等问题。

塞米诺和肖特(Semino & Short, 2004)的研究是宽泛意义上的文体学研究,并没有仅聚焦于文学作品,因此他们的语料库包含了三种主要的体裁,即散文小说、报纸新闻报道、传记和自传。语料是 20世纪的英国英语书面语,共 120 篇文本,每个文本长度为 2 000 个单词,总库容为 258 348 个形符。每个体裁又可分为严肃类文本和通俗类文本两个子类,如报纸新闻报道可分为大幅报纸新闻和通俗小报新闻。文学和传记又按照第一人称叙事和第三人称叙事做了子类的区分。之所以做这样的划分,主要是因为他们的研究关注叙事,即文本如何将涉及一个或多个特殊个体的至少两个以上的事件关联起来,这些事件可能是按时间顺序发生,也可能是任意关联。从这一点可以看出,研究者建设语料库一定要与自己的研究目的相关,换言之,语料库要服务于研究目的。另外,之所以选择叙事类文本,主要是因为他们认为叙事类文本能够展示事件参与者的语言以及思想,而这些又是研究文体的核心元素。

那他们为何设计上述三种体裁呢?这主要还是与他们的研究目的相关。首先是散文小说类。他们之所以选择散文小说,不单单是因为要研究文学文本,而是因为传统的语篇表征研究主要集中于散文小说,而他们的研究目的之一就是要通过使用语料库的方法挖掘散文小说中言语和思想表征的规律性特征。例如,他们想在语料库中通过大量的语言数据来验证里奇和肖特(Leech & Short, 1986)提出的分析模型。其次是新闻报道类。新闻报道的语言具有较高的文化显现度以及广泛的传播性,并且不同于文学语言,从本质特征上来讲,属于叙事体。他们选择了所谓的"硬新闻"作为语料,避免了"软新闻"的内容。"硬新闻"主要报道事故、冲突、犯罪、宣告、发现或者其他受到关注的事件,而所谓的"软新闻"没有时间因素的限制,并且在功能上较少具备叙事性。另外,他们还专门选取了新闻报道中的话语演说式的材料。第三是传记和自传体语料。选择这些语料主要是基于以下考虑。传记和自传体裁的文本除了本身具有的叙事特征以及广泛流传性之外,与散文小说以及新闻报道体裁的文本相比,既有相似性,又有区别。与新闻报道一样,传记和自传属于非小说类体裁,但是又具备一些近似于文学的特征。它们在功能上兼具知识性与趣味性。也就是说,传记和自传中包含大量的人物对话,而这些对话往往会使用一些类似于文学作品中的叙事技巧。基于这三点考虑,他们在建设语料库时,主要选择了上述三大类的体裁语料。

塞米诺和肖特(Semino & Short, 2004)对三类体裁的语料进行了再分类,划分出严肃类和通俗类这两个子类,当然,这种分类法也受到了学界的质疑,因为没有一个严格的标准将这两类区分出来。之所以这么区分,除了他们认为可以从文本的外部特征进行划分之外,更重要的是,严肃类和通俗类体裁的文本可以代表不同的文化范畴,包含了不同的语言要素。语料库可以定量分析这些语言要素的分布特征。当然,在实际操作中,严格区分严肃类和通俗类体裁的文本也会遇到诸多问题,有时候的界限并不是特别清晰,对文本的取样提出了更高的要求。塞米诺和肖特主要依靠如下标准筛选样本,用来区分严肃类文本与通俗类文本:①参照已有的相关语料库的分类标准;②参考项目组所有成员的意见,遵循少数服从多数的原则;③书籍出版和销售策略以及在图书馆和书店的图书分类;④重要文学奖项的候选名单。为了获得样本之间的平衡性,他们借鉴了Brown语料库和LOB语料库的做法,控制每个样本的平均长度约为2 000个词,但是为了最大程度地保留原文本的完整性,根据长度的要求,截取文章的一个章节,或者章节中的一个部分,或者至少完整的段落。这样做的目的,就是在有限的篇幅里,尽量保留充分的语境,用来理解文本中的叙事特征。最终,他们收集了120篇文本,每一个子类包括40篇。

从塞米诺和肖特(Semino & Short, 2004)的例子来看,设计建设一个专门用于文体学研究的语料库是一件科学严谨的事情,必须要从研究目的出发,在语料库的框架结构、样本分类、取样方法、文本长度、预计库容等方面精心设计,才可能保证语料库的质量,才有可能保证研究结果的可信度和可靠度。语料库建成之后,一般情况下研究者还需要对语料库进行标注。这里的标注主要是对文本添加阐释性或者理解性的信息,如词性信息、句法信息、语义信息、语用信息等。具体标注什么信息,如何标注,要根据研究者的研究目的而定。

有的语料库的标注可以完全依靠计算机自动标注,如词性信息、句法信息,但是用于文体学研究的语料库,其中语言的语篇信息、语用信息尚无法做到完全自动标注(部分语义信息可以进行自动标注,如兰卡斯特大学开发的 Wmatrix 系统平台可以进行语义的自动标注),因为语篇和语用信息涉及大量的语境因素,往往需要借助研究者的推断才能被识别出来,而且目前相关的分类范畴还不统一。因此,研究者通常会根据自己的研究目的,设计相应的标注范畴,进行手动标注,为了保证标注的科学性和一致性,语料库建设团队会多人同时标注,并进行交叉检查,不一致的地方经讨论后统一。当然,整个过程是耗时费力的,并且无法完全确保其标注的准确性。

5.2.3　分析方法和路径

语料库文体学研究者将语料库语言学的分析方法和路径应用到对文体学的研究中,因此,不同的研究者往往会采用不同的方法。囿于篇幅,我们选择一些经典案例来阐释语料库文体学的分析方法和路径,以期给相关研究者以启示。

首先是英国的语料库语言学研究者马赫伯格教授,她主张使用语料库驱动的方式,通过提取词丛(clusters)的方法,提出"局部文本功能"的概念,作为重要的描写工具,对小说文本进行文体学分析。提取词丛是语料库语言学分析的常用方法,也是马赫伯格进行文体学分析的起点。所谓词丛指的是"在文本中前后相连的一组词"(Stubbs, 2004:204)。美国的比伯教授将词丛重新命名为词束(lexical bundles),也有研究者称之为 N 元结构、重现词语组合等。当然,这些不同的术语虽然都是针对同一种语言现象,但在具体的界定和研究方法上还是存在着差异。

与一般意义上的语料库研究不同,语料库文体学研究更加关注某一特定文本中的个性特征。所以,多数语料库文体学研究者会选取某个作家的某一部作品,通过提取文本中的词丛,与其他大型的通用语料库进行对比分析。马赫伯格采用的研究方法不同,不仅同时分析同一个作者的不同作品,而且在对比语料库的选取上,也采用了大型的文学作品语料库。另外,与其他的词丛(或者词束)研究也不同,她对于词丛需要在足够的文本数量中出现这一要求也不做限制,也就是说,她的研究也关注单个文本的特征。她对提取的词丛进行局部文本功能的描写。所谓局部,是为了与广泛意义上的功能概念进行区分,从文本中提取的词丛可以作为分析局部文本功能的起点,特有的词丛会与一定的局部功能相关联,而这些所谓的功能是专门针对文学文本来说的。

马赫伯格自建了狄更斯小说语料库,包括 23 本小说作品,库容为四百五十万个形符,另外,她还建成了一个广泛意义上的小说参照语料库,其中包括 19 世纪 18 名作家的 29 本小说,库容也是四百五十万个形符。语料库建成后,她使用语料库检索软件 Wordsmith Tools,在狄更斯小说中提取了三词、四词和五词的词丛。图 5-5 展示了 Wordsmith Tools 提取词丛的功能界面。

多数语料库检索软件都有词丛提取功能。词丛提取是一个机械切分的过程,如对句子"I saw a saw saw a saw"进行三词词丛的切分,结果会得到 I saw a, saw a saw, a saw saw, saw saw a, saw a saw,其中 saw a saw 重复一次,频数为 2,其他的词丛出现频数为 1。很明显,这种机械切分无法保证词丛在结构和意义上的完整性,这也是许多研究者诟病词丛(或者词束)研究的主要原因。但是高频出现是词丛最主要的特征,高频出现即意味着该语块具有一定的功能和价值。从图 5-5 中可以看出,在提取词丛时,研究者可以进行一些参数的设置,如词丛的长短、最小出现频数、词丛出现的语境等。马赫伯格在她的研究中,对狄更斯小说语料库分别进行了三词、四词和五词词丛的切分和提取。

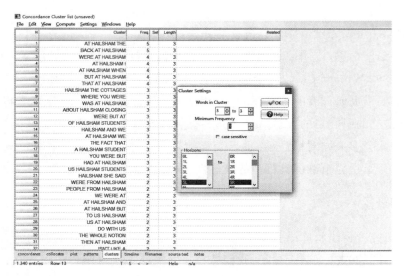

图 5 - 5　Wordsmith Tools 提取的三词词丛

美国的语料库语言学家比伯以及他的工作团队在研究词束时指出,三词词束是最常见的,因为它们是一种扩展的搭配关联(extended collocational association),而较长的词束则相反,出现频数不高,但在本质上更具有短语特性,因此长的词束更能够反映出某个文本的文体风格特征。马赫伯格在她的研究中,选择了五词词丛,因为经过观察,她发现在狄更斯小说中,五词词丛一方面具有一定的灵活性,分布在狄更斯的多部作品中,另一方面具有一定的频数,足以进行详细的分析。但是,需要指出的是,词丛研究对于最低频数要求的设置没有统一的标准,研究者一般会根据经验进行设定。马赫伯格在她的研究中,将最低频数设定为5,分别在狄更斯小说语料库中获取 4 904 个不同的五词词丛,在参照语料库中获取 3 409 个五词词丛,两个列表中具有重合的部分。在此基础上,她又利用 WordSmith Tools 中的关键词词表(keyword list)功能,提取了狄更斯小说中的关键词丛。

关键词提取是多数语料库检索软件都具有的另一个重要功能。所谓关键词,指与一个大型通用语料库相比,在一个小型专用语料库中异常高频出现的词。计算词的关键性(keyness),需要四个参数,即某词在小型语料库中出现的频数、它在参照语料库中出现的频数、小型语料库的库容,以及参照语料库的库容。通过对数或然值或者卡方的检验,研究者能够得到小型专用语料库中的正向关键词表和反向关键词表。正向关键词表(positive keyword list)指与参照语料库相比,在对比语料库中出现频数比期望值高的词,而反向关键词表(negative keyword list)指出现频数比期望值低的词。正向关键词表能够反映出对比文本的主题。马赫伯格根据这个原理,提取了狄更斯小说语料库中的关键五词词丛表,见表 5 - 1(Malhberg, 2007)。

表 5 - 1　狄更斯小说中的关键五词词丛表

Rank	Cluster	D Freq.	D Texts	19C Freq.	19C Texts	Keyness
1	his hands in his pockets	90	20	13	8	65.07
2	the father of the marshalsea	45	1	0	0	62.60
3	the person of the house	37	3	0	0	51.47

(续表)

Rank	Cluster	D Freq.	D Texts	19C Freq.	19C Texts	Keyness
4	do me the favour to	32	12	0	0	44.52
5	as if he would have	41	15	2	2	43.62
6	what do you mean by	73	18	15	11	41.92
7	with his hands in his	60	20	12	7	35.17
8	go so far as to	24	13	0	0	33.39
9	i beg your pardon sir	56	16	11	9	33.27
10	how do you find yourself	23	11	0	0	31.00
11	as if he were a	45	16	7	4	31.19
12	hands in his pockets and	40	17	5	4	31.16
13	with his hand to his	31	10	2	2	30.80
14	on the part of mr	34	11	3	3	30.62
15	who had by this time	22	10	0	0	30.61
16	the lady of the caravan	22	1	0	0	30.61
17	on the top of his	21	12	0	0	29.21
18	the old man with a	21	6	0	0	29.21
19	on the part of the	65	17	18	13	28.49
20	how do you do mr	29	11	2	2	28.28
21	as if he were going	32	12	3	2	28.19
22	captain gills said mr toots	20	1	0	0	27.82
23	upon my word and honour	25	8	1	1	27.68
24	beg your pardon sir said	25	6	1	1	27.68
25	as if it were a	72	18	23	12	26.77

　　上表右边五栏数据从左到右分别表示，该词丛在狄更斯小说语料库中出现的总频数、在狄更斯小说语料库中出现的总文本数、在参照语料库中出现的总频数、在参照语料库中出现的总文本数，以及经过统计后获取的该词丛的关键性。

　　接下来，对关键词丛表进行分析，从中找到文体特征。分析是多维度的，一种是对词丛进行结构分类，另外一种是分析词丛在文本中的功能。语料库驱动的方法意味着在分析数据之前，不做任何的先验性假设，另外，分析的过程是个动态的过程，研究者会随着观察的深入对描写分类的标准进行调整。马赫伯格在她的数据中，归纳总结出具有五大功能的词丛，即标签类词丛、口语类词丛、as if 词丛、身体部位词丛、时间空间词丛。

　　所谓标签类词丛，指词丛中包含小说主人公的名字，如"Mr Pickwick and his friends"，或者比较通用的标签，如"man of the name of"。另外，有的标签类词丛虽然没有明显的名字或者相关的表述，但有与文学作品中某一个特定人物或者概念相关联的表述，这些表述往往只在一个文本中出现。口语类词丛包括第一或者第二人称代词，表示一种交互关系，又可细分为与对话或思想活动相关的词丛，如"do me the favour to""what do you mean by"等。as if 类词丛表示以 as if 开始的词丛,如"as if he were going to"。身体部位词丛指包括至少一个名词用来指代人类身体部位的词丛,如"his hands in his pockets"等。时间空间词丛指包括一个指代时间或者空间名词的词丛,可以有介词,也可以没有介词。有的词丛尽管不包括时间或者空间名词,但整体上具有表示时间或者空间的功能,如"after a great deal of"等。使用语料库驱动的方法一定会出现无法进行分类的例子,但其数量不会太多,一般会按照其他类做处理。

这五类词丛最基本的功能是:标签类词丛用来表征人物、地点和事件的特征,口语类词丛用来表达人物之间的互动,身体部位词丛用来描写表情和移动,as if 词丛用来对比和比较创建文本中的世界,时间空间词丛将人物的行为与发生的时间和地点关联。接下来我们需要将词丛置于更大的文本语境中,通过仔细观察索引行,然后观察它们在更广的文本语境中所发挥的功能。这一环节非常重要,因为如果孤立地看词丛,则往往无法给予准确解读。例如,在"the old man with a"这样一个词丛中,如果孤立地看,按照传统的语法规则,介词 with 短语作为后置定语来修饰名词短语 the old man。但是马赫伯格通过观察索引行发现,这些介词短语多数情况下是用来说明人物讲话的行为,如"'Pretty, pretty, pretty!' said the old man with a clap of his hands"。

但是,需要指出的是,语料库驱动的方法并不是要完全与传统的文学、文体学研究割裂开。马赫伯格在她的研究中强调,将数据分析结果与文学批评和已有的文体分析结果关联起来非常重要,并且要充分考虑社会语境以及文学界的接受度。例如,她从狄更斯小说中分析出来的标签类词丛就与已有的有关狄更斯小说语言特征的文体分析相关联。那么,在文学批评研究中,作品中典型的例子非常容易引起读者的注意,但是语料库技术以及语料库驱动的描写范畴会将这些典型的例子作为更大图画中的一部分渲染出来,因为计算机统计可以更加彻底地展现那些重复出现的语言形式。

其次,辛克莱提出的扩展意义单位分析模型可以被应用到文学文体学研究中。如果说马赫伯格的词丛分析法是对文学作品整体上的系统分析,那么扩展意义单位分析则更为聚焦,并且为我们探索用语料库分析文学作品的新思路提供理论和方法上的参考。意义是语料库语言学研究的最终目标,而文本又是语料库语言学意义研究的主要对象。信任文本,在文本内部解读和阐释意义,这是意义研究的文本视角。该视角包括两个重要主张:①话语参与者在相互协商的过程中产生了意义,意义的建构依赖于文本,文本之外不产生意义;②语言交互过程中只存在两个角色,即"我"和"你","我"即说话人或者写作者,"你"即听话人或者解读者,只有通过这两个角色,文本才能够与外部世界发生关联。

对于文学研究而言,语料库语言学意义研究的文本视角具有新的启示。首先,作家的写作过程是一种展开对话的过程,作者会与假想的读者、作品人物,甚至与自己进行对话,通过文本结构管理推动文本的发展。其次,读者在解读文学作品时,潜意识里会假想自己与作者对话,从文中解读作家所传递的信息。第三,"作家已死"以及"读者完全自由的阐释空间"的观点有待商榷。作者通过写作传递信息,读者借助文本解读作家在文本中表达的意义。完全自由的阐释,会导致对文学作品的过度解读、误读,甚至扭曲作家在作品中表达的意义。

那么,该如何基于文本展开深度解读呢?辛克莱和莫兰思(2006)提出了文本对象(textual object)和文本事件(textual incident)的概念,为我们开展基于文学文本的意义研究提供理论基础,辛克莱(2004)提出的扩展意义单位分析模型又可以为我们提供方法支撑。文本对象表达一个构念,是一个参照点,用来引起他人的注意,是作家假定与读者共享的经验或共同构建的虚拟世界。在具体的文本中,文本对象可以是名词、形容词、动词或副词,可以独立存在,也可以与其他词共同使用,但内部是一种修饰与被修饰的关系。当两个文本对象组合在一起时,就会形成文本事件,如主谓、动宾、介宾等都是基本的文本事件单位,在结构上是一种离心关系。文本对象是静态的,不会带来信息的增量,而文本事件则是动态的,在不断的变化中形成了信息的增量。

在实际操作层面,文本对象可以作为我们开展扩展意义单位分析的切入点。也就是说,文本对象是扩展意义单位分析的核,而扩展意义单位则是文本对象与其他语言单位构成的一个文本事件。不同的文本事件又会以串联、叠加、释义等形式相互关联,形成一个巨大的信息网络。在文本事件中,话语参与者不仅构建意义,而且传递情绪和情感。我们以日裔英国作家石黑一雄的小说《别让我走》(*Never Let Me Go*)为例,尝试用扩展意义单位分析作家在小说中建构的故事世界。

石黑一雄在 2017 年获诺贝尔文学奖,《别让我走》是他写的第六部长篇小说。故事讲述了一群克隆人从小长大,到最后为人类捐献器官直至死亡的故事。小说故事世界的中心是一所克隆人的寄宿学校,名为黑尔舍姆(Hailsham),是这群克隆人生活成长,乃至离开后不断回忆的地方,作者对它的叙述贯穿了小说的始终。黑尔舍姆也引起了众多研究者的关注,但是焦点主要放在黑尔舍姆的教育体制上,采用批判的视角探讨这种教育体制的悖论、双重性和荒诞性,很少关注作家是如何在小说中创建这个故事世界中心的意义。

作为小说中高频出现的词,Hailsham 是一个重要的文本对象。我们以它作为检索词,通过语料库检索软件,可以获取它在小说中所有的索引行,如图 5-6 所示。

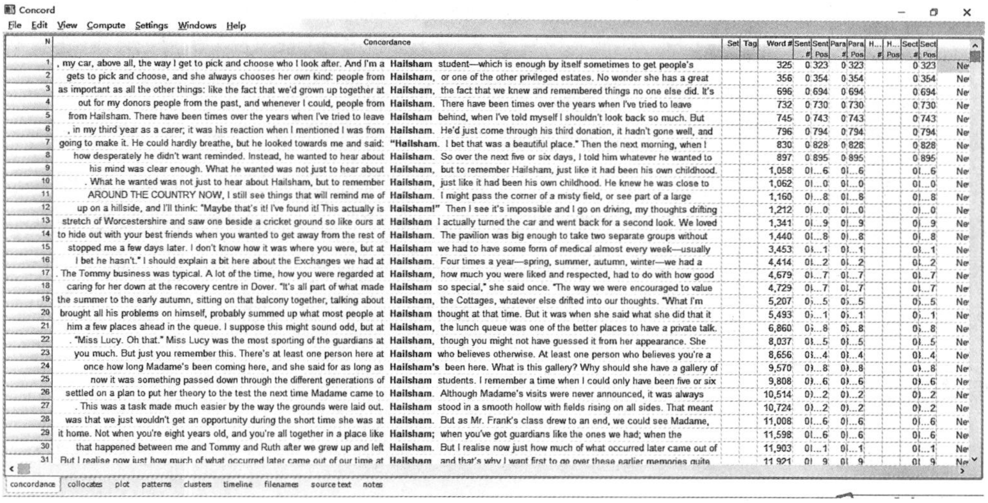

图 5-6 从小说《别让我走》中提取的部分 Hailsham 索引行

我们参照辛克莱的扩展意义单位分析模型,对 Hailsham 索引行展开分析,发现以 Hailsham 为核,能够扩展出非常复杂的意义单位。囿于篇幅的限制,我们只呈现意义单位的强形式,即出现频数较多的形式。在 Hailsham 左 1 的位置上,出现频数较多的是介词,如 from、at、of、about、with 等,可以用类联接的范畴来概括。在介词的左边,出现较多的是一些表示人的名词,如 students、people、guardians、everyone、Ruth 等,我们用语义倾向的范畴来概括。再向周围观察,我们会发现一些表示过去时间或者追忆过去的表述,如 in the past、from the past、at that time、our days at、in my memory、old、reminisce 等,传递出一种表示缅怀过去的情绪氛围。我们用图 5-7 来描写该扩展意义单位。

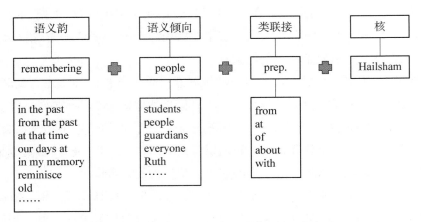

图 5-7 Hailsham 扩展意义单位的强形式

当然,我们的分析还可以细化,如选择出现频数比较高的介词 at,以 at Hailsham 为观察对象,看其构成的扩展意义单位都表达什么具体的含义。通过观察,作者围绕 at Hailsham 建构了三种独特的意义。首先,在黑尔舍姆学校,孩子们接受教育并长大成人。这里记录了孩子们日常生活的点点滴滴,承载了孩子们聒噪、自以为是却又无比纯真无虑的童年。其次,黑尔舍姆校园与世隔绝,与外面的世界显得那么格格不入。学校对孩子们有着严格的管理制度,在监护人的严格监管下,孩子们必须要遵守各种行为规范,在这个过程中不断强化对世界的模式化认知。最后,黑尔舍姆像是一个时光机,时常会勾起大家对过去时光的回忆。这些回忆,有快乐的,也有忧伤的,但犹如黄金岁月,深深融入孩子们的血液里,每当他们感到忧伤时,它就会像一束光,照亮他们的心灵。

文学文本具有的一些独特气质构成了它们的文学性。在文学文体学研究中,语言学工具可以用来描写这些气质,语料库语言学的研究方法和工具同样适用于文学文本的研究,并且能够拓展文学文体学描写分析的路径。语料库分析路径可以呈现更多的语言细节,另外可以对文本表层展示出的特殊的语言形式进行穷尽式统计分析,语料库路径还可以对不同组别的文本展开比较。本节主要介绍了两种具体的方法,研究者可以根据自己的研究目的,将不同的研究方法应用到文学文体学研究中。

？ 思考与讨论

(1)目前语料库文体学研究具有哪些主要特征?这类研究存在着哪些局限性和不足?研究者该如何从研究范围和方法上对其进行完善?

(2)借鉴上述提到的语料库文体学研究路径和方法,请选择自己感兴趣的文本类型,开展小范围的语料库文体学实证分析。

推荐阅读

[1] Louw, B. & Milojkovic, M. (2016). Corpus Stylistics as Contextual Prosodic Theory and Subtext [M]. Amsterdam/Philadelphia: John Benjamins Publishing Company.

[2] Mahlberg, M. & Wiegand, V. (2020). Stylistics and the Digital Humanities [M]//Conrad, S., Hartig, A. & Santelmann, L. The Cambridge Introduction to Applied Linguistics. Cambridge: Cambridge University Press.

5.3 ▸ 翻译研究

数字技术与翻译研究的结合,可以实现多译本之间或译本与原创文本之间的有效对比分析,亦可由此展开跨语言文本对比分析,而且数字技术将为对比分析提供更多可供选择的表征变量。就翻译研究而言,变量及其设置将是决定其研究意义与价值的关键所在。变量是语料库翻译研究中(也包括语料库语言学)不可或缺的要素,其可分为自变量和因变量。自变量是指能够对其他变量产生影响的变量;因变量是随相应自变量的变化而发生变化的变量;因变量与自变量之间存在一定的逻辑关系。多变量是指翻译研究中存在多个影响因素即多个自变量,致使对因变量的分析变得相对复杂,但多变量的引入可使翻译研究更具针对性和全局性。

5.3.1 多变量及其意义表征

迄今为止的相关研究表明,多维分析法可能是多变量翻译研究与分析中最善于表征整体意义的一种优选方法。该方法创立于 1988 年,可通过 6 个主要维度的 67 个语言特征(或称之为变量)有效区分文本的语体特征。其主要维度为交互性/信息性、叙述性/非叙述性、所指明确/所指有赖情景、明显的劝诱、抽象/非抽象语体、即席信息详述(雷秀云、杨惠中,2001)。在语料库翻译领域,将该方法应用于《红楼梦》和《金瓶梅》英译本语域变异研究的结果表明(赵朝永,2019、2020a、2020b),译本语域维度差异和因子差异均可作为译者风格的综合考察指标,其聚类共现能够反映出译者各自的语言风格乃至翻译策略。以该方法对比分析"韩素音青年翻译大赛"汉译英获奖文本,结果显示获奖译文在整体文本风格上普遍出现偏差,更接近学术文本和官方文档,而不是原文的新闻评论文体(朱一凡等,2018)。"多特征语言变体统计分析模型"是基于该方法发展而成的,其可采集和分析 96 个语言特征(变量),通过多特征统计分析找到一组翻译英语变体的语言特征,为语料库翻译学的维度研究即"翻译共性"提供新证据(胡显耀、肖忠华,2020)。运用多维分析方法考察《习近平谈治国理政》英译本,并以美国前总统特朗普发言稿为参照语料库,研究结果表明:英译本的语法明确程度更高,译者主观上更加注重译本在译入语文化的可接受度,但同时也呈现出句法形式的异质化倾向(赵子鑫、胡伟华,2021)。

运用多维分析法的关键是不同变量之间的协同效应及其数值映射体现。多维分析方法可以使译者风格的研究从静态转向多译本之间的动态对比,从局部描写转向整体考察,从相对于源语的译语风格考察,转向进入目标语参照系统后的语域变异考察。

实现多变量表征的路径是多样化的。除了上述多维分析法之外,不同的多变量模式亦可实现变量表征,其关键是多变量之间如何实现协同作用。通过单因素方差统计和双语相关性检验等手段,针对 16 项总体指标变量展开译文显化研究,由此确定各个指标变量之间的关联性,并实现多变量的协同(庞双子、王克非,2018)。在 32 个语言特征值变量的显化研究中,采用统计学因子分析法将大量的语言现象通过频率值简化为少数几个主要因子,并通过计算维度分来检验三个因子是否能区别同一语言中不同的语体,从而实现 32 个变量的协同(胡显耀,2010)。此类研究的一个显著特点是以统计学检验方法实现多变量的协同和意义表征的组合。

在数字技术的助力下,用于表征意义的新变量也随着技术的发展而不断出现。以影响句子复杂性的变量为例,变量可分为两类:传统变量和非传统变量(见表 5-2)。

表 5 - 2　影响句子复杂性的变量

传统变量	非传统变量
平均句长,句长跨度/句长变化度,平均从句数,T 单位长度总数,复杂名词词组占比,简单句占比,介词短语比例,并行结构句子数,复杂结构句子数,段落句子数,连接词数,短语句法结构复杂度,被动句数,情态句数	平均句长情感形容词,信息熵,语义独特性,概率分布值,概念密度,隐喻表达数量,含复杂语义类别的句子数,依存句法复杂度,平均句法树高度,话题链数量,话题链分句总数,具体性/抽象性

传统变量与非传统变量两者并不矛盾,从时间维度看,前者系指借助经典的传统工具可以获取的数值,而后者只能依托新技术。新技术所针对的变量并非仅仅是非传统变量,传统变量亦可依托新技术实现更为精准的预测。变量的产生有多种不同方式:为实现更为细致的分析,将相对较大的变量细分为多变量;以新技术产生新变量,如信息熵;以新技术实现传统变量的数字化。

5.3.2　多译本语义对比分析

本案例以信息贡献度和词向量两种新技术为方法,以林语堂《京华烟云》的两个中译本(张振玉译本系 1977 年出版,字数为 527 717,以下称“张译本”;郁飞译本系 1991 年出版,字数为 479 362,以下称“郁译本”;两个译本出版时间相差 15 年)为考察对象,以两个同源译本的词汇分布为切入点,考察不同译本中译者风格的具体表现。这里所选择的多变量是两个译本所包含的具有可比性的多个主题词。

文本所含词汇是一种以特定词序传递信息的交际符号。除了语法约束以外,文本的语义与话题结构也会对用词模式产生影响。文本中的任何一个词都会为文本的特定部分或主题贡献其最大的信息量。对于给定词频的一个词,其在随机文本中随机共现的非均质分布越显著,对整体信息的贡献也就越大。因此,信息贡献度是指文本中的词汇因其对文本特定部分贡献最大信息量而被赋予的权重比例。使用信息贡献度方法(采用 gensim 库的 mz_keywords 模块)可以确定不同译本主题词的整体分布情况(胡加圣、管新潮,2020)。这一方法不受语种限制,即同时适用于中文和英文文本。类似的方法还有适用于中文的 jieba. analyse. textrank()算法,以 tfidf 算法为依托,同时也考虑到上下文关键词分布因素。

词向量的基本概念是将人类符号化的词汇进行数值或向量化表征,即把文本转换为空间向量,用向量的夹角代表其语义相似性,由此能够从海量历时文本中获取语义相近的词。借助词向量方法(采用 gensim 库的 word2vec 模块),可以为不同译本的具体主题词构建起相应的语义场(语义场是指由某个词或概念所能界定的词汇集合,其具有区别于其他词汇的特征),通过对比分析主题词语义场,可以了解不同译本主题词语义分布的异同。

按信息贡献度分别足额提取两个译本的主题词,这里的“足额提取”以 mz_keywords 函数不设置阈值(即参数,threshold)为准。提取结果为:张译本中 5 321 个、郁译本中 5 375 个,两者的数量差异绝对值并不大,但两译本共现主题词仅为 2 887 个,分别占各自译本主题词数的 54.26% 和 53.71%,均为半数以上。也就是说,两译本的主题词类符数差异不大,但所选用的表达原文的同译词可能存在显著的差异性。再加上两译本近 5 万字的字符差值,这表明各自的形符数存在较大差异。卡方检验(p-value=0.000 0)表明,两译本在译文词汇分布方面存在显著差异,这为译者风格的有效对比铺垫了基础。为进一步验证这一差异性,按权重高低顺序计算每 100 个主题词所包含的共现词词数,结果如下:[65,33,21,25,9,8,4,4,5,9,1,2,2,3,5,1,2,0,2,2,2,3,1,1,1,1,2,2]。按 100 词区间划分的共现词总计仅为 216 个词,远低于 2 887 词数,其表明两译本主题词共现词汇分布存在显著差异。就两译本词汇分布而言,通过词汇分布所能体现的整体译者风格存在显著差异。

足额提取两译本主题词:
```
from gensim. summarization import mz_keywords
keywords=mz_keywords(cut_text, scores=True)
```

根据信息贡献度词汇分布情况,拟以主题词"父亲"和"大少爷"为例分析其语义场构成。主题词"父亲"位列前 100 主题词区间内,且在两个译本中均为第 27 位,这在词汇分布差异显著的两个译本中是较为特殊的用词情形;主题词"大少爷"的张译本排名为 767,郁译本排名为 1 449,两者相差较为明显,这符合上述基于信息贡献度的词汇分布分析。提取语义场所用函数为 word2vec,参数设置为确定左右搭配的 window(设置 5)以及词向量训练维度 size(设置 200 维)。最终从相应的语义场中提取前 20 个词分析语义场构成。

提取指定词的语义场:
```
from gensim. models import word2vec
model=word2vec(sentWordList, window=5, size=200)
```

主题词"父亲"一词的语义场构成如下:

张译本"父亲"语义场	郁译本"父亲"语义场
[("素云",0.9728256464004517), ("体仁",0.9702985286712646), ("姚先生",0.9672999382019043), ("身世",0.96551913022995), ("兴高采烈",0.9634749889373779), ("儿子",0.9629409909248352), ("母亲",0.9613513946533203), ("银屏",0.9576264023780823), ("曼娘",0.9560744166374207), ("莺",0.9551613926887512), ("说话",0.9531181454658508), ("平亚",0.952849268913269), ("微笑",0.950249195098877), ("责骂",0.9477124214172363), ("叔叔",0.9461878538131714), ("红玉",0.9412637948989868), ("典狱长",0.9404134750366211), ("向",0.9383349418640137), ("低声",0.9380406737327576), ("听见",0.9351662993431091)]	[("听到",0.9853106141090393), ("火冒三丈",0.9831634759902954), ("迪人",0.981535792350769), ("儿子",0.9741908311843872), ("素云",0.9736027717590332), ("只",0.9729512929916382), ("梳辫子",0.9721611142158508), ("母亲",0.9710359573364258), ("阿非",0.9658629894256592), ("宝芬",0.9656808972358704), ("银屏",0.9653791785240173), ("含笑",0.9647718667984009), ("打电报",0.9614335298538208), ("告辞",0.9613876342773438), ("过来",0.960215151309967), ("红玉",0.9597947597503662), ("对",0.9593691825866699), ("他",0.9577431678771973), ("迟疑",0.9570465087890625), ("襟亚",0.9568220376968384)]

"父亲"一词的语义场构成表明,张译本语义场的特色词"兴高采烈""微笑""责骂""低声"等和郁译本语义场的特色词"火冒三丈""含笑""迟疑"等基本相近,说明两个译本所呈现的"父亲"的性格特征也是基本相近。这似乎是同源译本应该呈现的用词方式,但张译本和郁译本的译文对比现实却并非如此。"父亲"一词在两个译本中虽排位相同,但权重系数并不相同,张译本为 134.27,郁译本为 97.15,

权重系数较低表明其对译本的信息贡献相对少一些。从实际对比结果看,像"父亲"这样的主题词并不多见,反倒是"大少爷"这样表示显著差异性的主题词却比比皆是,这与上述的词汇分布描述相一致。

主题词"大少爷"一词的语义场构成如下:

张译本"大少爷"语义场	郁译本"大少爷"语义场
[("差不多",0.9986882209777832), ("岳父",0.9978492259979248), ("一封",0.9975231885910034), ("孔立夫",0.9972518682479858), ("和睦相处",0.9971386194229126), ("附体",0.9969669580459595), ("每月",0.9967929124832153), ("赶快",0.9966590404510498), ("火",0.996590256690979), ("做好",0.9965679049491882), ("姚府",0.9965325593948364), ("英文",0.9964418411254883), ("说来",0.9964152574539185), ("太久",0.9963746666908264), ("莲子",0.9962797164916992), ("狗",0.9962749481201172), ("肯",0.9962735772132874), ("神气",0.9962420463562012), ("赶巧",0.9962188005447388)]	[("决心",0.9993242025375366), ("母子",0.9989054203033447), ("吃饭",0.9987243413925171), ("眼看",0.9987214803695679), ("路上",0.9986968040466309), ("责备",0.9986358284950256), ("没法",0.9985572099685669), ("交给",0.9985406994819641), ("成婚",0.9985323548316956), ("母狗",0.9984955191612244), ("司令",0.9984593391418457), ("好比",0.998444139957428), ("果然",0.998424768447876), ("打算",0.9984089136123657), ("黑衣服",0.9983290433883667), ("读",0.9982859492301941), ("热",0.9982734322547913), ("换",0.9982501268386841), ("说不出",0.9982466101646423)]

我们在分析两译本中的"大少爷"一词时,通过语义场突显的语义信息可以看出:张译本中的"大少爷"的性格特征似乎为唯唯诺诺、生怕有不当之处,而郁译本所体现的性格特征则显得有些得过且过、无自主性。

依据针对不同主题词的对比分析我们可以看出,译者个人心理因素、教育修养、社会地位、政治偏好、文化习惯等在翻译作品中产生的"再创造"活动的影响,其潜在的社会、文化、宗教等心理因素无疑通过对男女称谓的表达得到了投射或折射,或多或少地重塑或改变了原著作者在原创作品里对主人公主动赋予的爱恨情仇和无意中流露的家国情怀,以及政治、民族和社会阶层意识等,不同程度地修正了原作中曾平亚、牛同义两位大少爷的角色性格、脾气、身份、气质、外表等。对上述两类主题词"父亲"和"大少爷"的分析表明,不同的主题词各自分别构成了可以表征译者风格的一个个独立变量,将不同变量组合在一起,译者风格的差异性便一目了然。

5.3.3 文本情感对比分析

本节试图对翻译关系中存在的情感是否从源语传递到目的语展开讨论,尝试在词汇层面和句级层面梳理出研究探索的路径或概貌。

1) 词汇层面

我们可以通过情感词典的方式开展源语与目的语之间的双语情感分析,如《当代英汉分类详解词典》中有关情感分类的419个英语单词以及《评价理论视角下的情感意义研究》和《最佳心理描写词典》所包含的共计217个汉语情感词语。利用 ParaConc 和 AntConc 统计抗战时期的英文原版书(*China at War*)和中文译本《扬子前线》两个版本的情感词汇密度(情感词数与语料库总词数之比),其结果显示:译文的情感强度相比于英文原文相对较低,消极情感略有上升。译文的情感表达受到了压制,受到译者、出版者、审查机关、意识形态、政治等各种因素的制约(罗天、吴彤,2020)。

采用基于关键性的情感主题词分布方式,就联合国和国际货币基金组织发布的 2019 年世界经济报告的英语原文和西班牙语译文展开情感对比分析后发现:尽管译文已经传递了完整的含义,但仍存在文字上的描述性差异,原文和译文分别以各自的语言体现了经济语篇的不同构思。西班牙语译文的情感极性和强度相比于英语原文有整体弱化趋势。英语原文的主要特点是简洁,而西班牙语译文所呈现的信息较为冗长但较明确,主要体现在形容词的使用方面。该方法提取排名前 60 的主题词进行对比,根据相应的语境和 N 连词搭配,选取更具代表性的词汇生成新词表并标注情感极性值后作为参照对原文和译文再次进行对比。结果表明译文的正面情感词和表述与原文较为对应,但负面情感词与原文构成不对称关系(Llopis,2021)。

词汇层面的情感分析是一种常见的分析方法,可直接利用情感词表统计出文本所包含的情感系数,但也因此受到下列因素的影响,如词表的覆盖率、否定词数量、词与词之间的关联性等。对情感主题词的 N 连词搭配进行情感分析,可利用更大的语义框架来确定情感表述的合理性。将情感词表利用机器翻译直接转换成目的语的方法也是对情感词表模式的有效补充。

2) 句级及以上层面

利用协作训练模式解决跨语言情感分类问题,其利用有标签的英文产品评论和无标签的中文产品评论进行中文情感分析。步骤有三:①利用英汉机器翻译将有标签英文评论翻译成有标签中文评论,利用汉英机器翻译将无标签中文评论翻译成无标签英文评论,以此构成双语对应的数据集。②利用协作训练算法进行分类器学习。③使用分类器分别获取中文评论及其译文的预测值,一条评论的最终极性为两个预测值的均值。采用这三种机器翻译引擎和两个测试数据集进行评估,评估结果证实这一协作训练模式对句子层面的情感分类具有高效性和稳定性,其性能优于词典法、归纳法和直推法。研究还发现有标签数据集的规模大小是影响这一方法有效性的关键因素(Wan,2011)。

在缺少有标签情感数据的情况下,利用源语丰富的有标签情感数据为目的语进行情感分类是一个行之有效的方法。已有的研究多数是直接将源语有标签数据集翻译成目的语有标签语数据集,这一方法可能会受限于机器翻译结果的词汇覆盖率。利用生成式无标签双语平行数据,通过调整参数以最大限度利用双语平行数据,结果显示:这一混合模型可有效利用无标签数据,从大型平行数据中识别出之前未收入的情感词,显著提升了情感词的覆盖率,使情感分类更具针对性(Meng et al.,2012)。

利用所选择的训练数据(与目的语高度相似的有标签实例),经优化后用于构建一个有效的跨语言情感分类器。该方法所运用的策略是采用双语对齐的主题模型以及对半监督训练数据进行调整。主题模型呈现了跨语言表征空间,由此可调整训练数据并选出有效实例,以消除源语与目的语之间语义分布差异所带来的负面影响。其结果表明,该方法可有效应用于跨语言情感分类,而且是在双语语义层面上实施的情感分类(Zhang et al., 2016)。

实施情感分析的关键是对文本进行情感分类,但文本情感分类始终是一个问题,尤其是面对长句文本、反话或讽刺文本的情感分类。单语情感分类是如此,双语情感分类更是如此。本小节所述内容,更多是从技术层面解决情感文本的分类问题,而不是完全意义上的翻译层面(虽然也引入了机器翻译引擎)。翻译层面上的思考,应该顾及翻译中的更多语言文化特征以及如何将技术与此类特征实现有效融合。不同的文化中,其情感表述或呈现会有明显区别,如何使双语情感分类更为有效,需要有更多模式或组合模式参与其中。

3）基于情感值的机翻译文案例解析

本案例旨在以情感分析方式对比原文、参考译文与机翻译文三者之间的异同,并以此分析机翻译文在情感传递方面的具体表现。所用语料取自某大英教材中的一篇题为"How to Cultivate EQ"的课文及其参考译文,双语对齐后共计获得41个句子。所用机器翻译引擎为DeepL(于2021年12月16日生成译文)。所用情感极性分析工具为英文的TextBlob和中文的SnowNLP,可借此测试情感极性分布效果,以确定两种工具之间的差异性。经计算发现,英语原文的平均句长为18.61,与小说类如张爱玲英文小说的平均句长14相比以及法律文本的平均句长31相比,这一句长的数值不能算大,可能是属于通俗体裁文本之故。可以说,此类体裁的句长因素对情感极性大小的计算影响可能会相对较小。

基于上述可能的假设,展开如下分析步骤:

- 将TextBlob极性值转换成可以与SnowNLP相比的数据,因两者极性值设置不同,前者为−1至1区间(中性值为0),后者为0至1区间(中性值为0.5);
- 可视化呈现情感极性值分布情况;
- 情感极性值分布关联性检验。

从图5-8可知,原文与两个译文的曲线分布走势并不趋同,甚至是不同的呈现,仅在某个点位上如第1至3个句子之间有些相似(但数值仍有较大差异),其余的点位几乎难以概述。两个译文的分布走势除了个别点位(如第21至22句)有较大区别,其余分布走势颇有相似之处。为进一步明晰极性值分布之间的异同,我们采用from scipy. stats import pearsonr进行关联性检验。结果显示:原文与参考译文之间为弱相关(0.313 1,p 值 $= 0.046$),具有较弱的显著性;两个译文之间为中等程度相关(0.563 6,p 值 $= 0.000 1$),具有较强的显著性。

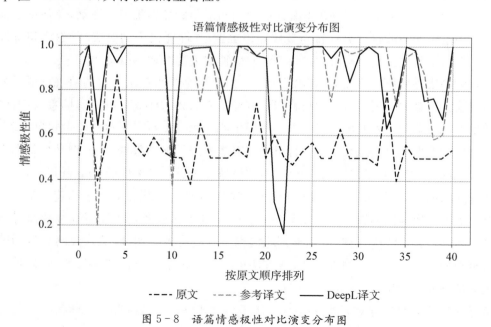

图 5-8　语篇情感极性对比演变分布图

依据上述可视化显示和关联性检验结果,我们或可得出结论:原文与译文之间的情感极性分布存在差异性;参考译文与机翻译文之间的差异性虽不比原文与译文之间的差异程度,但的确存在。究其原因:

（1）可能是英文 TextBlob 和中文 SnowNLP 两种工具的可比性不强，亦可能是两种语言文字的区别所致，或者是这两种可能性的组合影响。

（2）参考译文与机翻译文之间仅为中等程度相关，尚达不到强相关水平，这说明产生两种译文的情感传递方式之间存在一定程度的差异性。

选取图示效果差别较大的第 3 句，如例 5.1 所示。

例 5.1：
　　原文：Knowledge, no matter how broad, is useless until it is applied.
　　参考译文：不管知识面有多宽，如果得不到应用，就毫无用处。
　　机翻译文：知识，无论多么广泛，在被应用之前都是无用的。

原文极性值为 0.390 6，参考译文极性值为 0.194 3，机翻译文极性值为 0.637 5。原文和参考译文均为负面情感，参考译文甚至更为负面，而机翻译文为偏中性的正面情感。这一真实数据已经表明了三者之间存在差异性。通过阅读具体实例发现，三个数值能够说明具体问题，即参考译文的"毫无用处"与机翻译文的"无用的"相比，明显增强了负面情感程度，而就 useless 一词而言，两者都是对应的。参照上下文发现，参考译文加重了负面情感，而机翻译文则是偏向中立。

选取图示效果差别较小的第 11 句，如例 5.2 所示。

例 5.2：
　　原文：I have a modest proposal: Embrace a highly personal practice aimed at improving these four adaptive skills.
　　参考译文：我有个小小的建议：积极进行自我训练，努力提高以下四项适应性技能。
　　机翻译文：我有一个适度的建议。拥抱一种高度个人化的实践，旨在提高这四种适应性技能。

原文极性值为 0.5，参考译文极性值为 0.3701，机翻译文极性值为 0.4738。这一对比结果显示，原文为中性情感，参考译文加重了负面情感（以"努力"为标志），机翻译文极性值虽低于 0.5，但偏离不大。

仅从上述两个实例看，参考译文的译者在翻译过程中有明显加重情感表现的趋势，而机翻译文则是趋于保持中立。根据情感极性值这一变量判断，参考译文译者的情感过于丰富，似乎应当有所收敛；机翻译文更趋向于原文的情感表示。作为教材的标准参考译文，其在情感表述上与原文保持一致似乎更具有合理性。

5.3.4　翻译对等的实现路径

好的翻译应该是实现了译文与原文之间的对等，但如何达成翻译对等，面对不同的译者、不同的体裁，其翻译对等的实现路径会截然不同。正如定义所述，"好翻译"是指译文完全转化了原文的含义、表述简洁、易于理解，符合译文所属特定领域的要求以及语言文化方面的习惯表述要求，同时资深译员在译文校订以及专业审读在译文审读时都认为译文已无需任何修改。由此可知，翻译对等有多种类型或层次，如小说文本的文体风格对等、法律法规的法律意义对等、工程翻译的术语对等，不同体裁的对等要求各异。现有的机器翻译引擎所能实现的翻译对等大多都是句子级别的对等，若想进一步提升机器翻译的质量，自下而上的段落或篇章层次对等和自上而下的短语或搭配层次对等，都是值得分析探究的对象。

1）微观与宏观层面

无论是对比短语学的翻译对等，还是奈达的动态对等乃至功能对等，均已证实翻译对等存在的现实性和必然性。两者所涉及的翻译对等互相有别：对比短语学的翻译对等是从翻译共选视角出发，强调的是词语的反复共现或共选，是一种较为微观的考察模式；功能对等是指目的语读者对译文的阅读感受与源语读者对原文的阅读感受具有相同的效果，强调的是两类读者的同一性或相似性整体感受，是一种较为宏观的模式。两者的共通之处：语义趋向和语义韵的对等会使译文的呈现更为符合目的语读者的阅读期待，相当于实现另一层次的功能对等。

2）相互对应率

短语层面上的翻译对等可表示为相互对应率（卫乃兴，2011），是指双向平行语料库中语法结构和词语相互被译的概率，其计算公式为：

$$MC = (At + Bt)/(As + Bs) \times 100$$

式中，MC 表示相互对应率（结果为百分数），At 和 Bt 分别表示词语 A 和 B 在目的语文本中的出现频率，As 和 Bs 分别表示词语 A 和 B 在源语文本中的出现频率。公式适用条件：词语 A 与词语 B 存在互译关系。相互对应率的计算结果显示，大部分词语的相互对应率都较低或很低。可能的原因是受原有科技平行语料库特点的影响：一是各类文本及其形符数不够平衡，英语源语文本的各项数据都远高于汉语源语文本；二是各领域的文本数和形符数也不平衡。

以法律领域的"责任"一词为例，其对译英语词至少有：responsible/responsibility、liable/liability、accountable/accountability、duty/duties、burden、obligation、consequences 等（检索自 20 部联合国公约，共计 8 746 个句对），可见"责任"与"responsibility"的相互对应率也较低。这是义项分配之故，即"责任"一词英译后的各义项占比均相对较低，义项越多，占比越小，各义项占比之和不会超过 100%。"重视"一词的相互对应率之和为 90.9%，就是这一原因所致。另一方面，这些较低占比数值中的最大值即表示相应的互译词语是该词语最重要的相关义项，即"重视"与"attach（great）importance"属于强对应。又以 copyright 一词为例，其对译汉语词为两个，即著作权和版权，因此相互对应率也是在这两个词语之间实现分配。影响具体占比的因素可能较为复杂，如语料库文本数量、具体形符数、语料库平衡性、体裁类型、具体互译词的义项、译者用词习惯等均有可能产生影响。

3）翻译实践与翻译对等

文本体裁的多样性，致使翻译实践中的翻译对等情形各异。法律类翻译一般会有较为严格的翻译对等要求，尤其是法律法规的翻译。作为判决依据的法律法规，其译文必须实现与源语版本完全对应，否则用作参照或法律依据时极有可能产生误解。但问题是：这种完全对应是逐词逐句的对应吗？答案是否定的。法律文本的翻译虽讲求严格对等，但从实际效果看，法律意义/法律概念上的对等应该是首要的，其次才是文字形式的对等。汉语与英文本来就是两种差异性极大的语言，将多以内在逻辑衔接方式写就的中文翻译成英文有一定的难度，相应的英译文本若想做到文字形式的对等则是难上加难。故中译外的翻译对等首先应实现法律意义对等，而外译中如从拼音文字翻译成中文则可同时实现法律意义和文字形式的对等。

时政类的翻译对等应该做到政治等效。政治等效是指翻译必须准确、忠实地反映原语和说话者的政治思想和政治语境，另一方面要用接受方所能理解的译入语来表达，使双方得到的政治含义信息等值，使译文起到与原文相同的作用（杨明星，2008）。在建设国际传播力的当下，时政类中译外的翻译对等应以何种形式体现政治等效呢？首先是短语层面的政治等效，即对可以固定为一种译法的短语皆应给予固定，而对于无法固定的语言形式，其译文不能局限于中文的语言形式、概念意义甚至已有的引申意义，译者必须根据说话者的语境、真实思想和对外关系的大背景对语言形式进行必要的调整和取舍。其次，围绕短语构建句子层面的意义等效。第三，语言形式对等，这一点对中译外而言，有其较难逾越的高度，因中文特点使然，尤其是唐诗宋词之类的外译。

科技类的翻译对等首先可表述为术语对等，不仅体现在译文与原文之间，也体现在译文的上下文之中。科技类翻译所涉及的内容相对较广，至少可分为三类：海洋工程和机械电子为一类，数学和物理为另一类，医学、生物和化学是第三类。这三类的术语都具有较为显著的领域特色，可在翻译实践中分类别对待。术语是科技类翻译的最小对等单位，较大一级的对等单位是短语搭配。英语术语一般以两三个单词居多，但也不能忽视医学、生物和化学领域中单个单词术语的数量。实现英汉术语对等的术语库，也能满足中译英的需要。短语搭配一般以科技文本的惯用表达为主体，可实现科技表达的相对程式化，其模式也可由英汉对等直接转为汉英对等。科技表达的相对程式化并不否定科技文本对文笔或文采的要求，这与作者或译者的语文水平息息相关。

文学类的翻译对等难以一言以蔽之，其影响因素过于繁多，有时候同一作者不同时期的译作的翻译风格也有显著变化，最有代表性的恐怕就是葛浩文翻译的莫言小说：后期两部作品《檀香刑》和《蛙》中的异化翻译手法明显多于前期三部作品《红高粱》《丰乳肥臀》《生死疲劳》中的异化翻译手法，因为葛浩文在莫言获诺贝尔文学奖之后更加注重传达原文的异质性。如果说葛浩文的早期译文受外界影响存在更多文化操纵的话，后期则更强调对原文的"忠实"，表现在意象话语的翻译上就是更多地保留原文的意象。这已说明，葛浩文在后期翻译莫言小说时更为关注与原著在特色表述上的翻译对等。这一翻译现象说明，文学翻译也可以实现如法律类和科技类翻译所要求的多数翻译对等，关键在于译者主体性发挥的程度。

4）译文与原文的术语对等案例解析

本案例以《中华人民共和国著作权法》中文版及其英译本为双语研究对象，展开译文与原文的术语对等研究。中文版及其英译本均为国家发布的正式版本，在法律概念和意义上的对等自然是无懈可击的。本案例之所以将其加以运用，主要是为了验证所用技术是否具有合理的适用性，进而探索 Python 编程语言与语料库翻译的融合路径。本案例采用宏观和微观两种方法检验中文版及其英译本在术语层面的对等性。宏观方法为信息贡献度方法，即通过此法提取中文版及其英译本的主题词，并就系列主题词的可比性展开分析。微观方法为词向量方法，即对比其中关键主题词的词向量，并分析跨语言技术的可行性和适用性。

a. 宏观方法

该方法所涉及的技术运用和分析流程可分为四个步骤：

- 第一步——分别读取《中华人民共和国著作权法》中文版及其英译本；
- 第二步——中文 jieba 分词，清洗标点符号等，合并成词组间留有空格的文本；英文词形还原、清洗标点符号，合并成单词间留有空格的文本；
- 第三步——按信息贡献度提取中文主题词，同时根据哈工大停用词表等进行清洗操作；提取英文主题词，同时根据 nltk 自带的停用词等进行清洗操作；
- 第四步——组合汉英两类主题词提取结果，呈四列输出 Excel 格式，以供直观分析对比。

【提取结果】

序号	A 著作权法中文版	B 信息贡献度	C	D	E 著作权法英译本	F 信息贡献度
1	作品	0.008 021			work	0.007 23
2	报酬	0.007 8			license	0.006 041
3	著作权	0.007 385			compensation	0.005 814
4	支付	0.006 988			people	0.004 209
5	人民法院	0.005 63			owner	0.004 073
6	法人	0.005 393			published	0.003 907
7	应当	0.005 36			vest	0.003 907
8	组织	0.005 031			court	0.003 897
9	图书	0.005 026			publisher	0.003 726
10	许可	0.005 019			without	0.003 702
11	使用	0.004 949			organization	0.003 679
12	发表	0.004 731			act	0.003 633
13	著作权人	0.004 653			infringement	0.003 598
14	取得	0.004 357			right	0.003 504
15	制品	0.004 324			sound	0.003 444
16	录音	0.004 026			book	0.003 409
17	作者	0.003 797			visual	0.003 304
18	已经	0.003 631			public	0.003 228
19	录像	0.003 325			station	0.003 099
20	合同	0.003 27			recording	0.003 095
21	复制品	0.002 984			author	0.003 092
22	申请	0.002 984			pay	0.003 027
23	播放	0.002 748			television	0.002 991
24	起诉	0.002 451			person	0.002 956
25	改编	0.002 284			year	0.002 837
26	注释	0.002 284			performance	0.002 815
27	享有	0.002 149			china	0.002 689
28	未经	0.002 145			acquire	0.002 688
29	出版者	0.002 062			radio	0.002 683

就提取结果而言,中文分词技术已经对主题词排序产生较为明显的影响,如"人民法院"的对应词有两个,即"people"和"court";"著作权人"有"copyright"和"owner",其英译文一分为二导致"著作权"和"著作权人"无法与"copyright"和"owner"实现真正的对应;"已经"一词其实不存在对应的英文词,尤其经词形还原之后;等等。这些问题都有可能导致信息贡献度出现权重偏差。尽管如此,著作权法的主要概念已经得以呈现,如"作品"和"work"均位列第一,这是著作权法的最核心概念。其他核心概念也均有出现,如"报酬"和"compensation"、"支付"和"pay"、"人民法院"和"court"(暂且以一个单词作为对应)等。唯一例外的核心概念是"copyright",其位列 32,而"著作权"则位列第三,两者权重排序相去甚远,这可能与"著作权人"所对应的英文词被切分为两个词之故。

以上述结果中"作者"一词及之前的主题词为基准(考虑到"作者"之后的"已经"一词为无意义),将英文词汇与中文词汇一一对应,可得到如下提取结果。

【提取结果】

序号	A	B	C	D	E	F
	著作权法中文版	信息贡献度 CN	序号 CN	序号 EN	著作权法英译本 EN2	信息贡献度 EN2
1	作品	0.008 020 525	1	1	work	0.007 230 351
2	报酬	0.007 799 846	2	3	compensation	0.005 814 482
3	著作权	0.007 384 537	3	32	copyright	0.002 486 831
4	支付	0.006 987 784	4	22	pay	0.003 026 958
5	人民法院	0.005 629 851	5	8	court	0.003 896 622
6	法人	0.005 392 961	6	24	person	0.002 955 932
7	应当	0.005 359 768	7	37	shall	0.002 137 064
8	组织	0.005 030 625	8	11	organization	0.003 678 587
9	图书	0.005 025 638	9	16	book	0.003 409 433
10	许可	0.005 018 96	10	2	license	0.006 041 172
11	使用	0.004 948 906	11	103	use	0.000 743 366
12	发表	0.004 730 647	12	6	published	0.003 907 041
13	著作权人	0.004 652 694	13	5	owner	0.004 073 023
14	取得	0.004 357 221	14	28	acquire	0.002 687 581
15	制品	0.004 323 645	15	82	copy	0.000 923 287
16	录音	0.004 025 61	16	20	recording	0.003 094 631
17	作者	0.003 797 285	17	21	author	0.003 091 663

由上述直观结果可见,"序号 CN"和"序号 EN"似乎是处在合理与不合理区间之间,但仅凭直观感受似乎难以确认,因此拟就两个信息贡献度的概率分布即"信息贡献度 CN"和"信息贡献度 EN2"进行相关性检验。检验结果确认两组概率分布为中等程度相关(相关性系数为 0.486 428 470 783 536 07),且

具有显著性（p 值＝0.047＜0.05）。这一结果可以证实汉英主题词的语义排序具有相关性，毕竟两者之间存在实际的翻译关系，同时也证明了上述的直观感受。若想进一步证实，研究则须从分词和停用词两个角度加以优化。

b. 微观方法

该法所涉及的词向量应用步骤基于宏观方法的第一步展开：

- 第一步——中文 jieba 分词，合并成词组间留有空格的文本；运用 split() 和 spacy 的 sents 功能先分段再分句，构建成句子列表；英文先分段再分句，再逐句进行词形还原；
- 第二步——中文清洗去除标点和单个汉字；英文清洗去除 nltk 停用词、标点符号、特殊停用词；
- 第三步——运用 word2vec 模型训练词向量并得出可比结果。

【提取结果】

作品	Work
[（"法人"，0.6675662994384766）， （"著作权"，0.642816424369812）， （"或者"，0.6100396513938904）， （"作者"，0.6015888452529907）， （"著作权人"，0.5644286870956421）， （"复制品"，0.5623788237571716）， （"应当"，0.5509371757507324）， （"录音"，0.5302839279174805）， （"人民法院"，0.5263606309890747）， （"制品"，0.525773286819458）， （"可以"，0.5222156047821045）， （"制作"，0.5184904336929321）， （"行政"，0.5118449926376343）， （"许可"，0.5017192363739014）， （"公众"，0.4969707131385803）， （"报酬"，0.48390352725982666）， （"仲裁"，0.4824936091899872）， （"享有"，0.4799068570137024）， （"权利"，0.47727859020233154）， （"整理"，0.4674128293991089）]	[（"law"，0.8494095802307129）， （"right"，0.8408517241477966）， （"shall"，0.8287521600723267）， （"sound"，0.8275383710861206）， （"recording"，0.8239820003509521）， （"owner"，0.8138725757598877）， （"people"，0.8044425249099731）， （"product"，0.790836751461029）， （"author"，0.7808607816696167）， （"may"，0.7743443250656128）， （"copyright"，0.7674099802970886）， （"term"，0.7530697584152222）， （"license"，0.7505496144294739）， （"record"，0.7458369135856628）， （"arbitration"，0.7445424795150757）， （"year"，0.7415987253189087）， （"distribute"，0.7392685413360596）， （"compensation"，0.73673415184021）， （"virtue"，0.733514666557312）， （"circumstance"，0.7298837304115295）]

以"作品/work"词对（仅选相关性排名前 20 的词对）为例，分别可见上述由词汇构成的汉英语义场，即一系列与指定主题词最具相关性的词汇或短语，且按相关性大小排序。"作品"一词是著作权法的核心关键词，其他所有的词汇均因其而展开，汉语语义场已包含其他关键概念，如"著作权""作者""著作权人""人民法院""许可""报酬""仲裁""权利"等，其对应的英语语义场为 right、owner、people、author、copyright、license、arbitration、compensation 等。就此所选核心语义场的概率分布进行相关性检验，结果为 0.985 450 185 987 182 4，呈高度相关，且具有显著性（p 值＜0.000 0）。这一结果似乎可以证实微观方法的有效性。

本案例就已知具备对等关系的文本展开术语对等研究，探究语义分析技术的可行性。研究已证明，这一逆向推理方法可以为具有翻译关系的双语文档提供技术佐证。研究过程的关键是如何构建以词汇或短语组成的语义场，并由此解读概念之间的对等关系。这一方法可推广至可比语料库，即具有可比关系的单语或双语语料，其概念或术语对等关系皆可由此得到验证。

❓ 思考与讨论

（1）如何在翻译研究中设置多个有效变量？

（2）如何在不同变量之间实现协同？

（3）如何在传统的翻译研究中融入数字分析技术如语义分析技术？

（4）语义分析技术的实质是什么？其与传统的语料库分析技术有何区别？

（5）为什么情感分析技术有着越来越广泛的应用前景？

（6）如何将情感分析技术应用于翻译研究分析？

（7）什么是翻译对等？不同体裁对翻译对等有何要求？

（8）翻译研究中如何将单语分析技术应用于双语分析？

📖 推荐阅读

［1］管新潮.(2018).语料库与Python应用［M］.上海：上海交通大学出版社.

［2］管新潮.(2021).Python语言数据分析［M］.上海：上海交通大学出版社.

［3］管新潮,陆晓蕾.(2022).基于Python的语料库翻译——数据分析与理论探索［M］.上海：上海交通大学出版社.

数字人文与文学

6.1 ▸ 古籍知识库

谈到古籍知识库，我们首先应当对现存古籍的数量有所了解。在 2021 年开展的全国汉文古籍普查工作中发现我国现存的古籍总量多达 270 余万部，远远超出预想的数目。这些古籍既是珍贵的文物，也是文化遗产，既需要加以保护，又需要传播利用。在这种背景下，古籍的电子化、数字化成为必然之路。我国的古籍数字化工作起步并不晚，早在 20 世纪 80 年代，不少专家学者已经关注到计算机技术的迅猛发展对古籍保存、传播，以及对学术研究的影响。古籍数字化的早期工作仍然是依赖人工进行录入的，效率自然不会太高，而今天的 OCR 技术，即光学字符识别技术，已经完全能够胜任古籍的识别工作，且具有高达 90% 以上的准确率。科技的发展对研究工作产生了巨大推动，时代的进步亦对今日的古籍知识库提出了更高的要求。

6.1.1　古籍数字化建设的未来

2022 年 5 月 22 日，中共中央办公厅、国务院办公厅印发了《关于推进实施国家文化数字化战略的意见》的相关文件，其中明确指出要建设文化数字化的基础设施和服务平台，形成线下线上融合互动、立体覆盖的文化服务供给体系，未来将形成国家文化大数据体系，最终实现中华文化全景式呈现，让全民共享中华文化数字化成果。2022 年 10 月 28 日工信部等五部门又联合印发了《虚拟现实与行业应用融合发展行动计划（2022—2026 年）》的通知，明确了虚拟现实的技术前沿性，强调了其在数字经济发展中的重要作用，肯定了数字技术对人类生产生活方式产生的变革性影响。计划中特别提到需要重点突破的关键技术是三维化和虚实融合沉浸影音，在融合应用发展中应注重多行业、多场景的应用落地，其中就包含了"虚拟现实＋文化旅游""虚拟现实＋教育培训"；同时，在加强公共服务平台建设方面，包括建设共性应用技术支撑平台和建设沉浸式内容开发平台。这些国家战略的实施需要高校和科研院所的在场，而国家文化数字化与虚拟现实产业化亦与古籍知识库或者说知识图谱平台的建设相联系。传统的文史哲专业怎样与新兴的科学技术相融合，与产业发展相融合？这也是新文科建设应该思考的问题。2022 年 4 月 11 日中办国办发布的《关于推进新时代古籍工作的意见》中明确指出要"推进古籍专业数据库开发与利用，积极开展古籍文本结构化、知识体系化、利用智能化的研究和实践"，这意味着古籍数字化工作需要进一步转型升级。

6.1.2　古籍知识库的建设条件

如果想要实现古籍数据库的结构化、体系化、智能化（智慧化），需要具备哪些条件？当我们建设一个古籍的结构化信息平台时,大致需要以下几方面的内容:相关作者作品的行迹图、地理分布图(比如航拍)、各类专业辞典(如涉及古代职官、人物、地名、典故等等)。有了这些数据,我们还需要 GIS 技术的支持,需要相关的视频图片。融合古籍文本与技术支持之后,我们才能够建成关系型结构化的数据平台。由此可知,这些工作的完成必然需要跨学科、跨行业的协作,既依赖计算机技术,又依赖人为设计、修正和审核。这里的数字化、结构化既包括文本数字化,也包括影像数字化。传统古籍库往往只完成了文本的电子化,能够满足使用者一般性的浏览与检索需求,可以复制粘贴原文,省却了手工输入的麻烦,但是离系统化的使用相去甚远。1980 年至 2009 年可以说是传统古籍库的建设阶段,2009 年至2015 年是探索形成阶段,而 2016 年之后我国的数字人文研究与平台建设进入了快速发展的体系化阶段。目前已建并开放使用的古籍知识平台既有国外机构或个人建设的,也有通过开展国际合作建设的,还有国内自主研发的。在国内开发的各项产品中既有科研机构主导,由国家出资建设的,也有商业公司联合专业人士开发的,还有研究者为了学术研究自主开发的。

下面将介绍一些具有代表性的古籍知识库,帮助大家理解不同古籍知识库的类型与特点,并辅以例证说明古籍知识库是如何帮助、推动学术研究的。其中部分数据平台会在之后有专节论述,如中国历代人物传记资料库、唐宋文学知识图谱、数字人文地图、数字敦煌等等,在本节不再赘述。

6.1.3　古籍知识库的类型与特色

2017 年后我国的古籍知识库建设开始迅速发展。学界目前使用较多、口碑较好的数字平台基本属于结构化平台,正在向智能化平台发展。名头最响和建设最早的是中国历代人物传记资料库(CBDB),之后则出现了世界学术地图发布平台(WorldMap)、学术地图发布平台(AMAP)、唐宋文学编年地图、中国历史地理信息系统(CHGIS),另有智慧古籍平台、宋元学案知识图谱系统、搜韵、数位人文学术研究平台(DocuSky)、古籍半自动标记平台(Markus),还包括书同文古籍数据库、奎章阁:中国古典文献资源导航系统、丝绸之路历史地理信息开放平台、九歌(人工智能诗歌写作系统)等等。限于篇幅,我们无法在此处将所有古籍知识库一一加以详述,只能择其要者进行简单介绍,希望能够帮助读者建立关于古籍知识库的概念图谱。

第一类,国外主导建设的数字平台。最引人注目的无疑是 CBDB、CHGIS 和 Markus。CBDB 后有专节详述。CHGIS 是由哈佛大学与复旦大学共同研发的开放式基础地理信息数据库。这是从事历史地理专业研究的利器,古典文学的研究者也会加以利用。量化历史研究与数字史学是近年来学科发展的新动向,这与 GIS 技术的发展密不可分。自 CHGIS 出现后又出现了一系列运用 GIS 技术融合古籍文本的数字平台,如南京师范大学建立了华夏家谱 GIS 平台。本书上篇已对 GIS 技术及其应用做了详细论述,在此不再赘述。Markus 是由荷兰莱顿大学魏希德与何浩洋联合开发的线上文本标记工具,使用者自己提供古籍文本进行线上标记,例如标记出文本中的职官、年号、人名等信息,完成后的数据会成为网络上其他数字人文研究的基础数据和研究来源。

第二类,国内主导开发的数字平台。AMAP 于 2018 年 3 月 19 日上线,由徐永明教授主导,是浙江大学与哈佛大学合作建设的地图平台,其功能与 WorldMap 类似,偏向文史,符合国内研究者的使用习惯。AMAP 目前已上线地图 1 800 余幅,条目超过 500 万条,内容涵盖官职、人物、诗词、人口、数目、财税等多个方面。拿人物分布来说,其中既有文学家群体的分布图,也有"民国浙江财政厅厅长"这样的条目;行迹图类别中,既有汤显祖这样的文学家,也有曾国藩、蒋介石这样的政治家,虽然以古代人物为主,但也有现代文学中的张爱玲、曹禺。当然,平台上关于近现代的文献资料还需要进一步补充完善,这就涉及海量的文献输入以及相关研究者的持续努力。相信这一部分内容的拓展也会是今后平台发展的一个方向。除了文本与行迹图,有些条目中还有数字化的影像资料,比如汤显祖纪念馆的图片也可以在平台资料中阅览。开放式的平台建设不仅仅限于团队成员,任何研究者都可以自主上传创立条目,之后还可以进行勘误与修订,随时更新。如果有研究者发现了某个行迹图的错误,也可以申请对其加以修正。这就比之前数据库一经建成无法修改的状况进步多了,也意味着欢迎各领域的专家学者共同建设维护。现代文学的条目就是由相关领域的研究专家上传的。这种打破时空界限的设计理念与唐宋文学编年地图是相似的,后者将在后文专门介绍。王军、李晓煜开发的宋元学案知识图谱可视化系统,可以提取、处理文本中的时间、地点、人物、作品,利用技术手段对其语义关系进行分析,构建知识图谱,由此可直观地呈现历史事件对理学发展路径的影响。

图 6-1　学术地图发布平台

第三类,其他具有特色的数字平台,如完全由个人创办的奎章阁古籍知识库。该平台由唐宸博士创立,借古代宫廷藏书楼奎章阁之名命名,于 2019 年 10 月发布,目前已在业内树立了良好口碑。奎章阁颇有构建智能化知识图谱的理念,在其网页可以链接到文史学者从事研究所需的大部分网站,包括语言学、文字学、文学等多个领域,形成有效联动,十分便捷。奎章阁的资源分类包括古籍全文、古籍影像、古籍目录、数字人文、期刊论著、文史诗词、收费平台、小学专题、释道专题、敦煌专题,甚至连微信、论坛社区和虚拟现实都包含在内。主页左侧还列出了文史研究者常用的工具栏,包括纪年换算、历法计算、律诗校验、自动句读、慧眼 OCR 等等。其中慧眼 OCR 是书同文的产品,也是其平台的亮点。这一古籍手写汉字识别系统在保留原版式的基础上进行机器识读,方便研究者进行校对。目前对智能 OCR 进行开发的包括书同文、阿里、汉王、龙泉寺、北京大学、浙江大学等多家单位,书同文是其中的杰出代表,解决了古籍中双行小字的识读问题,具有重要意义。除了奎章阁以外,搜韵创办于 2009 年,已成为诗词爱好者与创作者必备的网络平台。诗词检索、诗律词格校验与韵书是其最大特色,网站还提供了其他多项检索功能,收录了 7 000 多本电子古籍,目前又与唐宋文学编年地图平台形成联动,构成了新的知识网络谱系。目前搜韵的用户群体既包括中小学学生,也包括一般的诗词爱好者,同时还包括诗词创作者,以及高等院校和研究机构的专业研究者。除了一般性的检索功能,搜韵平台也会提供一些创作的学习指南和公开课程,在兼顾不同使用需求的同时,也在不断完善和拓展平台的功能,改善使用体验。"九歌"计算机诗词创作系统是由清华大学自然语言处理与社会人文计算实验室研发的一款关于古典诗词创作的人工智能系统。它可以创作包括绝句、律诗、词等一系列文体的古典诗词,甚至能够一键生成藏头诗、集句诗,是具有中华文化特色的智能平台。虽然目前专业学者认为"九歌"创作的诗词水平仍然无法与真正的诗词大家相媲美,但未来人工智能进行诗歌创作,乃至小说创作的潜能不容小觑。智能平台或软件在为使用者提供便利的同时,也必将为相关领域的从业者带来新的挑战,比如目前问世的 ChatGPT-4 在引起广泛关注的同时也引发了人们担心被智能取代的忧虑。

图 6-2　奎章阁

图 6-3　搜韵

6.1.4　未来古籍知识库的发展

从以上各类不同的数字人文平台可以看出,古籍知识库的建设日新又新,目前已经进入了快速发展的时代。未来,古籍知识库不会局限于数字化数据库这一单一属性,与人工智能技术的结合将会使古籍库发挥更大功用。相信计算机的大型运算能力与深度学习能力对于古籍知识库的发展将产生重要影响,研究领域的一些基础性工作或由人工智能独立完成。比如使用者提出研究课题,人工智能可以根据古籍知识库的资料自主完成检索、统计、甄别、分析等研究环节,直接输出成品论文。另外,目前古籍知识库的数据仍以文本为主,图像数据仍需转化为文字方可识别,随着科技发展,直接使用图像检索、影像检索等都将变为可能,为学习和研究带来极大便利的同时,也有望直接进行图像或视频的交互比对,解决人工研判耗时耗力且存在差错率的问题。

国际合作是数字人文建设的重要模式,资源共享与协同创新是其核心要义。科技进步需要各国的科研人员彼此交流、共同进步,反之,故步自封与科技封锁则只会造成人类的分裂,阻碍科技的正常发展。与此同时,我国坚持自主开发、掌握核心技术同样是十分必要的。中国文字的特殊性使得我们在古籍识别过程中需要面对、解决一些独有的问题,比如古籍标引等,这更加需要本国学者和研发人员通力合作。学者只有亲身参与到平台的建设中来,才能设计出更符合研究需求的智能化数据系统。国家投入、公司研发、个人创立三者并行不悖,相信在国家的大力支持下,在商业开发的积极推动下,在个体研究者的持续努力下,古籍知识库的发展必将越来越好,未来,数字人文可能会为普罗大众及专业研究者提供更多的贯通古今、联动世界的可能性。

❓ 思考与讨论

(1) 国际共建对于古籍知识库的建设有什么益处?

（2）目前我国在古籍知识库建设中还存在哪些需要解决的问题？

（3）你觉得学者与技术人员应该怎样通力合作？

推荐阅读

［1］包弼德，夏翠娟，王宏甦.（2018）.数字人文与中国研究的网络基础设施建设［J］.图书馆杂志（11），18－25.

［2］陈刚.（2014）.“数字人文”与历史地理信息化研究［J］.南京社会科学（03），136－142.

［3］陈涛，刘炜，单蓉蓉等.（2019）.知识图谱在数字人文中的应用研究［J］.中国图书馆学报（06），34－49.

［4］徐永明.（2018）.中国古典文学研究的几种可视化途径——以汤显祖研究为例［J］.浙江大学学报（人文社会科学版）（02），164－174.

［5］项洁.（2016）.数位人文：在过去、现在和未来之间［M］.台北：台湾大学出版中心.

6.2 ▶ 唐宋文学知识图谱

当一位从事中国古代文学研究的专家想要开展工作时会怎么做？40年前，他/她也许会打开记事本，整理好知识卡片；20年前，他/她或许会打开电脑，进行电子录入；十年前，他/她可能会进入数据库，进行关键词检索；今天，他/她可以利用结构化数据平台进行全方面、关联性的检索，从而构建所需的知识图谱。何为结构化数据库？怎样建构知识图谱？我们以唐宋文学编年地图为例来予以说明。

6.2.1 唐宋文学编年地图的立意

璀璨的文学宝库，浩如烟海的唐诗宋词，研究者往往需要有极深的学养才能在头脑中建立自己的知识图谱，将碎片化的信息条目串联起来，形成围绕某一问题的链条。这往往需要积年累月的学习，持续不断的努力。学贯中西的学者钱钟书阅读广泛，善于从海量文献里提取同类物，阐述某一文学现象或问题时常常能够列举古今中外的各种例子予以论证。比如在解释“诗可以怨”的观念时，他从《文心雕龙》引用到《楚辞》，从《玉台新咏》引用到《太平御览》，又以西方文学里格里巴尔泽和海涅的类似观点进行对比关照；又如在谈到唐代诗人李贺的《鸿门宴》时，他将其与宋刘翰、皋羽、铁崖的同名作品进行对比分析，以此论述李贺的创作风格。如果没有钱钟书的博闻强记，随时能够将人脑变成电脑，自建一个知识库随时进行提取比照，那么便需要一个外在的人工智能系统作为辅助，来帮助我们进行信息的提取、对比、整合，建构直观而立体的认识，进而为研究服务。唐宋文学编年地图便是近年来问世的研究“利器”。

从纸本文献到电子化、数字化文献是我们常见的发展变化，但是数字人文时代的发展不止于此。随着科学技术的突飞猛进，研究观念甚至研究手段也发生了根本性转变。如今的数字人文强调的是建立结构化数据和智慧化数据，这种系统或平台不仅仅能进行简单的识别与关键词检索，还需要为使用者提供立体的知识链条，建构多层面的知识图谱。

6.2.2 唐宋文学编年地图的理念与技术实现

唐宋文学编年地图，简言之，是将文学研究中的编年传统与系地传统相结合，将系时与系地并举，打破时空的限制，形成一个全面立体的文献系统。古代文学研究中长期存在的资料零散和时空分离的问题能够在编年地图系统中得到解决。系地，作为编年地图系统的关键词，其实是要把作者生活和创作的轨迹都直观地呈现出来。作家何时居住于何地，某首作品创作于何时何地，这些重要的信息在过去都是单线地存在,现在能够在地图上直观地体现。

文学研究中常见的文学史和作家作品编年史是实现平台功能的基础文献,现代的 OCR 技术和 GIS 技术则是构想得以实现的技术保障。概括地讲,该平台就是首先利用已有的研究成果,如文学编年史、作家年谱和编年别集,以及其他包含系地数据的研究资料,通过 OCR 技术将其数字化;其次是利用先进的 GIS 技术将这些海量数据在地图上可视化呈现。其操作在理论上很容易理解,但具体实现的过程其实是十分复杂的,要经过数据识别、数据建模、数据关联、数据转化等一系列步骤,期间既需要人工智能,也需要人工智慧,并非所有步骤都依赖技术独立完成,背后有数百名专业人士在协同工作。

第一,数据识别。数据采集是后期平台建设的基石,平台需要采集三个方面的信息,即作者、作品和历史地理。作家的活动行迹、人物关系和后世传播都需要一一采集,作品的原文、分类、接受亦需要分别录入,历史地理信息除了与作者行迹直接相关的,还需包括历史与地理的历代数据。试举例说明,作家的人物关系中包括家族亲子关系,还需要考虑姻亲、师承、同乡、同期等多种关系,这些在现代社会已逐渐淡化的关系网在古代往往牵一发而动全身。历史地理信息中,不同时期的山川地貌、行政区域都可能发生变化,交通驿站也会改道迁移,这类信息都需要一一收集,并将历代的社会变革等大事件同期录入。

第二,数据建模。有了原始的基础资料之后,如何识别,怎样提取? 这第二步的设计需要人根据平台想要实现的功能和目的进行设计,建立相关的数据模版。唐宋文学编年地图的五个关键词类似于小说的要素,分别是时间、地点、人物、事件,再加上文本(作品)。围绕这五个要素设计的数据模型需要满足检索、关联、统计、定位再到可视化呈现的效果。

第三,数据转化。简单而言,数据转化就是把原始数据转化为人工智能系统可以提取、识别、计算、关联的有效信息。这一步骤说来容易,但在实践中需要大量人工辅助才能完成。具体来说,这一步主要是需要查漏补缺、勘校错误、人为标引。对于文献中疏漏的时间、地点信息要人工考证后补充,对于现有文献中错误的信息要进行人工勘误。这两项主要是最大限度地保证信息有效性,即某时某地某人某事。人工标引是要将计算机无法识别的信息标注成可识别的信息,例如官阶、姓名、地名可能需要手动标引,而隐含在语境里的编年信息也无法被直接提取,这时候就需要专业人士来进行人为标引,帮助计算机识别。

第四,数据关联。利用 GIS 技术和计算机编程技术将系时、系地进行关联整合,建构一个直观的综合系统,也就是系统化、结构化数据平台。通过这个平台,读者既可以追踪一位作家一生的行迹,也可以在历史中俯览数百年的文学图景,从而实现文学景观里时空的一体化。

6.2.3　唐宋文学编年地图的功能与应用

那么,唐宋文学编年地图平台具备哪些功能? 或者说研究者应该如何使用呢? 我们将其分为基本款功能和进阶款功能来分别介绍。

地点、人物、时间、作品是进入唐宋文学编年地图的四条基本路径。既然平台系统被命名为编年地图,地点自然是进入系统最直观的路径。在浏览页面的地图上点击任何一个地名,即可出现不同朝代行迹至此的作家名单,同时会注明作家何时因何事到此地,留下了哪些作品。如果想检索变得更方便,或者查看级别更低的地点,也可以在左侧上方的搜索栏里直接输入地名。例如检索"成都",我们可以看到从初唐卢照邻、骆宾王开始到访过成都的若干位作家。而在地图左侧则会出现成都下辖的县市以及市内的名胜古迹，比如点击更具体的条目"成都大慈寺"可以准确地知晓公元 1056 年 3 月 28 日，21 岁的苏轼和 18 岁的苏辙同游成都大慈寺极乐园。今日，成都市中心的大慈寺门前仍然树立着一面照壁，上面镌刻的"精妙冠世"四个大字正是由苏轼所书。通过唐宋文学编年地图的检索，我们则可以更为具体地了解苏轼与大慈寺之间的因缘际会。再如检索"宜兴"，这个目前归属无锡的县级市，我们可以看到公元 1085 年 5 月 1 日，50 岁的苏轼在归宜兴途中经过扬州竹西寺，由此可以联想到苏轼对宜兴的喜爱，以及苏轼流传后世的著名碑帖真迹《阳羡帖》。这些具体的细节，如果没有唐宋文学编年地图，我们很难轻松获知。另外，地名随着朝代而改变，不同地点可能在不同时代拥有同一名称，检索后我们会看到左侧栏不同朝代的标注，点击后会更新地图，让使用者一目了然。

如果回到总览，在浏览页面的左侧是数据库中录入的作家名字。选取感兴趣的作家进行点击，则可以在地图上看到呈现作家一生的行迹图。点击地图上的地点可以查看具体时间、事件、诗文。如果想关注某一时段，则可以看页面右侧的作家年表，其中会注明某一年龄段内作家的行迹，点击即可查看。同样以苏轼为例，我们在平台上既可以关注他年少时在巴蜀的游踪，也可以关注他在岭南、江南的行迹。总之，我们既可以关注苏轼生命中的某一段历程，也可以关注苏轼生命中的某一处行迹。比如我们已经从苏轼的行迹图中得知公元 1056 年他去都城开封应考，那我们可以利用时间检索功能，在顶部检索栏输入"1056—1057"，随即可查看这一时间段内都有哪些作家活跃于哪些地方，都写过什么诗文。在此时间范围内点击地图上的开封，则可知苏轼在开封时有哪些名家也在开封，看看同处一城的作家是否有交集。通过检索得知，那年词人张先已年过半百，进京去看望欧阳修，影视剧中常出现的包拯也回到京师，正在谏言立太子的大事。如果研究者感兴趣，还可以对同城之人逐一考察，或许会从中发现新的研究思路。或许检索至此，你忽然想起苏轼的名句，开头是"此心安处"，虽然记不起完整的句子，依然可以在左侧的检索栏输入搜索。根据检索结果可以得知，苏轼写过两首含"此心安处"的诗词，最著名的"此心安处是吾乡"是他 1086 年 51 岁时作于开封，另一首"此心安处是菟裘"是他 1076 年 39 岁时作于杭州。由此可知，通过历史时段与作品字节的检索同样可以获得所需的内容，在地图上和文字上获得对作者、作品及其时空的全景式认识。

除了以上的基本款功能，唐宋文学编年地图还有一些进阶款功能，比如对比不同作家在同一时段的行迹。仍旧以苏轼为例，已知秦观为苏门四学士之一，在时间检索栏输入"1084 至 1089"，再在左侧作家栏选定苏轼与秦观，考察二人五年内的活动轨迹。经检索后地图上可同时呈现两人的行迹，右侧会列出两人行迹的文字说明。经过对比可以得知，在这 5 年内苏轼与秦观曾几度相聚，既相聚于扬州镇江淮安，又在次年相聚于开封，二人同游的景点与书写的诗文可以同步检阅。这有助于我们理解苏轼为何对秦观青眼有加，他们之间的情谊又是于何时、何地建立起来的。如果有研究需要，平台还可以同时进行多人检索，能够实现传统纸本和一般数字化文献难以完成的综合性功能。此外，或许有一些研究者会追问，唐朝的疆域及行政区域与宋朝的能一样吗？地图如何能做到准确的定位？研究者需要在古代的地图上了解定位怎么办？这就不得不谈到唐宋文学编年地图的另一个强大功能，就是地图背景切换。编年地图的地图系统包括 3 个大类，9 个小类。宽泛而言，平台有当代地图、古代地图和卫星地图三类；具体而言，古代地图中包括唐开元二十九年、后梁开平二年、后唐清泰元年、后晋天福八年、后汉乾佑二年，以及北宋、南宋共七个种类的地图。使用者完全可以根据自己的需求选择不同朝代、不同类型的地图。古代地图完全依据谭其骧先生的《中国历史地图集》，可靠性极高。又如李白的诗句"两岸猿声啼不住，轻舟已过万重山"是人人都读过的，在地图类型中切换至卫星地图，使用者则可以清晰地看到诗词描写的地形地貌，更加直观地理解诗词写作的环境，进行沉浸式体验。目前搜韵平台已经与唐宋文学编年地图进行了直接关联,使用者在搜韵上进行诗词检索,同时可以进入唐宋文学编年地图查看相关诗人的行迹或相关诗词的创作环境,可以说这些平台的创立已经改变了读者的阅读习惯,重构了读者对于唐诗宋词等古典文化的认知与想象,这也是一种文化记忆的新的建构。

6.2.4　唐宋文学编年地图的未来展望

在了解了唐宋文学编年地图的功能和使用后,我们可以进一步追问这个平台系统的建设有什么意义,对于数字人文的发展有什么推动。对于研究界而言,这或许是一个变革性的推进,技术的革新可以带来研究范式和研究观念的转变。

首先,在拥有了全景式的文学图景后,过去重编年而轻系地的观念会被彻底改变。大众对于文学的认知或被改变,除了历时性的文学脉络,空间的维度也将被构建,从而形成全景式的认知层次。对于研究者而言,关于文学和作者的认知将更加多维立体,从而打开新的研究视角。其次,同类比较研究可以从少数的单线对比变为群体性比较,海量数据不再是研究的障碍。研究可以从过去关注作家的几个亲密朋友变为研究他的整个社交网络。再次,研究时段可大可小,研究者既可以做长时段的全景式研究,也可以做短时段或时间点的研究,比如通过研究地理行迹的交集发现某个时期的文学中心或临时性的文学群体。最后,如果说过去的数字化文献检索是有的放矢,那么现在则完全可能在检索中由平台数据带来新的研究问题,找到新的研究思路。研究者在对海量数据进行检索、提取和分析之后完全可能发现一些新的问题,打破人力研究无法进行大型运算分析的局限。

在研究界之外,唐宋文学编年地图还为普通读者、在校学生和文旅事业带来新鲜的体验和机遇。感兴趣的读者都可以使用这个平台进行欣赏和学习,中小学教师也可以利用平台资源进行备课。事实上,获取知识的门槛会随着平台建设和科技发展而降低,普通人也可以从中自主学习,甚至研究相关课题。未来人们有可能通过唐宋文学编年地图这样的网络平台和人工智能技术就受到良好的古典文学教育,学校的部分功能或被替代。而那些著名诗人的行迹图则可以成为文旅事业新的增长点,无论是开发相关的旅行路线还是文创产品,都必然成为文化产业的新内容。其中知名度较高的人物如李白、杜甫、苏轼等的行迹图还可能被引入影视、游戏等媒介进行新的开发。

？ 思考与讨论

(1) 从唐宋文学编年地图到智慧型的知识图谱需要在哪些方面进行提升?

(2) 唐宋文学编年地图对发展文旅事业有什么意义?

(3) 唐宋文学编年地图对诗词爱好者来说有什么好处?

推荐阅读

[1] 陈众议.(2021).数字人文与技术让渡[J].外国文学动态研究(01),5-13.

[2] 应申,侯景洋,周钰笛等.(2020).基于唐宋文人足迹集聚性分析的中心文化城市变迁[J].地球信息科学学报(05),945-953.

[3] 王兆鹏.(2012).建设中国文学数字化地图平台的构想[J].文学遗产(02),131-133.

6.3 ▶ 文学的定量研究

定量分析是数字人文研究的重要路径之一。它指通过数学模型的构建,对社会现象的数量特征、数量关系和数量变化进行分析的方法,其功能在于揭示和描述社会现象的相互作用和发展趋势。虽然定量分析具有很多优势如实证性和客观性,但也有一些仍待克服的缺陷,例如其对自然数据的定量化分析容易将社会现象之间的复杂关系简单化和模式化。

那么如何在文学研究中合理的使用定量分析呢? 如何克服定量研究的缺陷呢? 加拿大学者安德鲁·派普(Andrew Piper)认为文学的定量分析只有与传统文学研究中的文本细读相结合才能为我们提供关于文学的准确有效的概念性认知。具体研究方法为,研究者首先通过对文学作品及其相关研究文献的细读提出研究问题和研究假设,随后通过构建文本数据的定量分析模型来测试该假设的有效性,并根据分析的结果不断对研究假设进行调整,最后得出对文学规律的概念性认知(转引自辛尼金、苏真、扬:2-3)。派普的研究路径克服了文本细读路径仅能覆盖有限文本数量的缺陷以及单一定量研究方式缺乏对数据进行质性阐释的劣势,让我们能在更广泛的范围内更好地理解文学作品的复杂性。在派普研究理念的启发下,美国学者丹尼尔·辛尼金(Daniel Sinykin)、加拿大学者苏真(Richard Jean So)以及美国学者杰西卡·扬(Jessica Young)采用文本细读与定量分析相结合的方式对美国二战后小说创作与经济学语言之间的相互关系进行了卓有成效的研究,为数字文学研究提供了良好的范例。本节将对其进行仔细讨论。

6.3.1　研究问题的设定

研究人员首先通过细读美国二战后小说的代表作品及探讨文学与经济关系的文献提出研究问题:经济学语言如何进入美国二战后小说的? 经济学对小说家的语言是否有影响? 如果有,这种影响的机制是什么? 影响的程度有多深? 以这些问题为基础,研究人员提出了自己的研究假设:二战后美国的经济语言影响了美国小说的创作,且对 20 世纪 70 年代的小说影响最大。

6.3.2　数据的筛选与收集

1) 数据的筛选

根据美国鲍克公司(R. R. Bowker Company)的数据,美国作家在二战后一共创作了约 350 000 部小说。为确保研究的有效性,研究人员确定了对数据的筛选标准:小说必须被世界范围内两个及两个以上的图书馆馆藏。因为若某部小说仅被一家图书馆收录或未被任何图书馆收录,这说明在该书出版时,读者数量非常稀少,该书没有在公众中产生影响,因而不属于本研究的对象。以此为标准,研究人员根据世界联合书目数据库(WorldCat)中美国小说的馆藏数据筛选出了 35 089 部小说,约占小说总量的 10%。

2) 数据的收集

研究人员主要通过以下三种方式收集二战后小说的电子文本:购买电子书、人工扫描以及网络下载。最终,研究人员获得了 5 931 本小说的电子文本,占文本总量的 17%。通过对获取的电子文本进行分析,结果发现:数据库中每个作者出版的小说数量大致相同,并未出现收录某作者 10 余本小说,而仅收录其他作者 1~2 本小说的不均衡现象;收藏单本小说的图书馆数量大致相同。文本数据的分布符合研究要求。

3) 数据的标记与调整

因本研究需探讨经济学语言对不同性别和不同种族的作家的作品的影响,研究人员对小说作家的性别和种族身份进行了标记。为确保身份标记的准确性,他们仔细收集和阅读关于每一位作家的学术研究资料以及该作家关于自己性别和种族身份的表述,并进行标记。在标记后发现,数据库收录的作家 60% 为男性,40% 为女性;95% 为白人,3% 为黑人,1.6% 为亚裔美国人、拉丁裔美国人或印第安人。由于数据库中非裔美国作品数量较少,无法真实反映美国小说的结构,研究人员从堪萨斯大学"黑人写作史"项目组收集的美国黑人作家作品中筛选了 101 部作品作为补充。这些黑人作家作品虽未满足被世界两个图书馆馆藏的要求(所以在第一轮筛选中被去除),但平衡了数据库中作家数量的分布,可以使研究更好地反映客观现实状况。数据库的最终构成为 4 857 部小说,1 676 个作者。

6.3.3　经济学语言来源的选取

研究人员选取《牛津经济学词典》(*Oxford Dictionary of Economics*,ODE)作为经济语言的来源数据库。原因在于,根据世界图书联合会的检索记录,该词典的馆藏数量最高(701 家图书馆),而同类其他词典,例如《美国经济学词典》(*American Dictinary of Economics*)仅有 460 家图书馆馆藏,《劳特里奇经济学词典》(*The Routeldge Dictionary of Economics*)仅有 446 家图书馆馆藏。因此,该字典的使用范围更广,影响力更大。

6.3.4　定量分析模型的构建

首先,使用计算机软件统计经济学词汇和短语在每本小说中出现的次数。在统计时,研究人员需考虑特定词汇的多种含义及其使用语境,排除其在非经济语境中出现的频次。例如,"bond"既可以表示日常生活中的"纽带",也可表示经济语境中的"债券",统计时应当排除其用于日常生活中表达"纽带"含义的使用频次。

其次,计算经济词汇在小说中出现的比率。不同小说的总字数以及其中经济学词汇出现的次数具有很大差异。为了使不同的小说具有可比性,研究人员将每本小说中出现的经济词汇总数除以小说的总字数,得出研究模型的第一个变量,即,每本小说的经济词汇比率。此外,由于同一经济学词汇可能在同一本小说中重复出现,例如某本小说中虽使用了经济学词汇上百次,但是仅包括"美元"(dollar)和"银行"(bank)两个词汇;另一本小说仅使用了经济学词汇 30 次,但在其文本中使用 30 个不同的经济学词汇,为了更好地在研究中反映这一差异,研究人员将每部小说中出现的不同经济学词汇数量除以小说的总字数,从而得出研究模型中的另一变量,即每本小说不同经济学词汇出现的比率。

综上,小说的经济学词汇使用率的公式为(见图 6-4):

$$Economicness = 100 \times \left(\frac{\text{total economic words}}{\text{total words}} + \frac{\text{total unique economic words}}{\text{total unique words}} \right)$$

图 6-4　经济学词汇使用率公式(Sinykin, So and Young,2019:9)

6.3.5　小说的经济学词汇使用率的统计与分析

在完成数据筛选和定量分析模型的构建后,研究人员对 1950 年至 2000 年美国小说中的经济词汇使用率进行了分析(见图 6-5)。那么在这 50 年间,美国小说中的经济学词汇使用率是如何变化的呢?图 6-5 中的统计结果表明在这段时间内美国小说的经济学词汇使用率仅有轻微的下滑,总体变化并不明显,并未发现经济变化对小说语言写作有任何影响。但当研究人员对定量模型进行重新审视时,发现:虽然模型中的两个变量充分考虑到了小说中经济学词汇的数量和出现的频率,但统计的词汇包含了大量日常使用的经济学词汇,无法真实体现经济变化产生的专业性经济词汇对小说创作语言的影响。例如,在统计数据中频率排名前 100 的经济词汇主要包括"上班"(work)、"工作"(Job)、"金钱"(Money)、"银行"(Bank)和"现金"(cash)等日常使用词汇。在使用频率靠近第 100 位时,小说中的词汇逐渐接近专业经济术语,出现的词汇包括"经济"(economy)、"雇员"(employee)、"预算"(budget)、"退休金"(pension)、"按揭贷款"(mortgage)和"租约"(lease)等。需指出的是,这些词汇虽然接近专业经济术语,但是仍属于日常使用词汇的范畴,与其他的非经济学词汇具有类似的使用环境和频率,与特定经济环境无紧密的关联性。但当审视统计数据中频率排名 100 位以后的词汇时,许多与特定经济话语相关联的词汇便涌现了出来,例如"经济学"(economics)、"咨询顾问"(consultant)、"市场营销"(marketing)、"贸易壁垒"(tariff)和"商品"(commodity)等。显而易见,前 100 位在日常语境中使用的经济词汇,如"经济"(economy)和 100 位以后在专业经济环境中使用的经济学词汇,如"经济学"(economics)与经济话语的变化具有截然不同的关联。

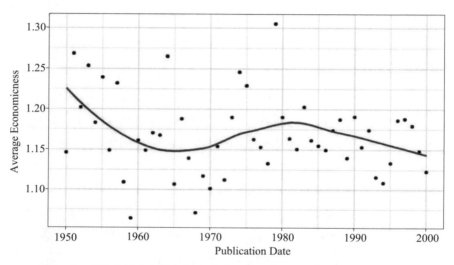

图 6-5　美国小说中经济词汇年均使用(Sinykin, So & Young,2019:10)

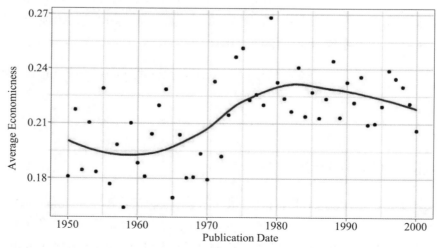

图 6-6　调整后的美国小说中经济词汇使用率(Sinykin, So & Young,2019:10)

鉴于此,研究人员将统计数据中频率排名前 100 位,主要在日常语境中使用的经济学词汇排除在外,对小说中使用频率排名在 100 位以后的经济学词汇使用情况进行了重新分析。分析结果出现了本质性的变化(见图 6-6)。图 6-6 显示在 20 世纪 70 年代早期,小说中的经济学词汇使用率突然增加了 20%。该结果很好地证实和阐释了人文理论学者对 1973 年美国经济话语和经济形势与美国社会、文化和文学转型的相关性的论断。大卫·哈维(David Harvey)在《后现代境况》(*The Condition of Postmodernity*, 1989)一书中谈到,在 20 世纪 70 年代前后,美国的经济模式由基于工业化和标准化生产和消费的福特模式(Fordism)向基于信息化和数字化、具有明显后现代特征的后福特模式(post-Fordism)转变,使我们对时间和空间的体验发生了巨大的变化,造就了新的艺术形式。意大利经济学家乔凡尼·阿尔奈特(Giovanni Arrighi)也指出 1973 年是美国金融资本主义兴起的起始时间。历史学家罗伯特·布伦纳(Robert Brenner)则将 1973 年定义为美国经济由二战后腾飞阶段向经济滞胀转变的节点(Brenner, 2006)。这三位的研究表明了 1973 年在美国经济领域如劳动、金融和财富分配中的重要位置。

此研究所展示的美国 1973 年及以后经济模式的变化影响同时代美国小说语言证实了 20 世纪 70 年代开始的美国后现代经济在文学领域的渗透以及具体的渗透方式。

6.3.6　小说中经济语言的统计分析与美国主导性经济话语的判定

在上文中,研究人员对散落于成千上万部小说中的经济语言的统计和分析结果表明,1973 年以后经济语言在文学作品中出现的频率得到了极大的提升。随后,在统计分析结果的基础上,研究人员提出了定性研究的问题:这一统计结果对于我们阐释单部小说有什么意义呢? 能否帮助我们辨析小说书写与经济思潮的关系? 这是否意味着文学创作中经济小说浪潮的出现? 这些小说对新自由主义是支持还是反对呢? 我们如何评价小说中展现的经济呢?

为了回答这些问题,研究人员根据之前设定的标准手动将 ODE 字典中的经济词汇输入到检索系统中,并将这些词汇分为八类进行统计和研究:金融、公众、国际关系、劳动、金钱、宏观经济、微观经济以及其他。统计发现,有关劳动的经济词汇在文学作品中出现的频率最高,代表性词汇包括"工作""工资""技能"等。四个有关金钱的词汇出现频率也非常高:"美元""金钱""现金"以及"硬币"。但当研究人员按照之前的设定,将出现频率最高的 100 个词汇去掉,文学作品中的经济话语特征就呈现出了另一番景象。劳动一类词汇的出现频率仅排名第四,如"加班""工资支出""企业家""罢工"等;金融类词汇排名第三,代表性词汇包括"银行""信用""股票市场""债务人以及投资银行";排名第二的是一些非常普通,并不为上述八种类型所包含的词汇,如"分销、资本家和经济学"。

排名第一的是微观经济学类词汇,代表性词汇有市场营销、可靠性、花销、创新、消费者以及利他主义。布朗(Brown)和迈克尔·费赫尔(Michel Feher)这些受福柯影响的经济学家认为新自由主义的最大特点就是个人思维受到微观经济逻辑的规训,个人思想在微观经济逻辑的塑形作用下,已经成为经济系统的一部分。不管这些经济学家的观点正确与否,此研究的统计结果表明微观经济词汇是所有经济话语种类中最具主导性的类型,且在 1972 年到 2000 年间,它的主导性地位不断上升。不同种类的经济词汇在文学作品中的分布展现了作家与经济体系互动的广泛程度。

须特别提出的是,虽然许多评论家已经从马克思主义视角阐释现实经济环境对艺术和文学形式的决定作用,并取得了卓越的成果,如皮埃尔·布迪厄(Pierre Bourdieu)的《区别》(*Distinction*, 1979),但此研究并不假设小说中的经济语言的使用是现实中经济状况的呈现。研究人员将此研究的出发点定为:作家对经济词汇的使用与其所面临的经济环境并没有密切的相关性,此研究模型的目标是发掘经济词汇的迁移路径。

通过对小说数据库的统计和分析,研究人员发现唐·德里罗(《大琼斯街》(*Great Jones Street*,1973))、斯坦利·埃尔金(《特德·布利斯夫人》(*Mrs. Ted Bliss*, 1995))、约翰森·弗朗任(《第27城》(*The Twenty-Seventh City*, 1988))和约翰·厄普代克(《政变》(*The Coup*, 1978))是使用经济词汇最多的作家。

此外,研究人员发现许多的畅销书对新自由主义经济理念和制度呈支持态度。例如,分别在当年畅销书榜排行第4的凯瑟琳·内维尔(Katherine Neville)的金融小说《被计算的危险》(*A Calculated Risk*, 1992)和奈尔·舒尔曼(J. Neil Schulman)的经济小说《与夜晚一起》(*Alongside Night*, 1979),以及在1995年畅销书排行榜第21位的帕特·罗布森(Pat Robertson)的基督教末世小说《时代的末端》(*The End of the Age*, 1995),都对新自由异托邦、银行盗窃和经济侦探等新自由主义市场经济现象进行书写,表明代表特定经济现象和政治立场的经济语言成为了美国小说中的普遍性存在。

在宏观性地分析了经济语言与美国二战后小说书写之间的关系后,研究人员探讨了单部小说中的经济书写与新自由主义市场经济的关系。在研究人员的统计中,哈佛大学经济学家约翰·肯尼斯·加尔布雷斯(John Kenneth Galbraith)的小说《一位终身教授》(*A Tenured Professor*, 1990)是经济语言使用率最高的小说。这本小说主要讽刺美国常青藤高校中的学术至上论、美国式乐观主义和自由市场观念。小说的主人公蒙哥马利·马文(Montgomery Marvin)是一位年轻的哈佛大学经济学家。他在加州大学伯克利分校和哈佛大学接受了教育,主要擅长冰箱行业的定价策略制定。他提出了一种以人类非理性行为所伴随的幸福感为基础的经济模型,并在股票投资中赚取了大量的财富,但在随后的经济危机和与政府的博弈中化为乌有。加尔布雷斯的情节设计讽刺了美国倡导的美国新自由资本主义信念的可靠性,在其语言中对新自由主义市场经济中的微观经济行为包括个人和企业的行为进行了充分的展现。

在小说的最后,由于马文试图用他的财富来资助美国政客从而影响美国政治,美国国会传唤了马文,并认为他缺乏美国自由市场信念。国会随后通过了一条法律禁止他提出的经济模型在社会中使用,并没收了他所有的财产——以自由的名义管控自由市场行为。此外,在小说中,马文和他的妻子还努力争取企业中的性别平等、捐赠大学并帮助解决南非的种族隔离现状。小说中这些对自由市场经济、政治献金、劳动市场性别平等、全球正义的探讨较好地展示了各类经济现象对文学语言的影响。

通过上述研究,研究人员发现20世纪70年代中叶的美国小说对经济语言的使用频率高于其他时间段,且主导20世纪后半叶的美国的经济话语是微观经济学,而不是金融。

美国学者丹尼尔·辛尼金、加拿大学者苏真以及美国学者杰西卡·扬三位学者将关于美国小说中经济词汇使用率以及经济词汇类型的出现频率的定量分析结果置于20世纪后半叶美国的经济话语与人文领域互动的语境中进行讨论,不仅明晰了经济性语言由社会领域迁入文学领域的机制以及美国二战后小说的主题和政治立场特征,还更新了以往从社会科学领域研究得出的关于美国经济话语的结论,即20世纪后半叶美国的主导性经济话语是微观经济学,而不是通常认为的金融话语。三位学者通过文学定量研究发现了文学本身的规律、人文与社会现实的互动机制,以及社会话语新结构(例如社会中的主导性话语),对文学和社会研究做出了传统思辨性文学研究无法替代的贡献。文学定量研究是文学研究必不可少的构成部分。

❓ 思考与讨论

（1）如何设定文学定量研究中的各个有效变量？

（2）文学的定量研究与定性研究可否相互结合？如何协调两者的关系？

（3）文学的定量研究可以为文学研究带来哪些突破性的进展？

（4）传统的人文研究学者如何才能有效地向定量研究转变？

（5）中外文学作品的定量研究在研究问题的设定方面有什么差别？

📖 推荐阅读

［1］ Arrighi, G. (1994). The Long Twentieth Century: Money, Power and the Origin of Our Times ［M］. London: Verso.

［2］ Brenner, R. (2006). The Economics of Global Turbulence: The Advanced Capitalist Economies from Long Boomto Long Downturn, 1945－2005［M］. London: Verso.

［3］ 孟建.(2020).数字人文研究［M］.上海:复旦大学出版社.

［4］ 谢宇.(2012).社会学方法与定量研究［M］.北京:社会科学文献出版社.

［5］ 张威.(2017).莎士比亚戏剧汉译的定量对比研究——以朱生豪、梁实秋译本为例［M］.北京:中国社会科学出版社.

6.4 ▶ 文学研究的计算机模型构建

大数据分析已经成为 21 世纪自然科学和社会科学领域研究的重要工具之一。它不仅可以为我们的研究演算出精确的结论,还在研究范围上突破了人脑自然生理限制,让研究者可以同时对更广泛的材料进行系统地分析和探讨,从而加深人类对社会和自然世界的认知。那么我们是否可以将大数据分析引入人文学术研究的经典领域——文学研究呢? 答案是肯定的。对文学作品进行计算机大数据分析,我们必须遵循以下步骤:①选定研究对象,提出特定的研究假设;②设定筛选研究对象(文学作品)的标准,并建立数据库;③使用相关计算机语言编写分析程序;④运行程序对文学数据进行分析,并对分析结果进行定性研究。美国芝加哥大学教授霍伊特·朗与加拿大麦吉尔大学教授苏真通过大数据分析探讨意识流文学技巧在英语小说中传播的研究为我们提供了良好的范例(Long & So, 2016)。下面我们将以该研究为例,探讨英语小说研究中计算机模型构建的方式。

6.4.1　确定研究假设和研究对象

两位研究人员首先广泛地搜集和阅读了大量的批评界关于意识流叙事技巧和文学形式传播规律的文献。他们发现,意识流技巧(stream of consciousness)是 20 世纪英语文学中最为广泛使用和最为著名的文学叙述方式,并且自西欧作家创立该文学技巧以来,很快播散到了世界各地的文学作品中。20 世纪 20 年代意识流技巧传播到了日本,50 年代它成为拉丁美洲作家常用的文学创作方式(Long & So, 2016)。在探讨文学形式的传播时,著名的世界文学学者弗朗科·莫莱蒂和帕斯卡尔·卡萨诺瓦认为 19 世纪以后世界各国的文学是一个统一的体系,受资本主义生产方式全球化的影响,文学作品主要由外来的形式与本地的材料有机融合而成。上述两位世界文学理论家仅对世界文学体系的形成提出了设想,但并未实证。两位研究人员从该设想出发,提出了关于意识流文学形式传播的假设,并尝试通过计算机大数据分析进行实证研究:意识流技巧是国际文学界倍受推崇的文学创作方式,并在世界文学体系内以波浪的形式进行传播。

6.4.2 计算机模型的构建

研究模型通常指对某一现实现象的定量化表述。相对于社会经济中具体的现象,人文创作中的文学形式更具复杂性,不同的作家和不同的读者对同一文学形式都有不同的定义,所以定量的计算机模型很难全面地反映特定文学形式的所有特征。为了能通过计算机模型,比较不同国别文学作品中的意识流叙事形式的特点,两位研究人员尝试将意识流叙事形式中最明显、批评界公认的特点作为标准来量化该文学现象。

通过前期的文献阅读,研究人员发现虽然在以往的研究中,学者们并没有给意识流叙事形式给出统一的定义,但是其某些特征几乎在所有的相关研究中都得到认可。在意识流叙事形式的界定中,除去一些相对抽象和难以进行量化的标准如"内心分析(internal analysis)"(Bowling,转引自 Long & So, 2016:347),仍有许多其他特点可以进行量化描述,如"节录型句式(truncated syntax)"(Chatman, 1978:188)。研究人员综合各类文献,找出了 13 个计算机可识别的意识流叙事的形式特征:①句子的平均长度;②名词化句子的占比;③无动词句子的占比;④以动名词开头的句子的占比;⑤人名在整段话中的占比;⑥以人名开头的句子的占比;⑦不同词数与总词数的比率;⑧除去停止词(stop word)之后的不同词数与总词数的比率;⑨除去专有名词后的不同词数与总词数的比率;⑩拟声词与总词数的比率;⑪新语汇(neologism)在总词汇中的比率;⑫省略号与段落长度的比率;⑬使用自由间接引语的句子的比率。

在确定了意识流叙事形式的区别性特征后,研究人员开始编写程序来识别和筛选数据库中文学作品的意识流叙事段落。为了验证该计算程序的有效性,研究人员首先将上述意识流叙事特征植入计算机程序中,通过使用该程序对特定数量的已经人工识别的意识流叙事段落和非意识流叙事段落的辨别能力来测试运算法则的有效性,并根据测试结果对程序进行不断地修改。当程序辨别的准确率达到 $80\% \sim 85\%$ 时,我们认为该程序的准确性基本达到了要求。

6.4.3 数据库的构建

研究人员选取了 60 部学界已经公认的以意识流叙事形式为主的小说作为研究对象,并将其中的意识流叙事段落进行筛选和摘取。通常情况下,意识流叙事在小说中以片段的形式出现,很难出现整本小说都使用该技巧的现象,所以研究人员采取了两个步骤来提取小说的意识叙事段落。首先,研究者将 30 部小说中学者们已经鉴别出的意识流叙事段落摘选出来。这些段落平均长度约 1.2 万字,平均每部小说摘选 5 段。然后,研究者从剩余的 30 部小说中摘取自己认为是意识流叙事的段落,大约 300 页左右。研究人员摘取的这些段落,既有来自意识流叙事技巧的开山之作《尤利西斯》(*Ulysses*),也有来自受意识流技巧影响的小说如康拉德·艾肯的《蓝色旅行》(*Blue Voyage*),还包括其他语言小说的英语翻译版本,如马塞尔·普鲁斯特的《在斯万家那边》(*Swann's Way*)。一些仅有少量意识流叙事段落的小说也被包括在数据库中,如简·图美的《藤条》(*Cane*).

其次,为了更好地甄别意识流叙事的特征,研究人员建立了一个非意识流叙事文学作品的数据库。学界通常认为英美现实主义叙事是典型的非意识流叙事形式(Scholes & Kellogg, 1966)。这两种叙事形式包含了一些相互对立的特征。为了验证该假设的有效性,研究人员同样选取了 60 部现实主义小说,并从每部小说中随意摘取了 5 段,组成约 300 个段落的数据库。这些段落主要来自经典的小说作品如《嘉莉妹妹》(*Sister Carrie*)、《一个女性的画像》(*The Portrait of a Lady*)、《呼啸山庄》(*Wuthering Heights*)、《远大前程》(*Great Expectations*)等。

6.4.4　数据的搜集、统计和分析

为了论证"意识流叙事形式是由中心国家,例如法国,以波浪的形式传往世界各地",研究人员提出了两个更为具体的研究问题,即①意识流叙事形式是如何从意识流叙事形式创始中心(如爱尔兰和法国)传往语言上更为相近的英语世界的;②意识流叙事形式是如何从高雅的现代主义(high modernism)传播到其他类型的文学作品的。为此,研究人员建设了意识流叙事形式产生之后 30 年内的英语小说数据库作为比较对象。通过世界联合书目数据库,研究人员找到了 20 世纪 20 年代至 20 世纪 50 年代馆藏的约 1 万本英语小说。这些小说的作者来自英格兰、苏格兰、南非、美国、澳大利亚和加拿大等主要英语国家。同时,根据网络上可得的小说电子版本,研究人员将目标小说的数量缩减到了 1700 本。通过计算机程序的甄别,研究人员发现其中约 900 本小说包含意识流叙事。在剩下的 800 本小说中,研究人员在每本小说中选取 5 段长约 1.5 万字的文本录入数据库,作为意识流叙事形式的对比数据库。研究人员在将英语世界的两种具有不同叙事形式的小说摘选导入意识流叙事甄别程序后发现,与之前对中心国家的意识流叙事和非意识流叙事形式的研究结果一致,英语世界的意识流小说和非意识流小说的区别非常明显。系统包含的各个指标测量显示两者的区分度达到 90%。与此同时,研究人员将选取的英语世界小说的段落与中心国家意识流叙事数据库进行对比分析,得到了 0~1 区间的测试值。分值越靠近 1 就说明两者的相似度越高,分值越靠近 0 就说明两者的差别越大。

研究发现(如图 6-7),1923 年到 1934 年间的测试值不断向 1 趋近,表明这段时间越来越多的小说采用了意识流的叙事方式。但在 1935 年后,测试值趋于平缓。这表明意识流叙事技巧刚刚出现时,在作家群体中受到广泛欢迎,英语世界的许多作家开始在自己的创作中实验该技巧,但是随后作家的热情开始下降。意识流叙事技巧的传播速度开始受限。有学者将这一情况与发生在 30 年代的经济危机相联系,认为经济危机影响了作家对现代性的认知,从而对现代主义写作风格产生怀疑(转引自 Long & So, 2016:353)。

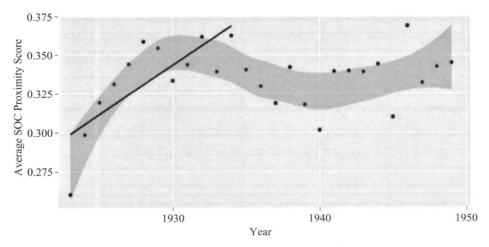

图 6-7　1923—1950 年间英语世界小说中意识流叙事形式的测试值。

注:图表中的每个圆点表示当年出版的小说的意识流叙事形式的测试值。图中的黑线表示 1923—1934 年间意识流叙事形式在文学作品中的上升趋势。灰色的阴影部分表示测试值的整体变化趋势。见 Long & So, 2015。

但研究显示,这期间的意识流叙事小说仅是停止增长,并没有减少。也就是说,经济危机期间的作家,仍然热衷于意识流小说的创作。此外,1923—1934年间意识流叙事形式增加迅速,除了作家对刚出现的新颖文学形式的热情外,这一现象的出现还有没有其他的原因? 是否与国别、种族和性别有关系? 为了进一步探究此现象的原因,研究人员将英语小说样本数据库中作品的作者的国籍与使用意识流叙事技巧的相关性进行了统计。统计结果显示国别对意识流叙事形式的传播没有任何影响。这表明,英语世界的各个国家都热衷于采用意识流叙事技巧,没有国别的限制。研究人员采取同样的方法对性别和种族与样本数据库作品中使用意识流叙事的相关性进行分析,结果发现它们与国别一样,与意识流叙事形式的传播没有联系。

那小说的文类对意识流叙事形式的传播有影响吗? 批评家们通常认为意识流叙事形式是20世纪初的先锋文学形式,是属于高雅文学作品中特有的创作手法,通常会在严肃作家的创作中不断传播(Friedman,转引自Long & So, 2016)。这一结论的隐含意义便是意识流叙事形式在大众文学,如浪漫主义小说中的传播就会相对较少。但是此研究得出的结果与批评家们的研究结论相反。样本数据库中包含了各种文类的作品,包括现代主义、现实主义、历史小说和科幻小说等。研究人员采用了同样的相关性统计办法,发现文学样式对意识流小说的传播并没有任何影响。此研究结果表明,在1923—1950年间高雅和通俗作家都同等概率地采用意识流叙事技巧,在意识流叙事形式的传播中不存在高雅和通俗文类之间的差别。

在鉴别国别、性别、种族和文类与意识流叙事技巧的传播的相关性后,研究人员尝试使用该研究模型来分析受到批评家忽视的意识流小说。研究人员将英国作家杰弗瑞·法诺尔的小说《路的另一边》(*Way Beyond*, 1933)作为样本。该小说属于罗曼司作品,是当时的畅销书之一。在测试中,该小说展现了明显的意识流叙事特征。然而,研究人员发现在以往的研究中,并没有学者将意识流叙事形式与该小说相联系。事实上,学者们通常认为罗曼司小说相对于高雅的现代主义文学作品来说,无法提供文学形式创新方面的价值(Jean, 2016)。但是通过仔细研读下面摘取自该小说的片段,研究人员指出了其在意识流叙事形式发展中的珍贵价值。

> Thus then they sat, Rosemary staring down at the bonnet strings her strong, shapely fingers were twisting and Richard gazing at her beautiful, down-bent face, whose loveliness was made even more alluring by its sudden, bewildering changes, or so thought Richard: This nose, for instance, though perfect in itself, yet because of its delicate, so sensitive nostrils, became positively adorable; This rose-red mouth, with its sweet, subtle curve of mobile lips, broke his heart when it dropped... and, by heaven, it was dropping now! He seized her hands to kiss and kiss them, he lifted her head that he might look down into her eyes, and gazing into these tender deeps, he questioned her in a voice anxious and a little uncertain. (Farnol, quoted from Long & So, 354)

研究人员发现,该段虽然在叙事内容上有些拖沓,但是在叙事艺术上与著名意识流作家伍尔夫的小说具有许多的相同之处,例如伍尔夫的《达洛维夫人》。里面包含了许多意识流叙事手法,如冗长且无指向性的句子,用语法上的省略来展现人物内心沉思的状态,众多的自由非间接引语从句。该段落在意识流叙事模型测试中的高测试值表明了它与许多经典作家的意识流叙事艺术之间的相通性,因此在意识流叙事形式的研究中具有重要价值。

该模型对法诺尔的罗曼斯小说中的意识流叙事形式的发现为我们重新评判文学形式的世界传播规律提供新的视角。在宏观层面上,该研究沿用了莫瑞蒂等学者提出的论断,即,意识流叙事形式在全球化的文学市场中通过互相借用而得到不断的流通和加强。但该模型得出的结论与莫瑞蒂设想中文学形式的传播遵循由中心到边缘国家的传播模式不同,也与文学评论家关于意识流叙事形式在不同的文学题材作品中有不同的传播方式的观点不一致。英语世界的国家,既包括传统意义上的中心国家,比如英国和美国,也包括一些半中心国家,如澳大利亚和加拿大等。南非在当代的语境中根据其经济发展水平来看,已经属于边缘国家。但是该研究发现,意识流叙事形式在这三种类型的国家中的传播并未出现差异性。国别的差异、经济发展水平的差异与文学形式的传播没有直接相关性。法诺尔的罗曼斯小说在意识流叙事形式方面的造诣表明,该文学形式已经走出了高雅文学和通俗文学之间的经典分割线,成为了市场上主要文学体裁的文学艺术手法。

6.4.5 文学计算机模型分析注意事项

研究人员从研究假设出发,设计计算机模型来验证文学形式在世界体系内的传播规律,研究结果更新了我们以往对国别、性别、种族和文类在文学形式传播中的角色的认知。但值得注意的是,该研究并不仅是为了验证已有设想的正确性。他们通过对文学形式在跨国和跨领域传播过程中各种变量的设定和测试,发现了我们仅通过人文思辨性分析无法发现的文学形式传播现象。该研究通过将计算机分析结果置于文学批评语境进行定性分析从而得出新的发现,其研究方式也启发我们在对文学作品进行定量研究时,应当加入定性分析的视角。因为仅靠计算机模式分析,得出相应的数据,很难对文学的内部规律以及文学作品与其他如性别、经济、文化和种族话语体系之间的关系做有效探讨。进行计算机模型分析时,我们应当将模型的变量以及得出的结果置于人文、社会和历史话语体系中进行阐释并与之对话,从而有效推动人文学术的发展。

？ 思考与讨论

(1) 如何设定英语小说计算机研究模型的各个有效变量?

(2) 如何构建英语小说数据库?

(3) 英语小说的大数据研究方式相比于传统的人文研究方式有何优缺点?

(4) 如何设定英语小说计算机研究模型的研究问题?

推荐阅读

［1］Dahl, L. (1970). Linguistic Features of the Stream-of-Consciousness Techniques of James Joyce, Virginia Woolf, and Eugene O'Neill［M］. Turku: Turun Yliopisto.

［2］莱恩·考斯基马. (2011).数字文学:从文本到超文本及其超越［M］.单小曦、陈后亮、聂春华,译.桂林:广西师范大学出版社.

［3］黎杨全. (2013).数字媒介与文学批评的转型［M］.上海:上海三联书店.

［4］廖详忠. (2006).数字艺术论［M］.北京:中国广播电视出版社.

［5］周斌. (2016).数字阅读与文学接受研究［M］.北京:中华工商联合出版社.

第7章

数字人文与比较文学

7.1 ▸ 世界文学的远读模式

"世界文学"的概念渊源久远,但其兴起主要因德国大文豪歌德的倡导。1827年歌德提出这个具有前瞻性的构想,意在强调各民族间文化交流的必要性和重要性。尽管歌德并没有给出明确的定义,但这个术语却为比较文学所倡导的跨民族特征打下了坚实的理论基础。此后马克思和恩格斯在1848年《共产党宣言》中也使用该术语来阐述资本全球化给资本主义文学生产带来的世界性特征。如果说世界文学作为比较文学的早期阶段,是在萌芽时期的经济全球化的直接影响下产生的,那么今天在经济、政治和文化走向全面全球化的语境下,重新强调世界文学的建构便具有十分重要的意义。

在国际化交流日益频繁的今天,以更广阔的跨文化视野来研究世界文学,已成为国内外比较文学界的一个共识。继歌德晚年倡导世界文学伊始,文学批评界持续关注世界文学这一话题,使世界文学成为比较文学新一轮的研究热点。2003年哈佛大学比较文学与世界文学研究院院长大卫·达姆罗什(David Damrosch)曾对世界文学相关问题做了较为集中的思考。他认为,世界文学是一种超越其本身创作背景,以翻译为主的流通形式;它是一个历史现象,处于不断的变迁之中,因而对世界文学下一个绝对而始终有效的定义是不现实的。这一理解使世界文学的研究成为难题,如何研究世界文学成为学术界讨论的焦点。对此,美国意大利裔学者弗朗科·莫莱蒂提出用远读的方法来研究世界文学。

7.1.1 远读:世界文学的研究方法

文学赏析建立在文本细读之上,这已成为文学研究者的共识。传统文学研究的主要任务是对国别文学中的单一文本进行精妙的阐释,但在莫莱蒂看来,若用文本细读的方法研究世界文学会具有明显的局限性:它将无视使文化产品得以流通的权力机制,无法有效考察被划分为中心、半边缘和边缘的不平等的世界范围的文学体系。他以维多利亚时期出版的小说为例,感叹光是阅读200多本维多利亚时期的经典小说已经不是一件容易的事情,若要阅读该时期出版的所有小说更是殚精竭虑之事,遑论读遍全世界最优秀的世界文学经典了,因此莫莱蒂认为该是换一种方式研究文学的时候了。

对此,莫莱蒂提出了"远读"的概念。在他看来,细读只能让我们以严谨的态度对待极少量的文本,而要想了解整体的世界文学体系,就需要我们从对单一文本的关注,转向发现众多文本之间的联系,勾勒对世界文学进行宏观分析的图景。在世界文学的研究中,他认为有必要牺牲对单个文本的细节赏析,而聚焦比文本小得多或大得多的单位,使用定量分析方法从中发现规律,从而获取一种"鸟瞰式的宏观视野"(Jockers，2013：9)。莫莱蒂认为,世界文学研究应该分析比文本更小或更大的单位的演变过程,因为构成文学史的力量的是形式而不是文本。换句话说,历史和形式是分析世界文学的两个主要变量,世界文学应探索文学形式历时的发展和变化过程。以更大的单位文类为例,莫莱蒂认为世界文学与文学文类的形式分析相互关联;文类是文学与产生文学的社会语境的"接合点"(Bennett，2009：285)。成功的文类研究同时处理特定历史时期的文学与社会问题,文学形式因而具有社会意义。对文类进行历时研究,可以观察文学的世界体系特征。

具体而言,莫莱蒂在《远读》一书中提到,进化论、文化地理和形式主义是近十年来他的研究所涉及的三种主要的解释工具。以往的文学研究中,关于文学形式的理论往往忽略历史的因素,而进化论在历史进程的基础上可以解释现存物种的复杂性和多样性。进化论中的树形图勾勒出某种物种如何从共同的起源发生分化而走向多样性。莫莱蒂认为,文学形式类似于生物学中的物种,在进入新的文化空间时会发生变化,这正像生物学中物竞天择的物种那样,文学形式也经历文化的选择。世界历史承载着对文学作品的屠宰过程:大多数的书籍在时间的流逝中消失,只有少数被世代读者传阅的作品能够幸存下来,成为经典。那么是哪些因素促使少之又少的文学经典被不同时代的读者接受呢? 文化选择的主要机制是什么? 为解决上述问题,莫莱蒂以特定文类中某个形式上的特征为突破点,使用定量分析的方法,跟踪该文类在不同文化空间的历史变化过程。由于远读旨在宏观分析,莫莱蒂使用比较形态学来研究文学形式在不同的时间与空间中的演变过程。例如,在比较欧洲和中国小说的发展历程时,通过数据分析,他认为中国小说人物众多,主人公多为群体或家族,叙事倾向于减少不可预见性。直到 18 世纪,中国小说在数量和质量上都胜过欧洲小说,但到了 1827 年,法国、英国和德国的小说开始在数量上取胜,到 19 世纪末,欧洲小说的发展超过了中国,因为欧洲经济的迅猛发展推动了消费社会的产生,而中国在清朝则出现社会发展的停滞现象,影响了中国小说的发展。

文学形式的历史演化需在一定的空间中进行,因此莫莱蒂主张将世界文学看作文化地理的一部分,这个世界文学空间充斥着权力关系,各种文学形式为夺取空间而不断斗争,形成中心、边缘与半边缘地带。文学的世界体系以处在中心的某一自治的文类为出发点,将该文类形式传播到半边缘和边缘地区。作为欧洲小说研究专家,莫莱蒂认为,没人会在乎欧洲小说究竟起源于哪里,但它是如何幸存并茁壮成长的,这才是一个关键问题。欧洲小说好比一个"永久运动的机器",(Armstrong & Montag，2017：618)每次进入新的地理空间时,就会发生新的变化。小说领域的扩展使用的是"中心的情节和边缘的文风"(Moretti，2005：225)。翻译是扩散的前提,和文风受语言限制不同,中心的情节可以过关斩将,旅行到边缘地区,被本土作家所利用;而文风则是"内在的地方特性"(Hay，2014：153)。在边缘文化的文学体系中,现代小说的诞生是西方文学形式的影响和本土材料的妥协之下的产物。

在形式之间的竞争中,最终哪种形式可以取胜,要取决于当时的社会历史背景和形式本身的适应性。莫莱蒂的著作《现代欧洲文学:一个地理略图》(*Modern European Literature: A Geographical Sketch*)记录了不同时期欧洲文学地理的形态变化,如 17 世纪悲剧的差异,18 世纪小说的腾飞,19、20 世纪文学场域的集中化和碎片化等等。莫莱蒂以形态进化学的知识考察欧洲文学历时的发展和变化。他认为文学中的欧洲是一个生态系统,为每个民族文学界定不同的发展可能性:有时其视野会限制智性的发展,有时则会提供意想不到的机会。尽管受到宗教改革、现代民族国家的兴起、经济竞争等因素的影响,但基督教占霸权统治地位时期的欧洲是统一的,因为它仍以罗马为中心。16 世纪欧洲显示出混乱的局面,而到了 18 世纪欧洲已成复杂的、分立的局面,因而复数的欧洲文学体系会不可避免地取代整体性的欧洲文学,而巴洛克悲剧的产生就表达了欧洲已成为多中心的局面。

社会学的形式主义是莫莱蒂的解释工具之一。文学史不仅仅是文学的历史,它还是社会历史的一部分。作为马克思主义文化批评家,莫莱蒂注重考查文学形式与社会力量之间的关系,研究美学形式如何结构性地回应社会矛盾,因为莫莱蒂认为形式是社会关系的抽象物。比如 19 世纪的法国、英国和德国小说就浸染了资产阶级价值观。文学史应考据文学形式的演变过程,关注形式与历史、形式与意识形态之间的紧密关系,这种重视文学形式的社会功能与雷蒙德·威廉姆斯(Raymond Williams)等人倡导的"文学社会学"①相类似。由于文学形式是各种社会矛盾冲突相碰撞的结果,因此必须在文学形式的演变中寻找文学的意识形态功能。在同一但不平等的世界体系中,各种力量妥协的结果会产生文学的新形式。

文学史的抽象模型是表图,地图和树图。表图呈现定量数据,可以显示某一文类的生命周期;地图是空间图,呈现形式如何争取空间;树图则直观呈现形式的分叉与偏离,体现文学进化的规律。远读依靠的是用表图、地图和树形图抽象出来的数据收集和解释,因此莫莱蒂的远读其实不是一种阅读,而是通过分析数据,寻找实证性的模型来验证文学批评家的阐释。用莫莱蒂的话讲,他是在寻找"文学进化的规律"(Moretti, 2013:50)。莫莱蒂的远读方法挑战了对文学批评的传统共识,让我们从更广阔的视角了解世界文学等级空间的分布态势,是研究世界文学的知识状态和文化政治非常有用的工具,也为世界文学研究提供了切实可行的研究方法。

7.1.2 数字人文:远读的发展

在"世界文学的猜想"中,莫莱蒂使用远读的概念思考世界文学这一宏大难题,通过分析"其他学者的研究的大杂烩",(Goldstone, 2017:634)即对前人研究成果的综合和总结,对文学史进行实证研究,是社会科学的定量分析方法应用到文学研究而取得的重要成果,为世界文学的研究路径提供了方向。虽然莫莱蒂首次提出远读概念并非是在一个计算分析的语境中,但是 2010 年随着斯坦福大学文学实验室的建立,莫莱蒂开始将数字技术应用到文学研究中,进行验证假设(如探求计算机是否可以辨认文学文类、计算机网络理论能否重新想象情节)和计算机建模的工作,得到近年来兴起的数字人文领域学者们的支持。从 25 年前开始,远读开始逐渐涉及计算机领域,形成跨学科的数字人文研究。远读在数字人文领域更多地指对数字形式的文本信息的计算机加工,主要使用计算机分析将实证发现进行可视化。数字人文使用标识化(tokenization),即自动化过程能识别的有意义的单位;参数化(parameterization),即对什么可计数,什么不可计数的决定;数据挖掘(data mining),即任何针对抽象化的信息产生或发现模型的活动,用计算机和大数据考察文化体系。芝加哥大学的马克·奥尔森(Mark Olsen)领导的法语数字人文(the ARTFL)项目,弗朗科·莫莱蒂和马修·约克斯共创的斯坦福大学文学实验室,伊利诺伊大学约翰·安斯沃斯(John Unsworth)领导的 MONK 项目,Nora 数据挖掘的文学研究合作等项目,无一不是"带有协作性质的、跨学科"的研究(戴安德,姜文涛,2016:31)。历史学、文学史、书籍史、文学社会学、传播学等领域都可以使用量化和模型来研究具体的人文问题。2018年 MLA 年会的小组讨论题为"数字人文种种",劳伦·克莱恩(Lauren Klein)、艾莉森·布斯(Alison Booth)、米瑞恩·波斯纳(Miriam Posner)、玛丽萨·帕汉姆(Marisa Parham)、艾伦·刘、泰德·安德伍德都参与了讨论。远读已成为大数据时代人文研究的新范式。

在文学领域,远读是一个"惯常指代富含数据的文学研究的术语"(Bode, 2017:78)。宏观的文学

---

① 文学社会学研究文学形式与社会力量之间的关系,是文学研究的马克思主义批评范式。

史研究继续吸取语料库语言学、信息检索和机器学习中的成果,对大量数据进行计算机分析。在数字化过程中,算法可能不仅仅是工具,它的价值并不只是加速文学研究的进程,或扩大其研究范围;相反,来自计算机科学的一些想法可以为文学研究带来新的研究问题,鼓励我们以更加科学的方式架构现有的研究。比如,机器学习让我们以新的方式思考像文类这样的文学概念。文学的计算研究所提供的最直接的价值在于"帮助辨认和评价从单一文本转向文化生产的整个领域和体系范围的文学模型"(Wilkens, 2015:11)。在这点上,凯瑟琳·伯德(Katherine Bode)的《小说的世界:数字收藏与文学史的未来》(*A World of Fiction: Digital Collections and the Future of Literary History*, 2018)和泰德·安德伍德的《有距离的视野:数字证据与文学变化》(*Distant Horizons: Digital Evidence and Literary Change*, 2019)等著作是近几年数字人文在文学领域的代表性成果。

需要注意的是,对实证数据的数字化和可视化是计算机批评区别于莫莱蒂早期远读方法的重要标志。莫莱蒂早期的远读并没有涉及建模、算法等计算机分析,而且并不是所有文学史的定量或实证分析都出现数字转向,按照安德伍德的话讲,"数字技术在远读的早期实践中并不起到核心作用"(Underwood, 2017:1),因此我们要认识到:莫莱蒂最初提出的远读概念和目前数字人文领域的远读方法,两者不尽相同,因而不能混淆。

7.1.3　哈姆雷特的人物关系网络:世界文学的可视化

信息和数据的可视化是数字人文的一个重要内容,但数字人文学者如何对最难以量化的人物或情节进行可视化呢? 莫莱蒂在《网络理论,情节分析》(*Network Theory, Plot Analysis*)[①]一文中用社会网络分析对世界文学经典《哈姆雷特》中的人物和情节进行了示范性的分析。网络是由彼此相连的节点(node)和边(edge)组成的构图,网络理论则是在更多的人或物的范围内研究其关系的理论。情节涉及到人物的行动,以人物为节点,人物之间的相互作用为边,可以形成人物的关系网络,以此直观展现叙述情节的时间流动如何被转换成一套使用节点和边的两维符号,也即时间被空间化,情节被二维符号化。

如图 7-1 所示,哈姆雷特毫无疑问处于网络的中心,加黑的粗线表示他与其他人物之间的直接关联性,当然,国王克劳迪也处在重要位置。莫莱蒂从位置决定功能的观念出发,认为"个体的能动性是不清楚的;真正致命的,是人物在网络中的位置,被拴在国王和王子交战的两极之间。《哈姆雷特》中,在黑体区域之外,没有人死亡"(Moretti, 2013:217)。莫莱蒂使用网络理论将戏剧文本简化为人物间互动的空间网络,提取出来的抽象模型让读者看到复杂物体背后更深层次的结构。在讨论中心人物这个形象时,其"意识"和"内在性"通常是文学理论的焦点,但莫莱蒂认为,人物在网络关系图中的中心度才是更有力的证据。中心度图表显示:左侧的人物如哈姆雷特、克劳迪、霍拉旭、王后、波洛涅斯、雷欧提斯等因与其他人物互动的边的数目较多,所以霍拉旭属于"次要人物",但中心度却很高。因此莫莱蒂认为,网络在人物中建立的中心层次对我们通常思考人物时的二元性,如主人公与次要人物,圆形人物与扁平人物,提出质疑,因此应对人物的层级关系进行再概念化。

在该文中,莫莱蒂还提出了一个十分有趣的问题:我们从未想过在不讨论男主人公的情况下讨论《哈姆雷特》,但如果从人物关系网络图中拿掉哈姆雷特,甚至拿掉霍拉旭,会发生什么?

---

① 　该文收录在《远读》一书中,本小节选取的图表也来自该书。

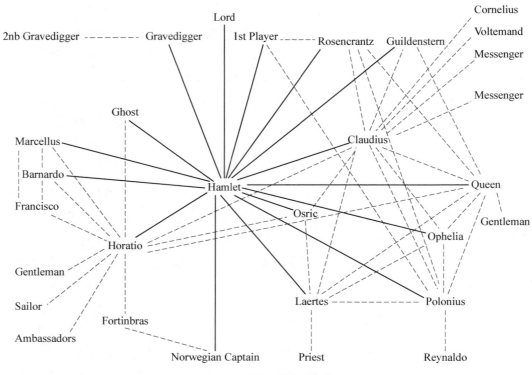

图 7-1 哈姆雷特的空间

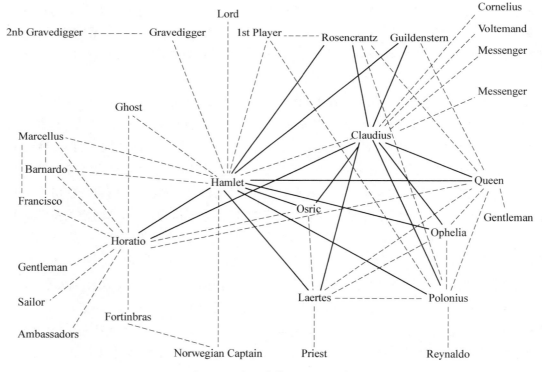

图 7-2 哈姆雷特：死亡的区域

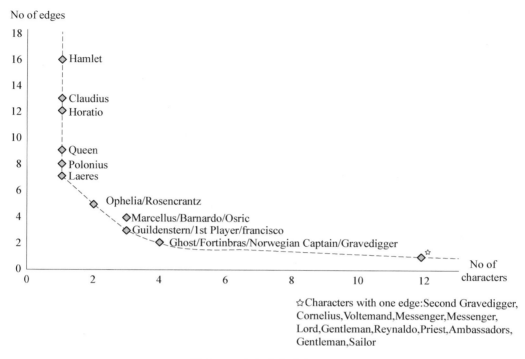

图 7-3　哈姆雷特的中心性

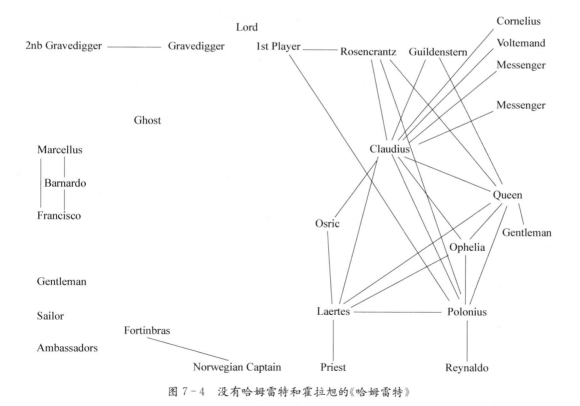

图 7-4　没有哈姆雷特和霍拉旭的《哈姆雷特》

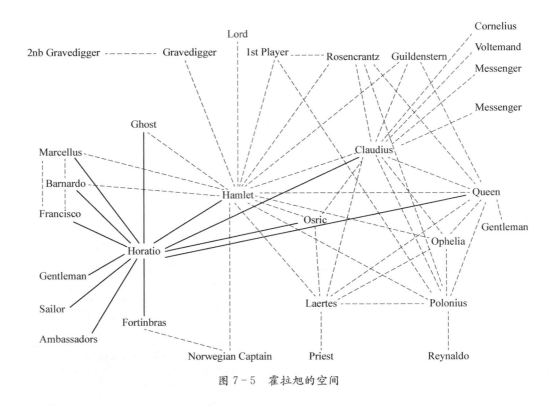

图 7 - 5　霍拉旭的空间

如果去掉哈姆雷特,再去掉霍拉旭,我们可以看到结构上的碎片化变得非常明显,尤其是这场悲剧的开头和结尾,即鬼魂和挪威王子福丁布拉斯最后的台词部分就会彼此分离,也与其他情节相割裂,所以哈姆雷特和霍拉旭在结构上的重要性不言自明,拿掉他们,就意味着网络的稳定性遭到了破坏。霍拉旭可能属于"次要人物",但他在网络中的位置至关重要,关乎整个结构的稳定性。

此外,莫莱蒂还用聚类(clustering)这一概念来说明结构的稳定性。聚类是"网络理论中的一个技术概念,马克·纽曼(Mark Newman)认为,如果顶点 A 和顶点 B 相连,顶点 B 和顶点 C 相连,那么顶点 A 和顶点 C 相连有很高的概率,就好像你朋友的朋友也很可能成为你的朋友"(Moretti, 2013:223)。当顶点 A 和顶点 C 相连,网络的弹性就会增加。克劳迪的聚类性很强,因此去掉克劳迪,并不会对整个网络结构造成很大的影响,因为与克劳迪相连的人物的相关联度很高,而霍拉旭所在的网络聚类性很低,没有霍拉旭,与霍拉旭相连的网络部分就会崩塌。霍拉旭的空间勾连的是"'悲剧的宫廷'和无声的市民社会"(赵薇,2020:41)。霍拉旭的功能性很强,但其行为动机并不明显。

最后,莫莱蒂通过讨论狄更斯《我们共同的朋友》(*Our Mutual Friend*)和《红楼梦》(*The Story of the Stone*)中的人物关系的对称性,讨论了中西小说在对称美学上的不同。莫莱蒂用《网络理论,情节分析》一文为我们提供了可视化的人物网络分析。

?　思考与讨论

(1) 相比于传统的细读方法,远读方法有哪些优缺点?

(2) 什么是网络理论?

(3) 莫莱蒂如何使用网络理论对莎士比亚的悲剧《哈姆雷特》进行人物分析的?

(4) 莫莱蒂在《网络理论,情节分析》一文中的主要观点、发现和结论是什么?

(5) 请使用远读方法进行一个文学案例分析。

推荐阅读

［1］Bode, K. (2018). A World of Fiction (Digital Humanities)［M］. Ann Arbor: University of Michigan Press.

［2］Damrosch, D. (2003). What is World Literature［M］. Princeton: Princeton University Press.

［3］Gold, M. & Klein. L. (2016). Debates in Digital Humanities［M］. Minneapolis and London: University of Minnesota Press.

［4］Jockers, M. (2013).Macroanalysis: Digital Methods and Literary History［M］. Urbana-Champagne: University of Illinois Press.

［5］Moretti, F. (2013). Distant Reading［M］. London & New York: Verso.

［6］Underwood, T. (2019). Distant Horizons: Digital Evidence and Literary Change［M］. Chicago and London: The University of Chicago Press.

7.2 ▶ 比较文学主题学研究的主题建模路径

主题学研究是比较文学研究的一个重要组成部分。"它着重研究同一主题、题材、情节、人物典型跨国或跨民族的流传和演变,以及它们在不同作家笔下所获得的不同处理"①(乐黛云,1989:184)。传统的治学方法讲求对资料爬罗剔抉和涵泳而渔式繁琐、严谨、广泛、细致地考据,通过归纳得出贯通整体的结论。然而,在实际研究中,研究者往往受到时间精力、知识结构与学术视野的限制,难以完整搜集并穷尽体量庞大的研究对象,故仅以文学经典为研究文本,以细读与归纳作为研究方法,止步于一些简单、定性、重复的结论,缺乏对主题随历史文化语境变迁而更替转变的有力解释。因此,主题学研究曾经饱受质疑,其方法论被诟病为零碎、残缺的考据,难以得出让人信服的结论。这一现象背后是主题研究中庞大研究体量与研究者有限精力之间的尖锐矛盾。不过,数字人文的兴起为主题学研究的发展带来契机。比较文学学者王立曾在世纪之交展望主题学未来发展时说:"计算机技术的全面普及与应用,使材料的搜集与检索效率大大提高,那种固守东面不见西墙、材料专有封闭使用以及掠人之美后声称未看到他人成果的恶劣现象,按说应该会得到较大的改观"(王立,1999:109)。本节将要着重介绍的主题建模方法,便能够弥补传统研究方法缺陷,调和人力与资料之间的矛盾,是极具发展潜力的文学主题研究的数字人文路径。

值得注意的是,主题建模是对传统主题研究方法的一种扩展和补充,并不能也无法取代传统的文本细读。主题模型能够扩大研究对象的数量规模与时间跨度,以基于数据的实证方法检验假设的正确性,并探索发现潜在的文学主题。不过,由主题建模得到的主题分析结果并不一定能够发现新知识。"大量计算工作的目的在于检验、摒弃或再次证实我们认为已经掌握的知识"(Jockers, 2014:vii–viii)。所以,主题建模往往是基于一定的猜想和假设,或是立足于已有的研究结果,通过统计获得确切数据,为研究提供一种新证据或一个新视角,又或通过检验归纳结论中的假设部分来去伪存真。完全脱离文本细读将会导致无法对数据做出恰当、有意义的分析。因此在具体实践中,传统和数字人文两种方法往往是结合运用的。那么,在正式介绍主题模型在比较文学主题学研究中的应用之前,我们首先需要了解什么是主题建模及其在文学研究中的应用现状。

---

① 乐黛云、谢天振等学者认为主题学研究不必十分强调"跨国或跨民族"这个前提,因为某一民族文学内的主题学研究是"跨国或跨民族界限"的主题学研究的基础,这也是主题学的发展历史。本章所采用的案例中并没有强调文本的跨国跨民族特征。

7.2.1 主题建模与文学研究

在自然语言处理领域,主题模型是一种文本挖掘方法,通过对词项的概率分布统计,提取隐藏在文本集合中的主题信息。一般认为,文本集合包含若干个主题,而主题则由词语表现。那么,当相似性和相关性强的实词在文本集合中高频出现时,便可能表征某个特定主题。传统的文本知识发现是在统计文本中词对出现次数的基础上,对相关词项进行聚类分析。然而,基于共现关系的弊端是经常会出现高频孤立词(频繁出现但与主题无关的词)、关键词之间缺乏语义联系(难以确定哪些关键词隶属于某个主题)等问题。而以潜在狄利克雷分布为代表的主题模型,则能够根据语境信息将相关性强的词归类,同时辨别同一个词的多种词义(Blei et al., 2003)。主题模型能够将语料库降维至数百个词簇或主题,每一个主题都对应着一组含有语义的词项,每个主题都可以看作是一个多项式分布。相比于传统的文本知识发现方法,主题模型突破了词对共现统计方法的局限,用多项式分布表示主题,往往能够发现更多的隐藏主题、细分主题和知识模式,因此在数字人文领域受到越来越多的关注。

目前,主题模型已被广泛应用于科技文本、新闻文本、UGC 文本(user generated content)的知识发现与主题分析。值得注意的是,这些文本类型的用词在语义上较为单一、清晰、准确。尤其是科技文本,用语十分规范,因此比较适合用计算机进行统计处理。然而,在文学研究领域,主题模型的应用尚处于起步探索阶段。这是因为文学语言在语义层面上的模糊性与多义性为统计算法带来了挑战。例如罗迪(Rhody, 2012)就曾将主题建模应用于诗歌主题分析,但发现从 4 000 多首英文诗歌中提取的主题在语义层面并不明晰,仍需结合原文本进行细读分析,来进一步判定具体主题。

不过,这并不意味着文学领域是主题建模应用的禁地。一些学者已经做出了卓有成效的研究实践,证明了利用主题建模进行文学分析的可行性。马修·乔克斯于 2013 年出版的专著《宏观分析:数字方法与文学史》(*Macroanalysis: Digital Methods and Literary History*)为文学文本主题建模研究做出了开创性贡献。他从文学史的角度入手,借助主题模型和距离度量等方法,利用斯坦福文学实验室的语料库,绘制了 19 世纪英美小说中的文学影响地图。这是主题建模在比较文学领域应用的经典例证。还有学者利用主题建模方法鉴别文学文本与非文学文本。坦盖利尼和伦纳德(Tangherlini & Leonard, 2013)将训练后的主题模型用于已知语料库来检验其效力,并指出主题模型能够帮助我们从数量庞大的文本集合中发掘未知文学作品。除此之外,主题模型还有可能挖掘经典文本中的隐性主题,为文学研究带来新的启示。例如布尔马(Buurma, 2015)以维多利亚时期小说家安东尼·特罗洛普(Anthony Tropllope)的六部巴塞特郡系列小说为研究对象,在考察特定主题在不同章节中的显著性后,找到了半个世纪前就几乎销声匿迹的书信体的体裁特征。上述例子表明,只要方法得当,主题建模完全能够应用于文学研究,例如验证已有结论和发现新的主题或趋势。

利用主题建模进行主题分析的基本过程可概括为:语料库获取、文本预处理、主题推理、主题评估、知识应用等环节。下面我们就以乔克斯和明诺(Mimno)的研究论文《十九世纪文学中的重要主题》("Significant Themes in 19th-century Literature")为例,介绍主题模型在比较文学主题学研究中的具体应用。

7.2.2 案例分析:《19 世纪文学中的重要主题》

乔克斯在此前的研究[①]中通过对 19 世纪 3 346 部英美小说进行主题建模,认为主题内容在 100 年

---

① 请参考《宏观分析:数字方法与文学史》一书中第八章"主题"的相关内容。

文学历程中的波动具有统计学意义,指出包括作者性别、国籍在内的文学外部因素对小说中的主题选择与表达有影响。在该研究中,乔克斯和明诺试图在原有基础上进一步聚焦性别因素,对性别与主题内容的关联程度进行定量研究,评估性别是否能成为预测主题的可靠指标及其具体影响系数,并探究性别对主题表达方式产生的影响。如果证实了性别与主题高度相关,那么是否能够根据男性和女性作者的主题分布,来进一步推测匿名作家的性别,其准确率如何? 顺着同样的思路,他们还提出匿名是否可能与主题相关,例如匿名作家更倾向于书写政治、宗教等禁忌话题? 匿名是否能够成为另一个预测主题的可靠指标? 其具体影响系数是多少?

在方法与工具上,人文研究领域最常用的主题建模软件包是 MALLET。该研究使用由明诺开发的用于 R 的 MALLET 主题建模软件包运行 LDA 模型,它可以根据上下文语境对相关词进行分组,挖掘语料库中潜藏的主题信息。较少接触自然语言处理的文学研究者,可以参考乔克斯编写的简易教材《用 R 语言分析文学文本》(*Text Analysis with R for Students of Literature*),里面详细介绍了在 R 中利用 MALLET 运行 LDA 的具体步骤。在本节中,我们主要学习研究者利用主题模型进行主题分析的方案设计与解读技巧。

1) 语料库获取

该研究使用的语料库包括 19 世纪英国(包括当时的爱尔兰、苏格兰和威尔士)和美国的 3 279 部小说。这些语料源于宾夕法尼亚州立大学图书馆的查德威克·希利文学馆藏(Chadwyck Healey 19th-century British and American Fiction Collection)、古腾堡计划(Project Gutenberg)、互联网档案馆(the Internet Archive)和斯坦福文学实验室(Stanford University Literary Lab)。其中 1 364 部的作者为女性,1 770 部的作者为男性,145 部的作者无法确定性别。

在语料获取方面,除了自行输入编辑电子文本,我们可以通过一些电子图书馆获取大量可编辑的语料。其中查德威克·希利文学馆藏和亚历山大出版社(Alexander Street Press)是两个高质量的文本库。它们提供经校对后的 XML/SGML 编码的电子文本,不过用户都需要付费才能获得其电子资源。而古腾堡计划、互联网档案馆、斯坦福文学实验室等则可以免费提供一些超过版权保护时限的电子文本。为了避免某几个样本波动而影响整体统计结果的准确度,我们需要确保足够规模的语料库。在该研究中,若想研究匿名是否能够成为预测主题的一个可靠指标,并评估其具体影响系数,那么此处 145 本的数量就显得不足,容易被个别样本影响统计结果。

2) 文本预处理

在训练主题模型前,我们通常需要对语料进行预处理,去除无意义和与主题不相关的内容,帮助我们对统计结果做出有意义的解读。第一步是删除常见的"停用词"(stopwords)。首先是一些句法停用词,例如 the、and、of、a、an 等。此外,人物、地点等名称也是不需要的,研究者使用斯坦福命名实体识别软件包将文本中的名字剔除。再者,标点符号和数字也需要删除。在乔克斯和明诺针对该研究的停用词表中,共包含了 5 631 个不同的单词。

在删除停用词后,研究者还需要对文本进行分词处理(segmentation)。主题模型采用一种叫做"词袋"(bag of words)的方法进行分析。所谓词袋,就是一个虚拟的可容纳一定文本的袋子,里面词的顺序是忽略不计的。袋子越大,容纳的词数越多,那么在一个袋子中找到共现的词语也越多。不过,并不是所有的主题都会贯穿小说始终,一些主题往往仅存在于小说中的某几个章节。如果词袋过大,这些主题的相关词共现的概率就会被相对"稀释",就不容易将主题筛选出来。实践证明,将一部完整的小说放入一个词袋进行分析,得出的主题往往会很模糊,不利于我们进行分析研究。所以,我们需要对小说进行切分,形成相同大小的词袋,以便更精确地定位主题。在该研究中,研究者经过反复试验,确定了大约1000词的分段是较为理想的。这样的词袋容量能够筛选出一组集中、可解读的主题,因此研究者将语料库中3279部小说都切分为1000词的片段。

切分完成后,研究者还对文本进行了名词标记以更高效地挖掘主题信息。试验表明,相比于动词、形容词和副词,单一的名词建模可以更准确地捕捉主题信息。当需要对单词进行分类时,我们可以借助斯坦福POS标记工具(Stanford POS tagger),为每个单词标注词性,这样就可以快速将不需要的词类删去。不过,删除某个词类的做法是具有争议性的,这样容易影响主题信息的完整性。如果删除形容词和副词,生成的主题可能会缺少表达态度或情绪的信息;如果删除动词的话,则可能导致无法捕捉与动作相关的主题。因此,在研究中,我们应该根据自己希望在主题中看到的内容,判断是否需要删除某项词类。

在完成了以上三个步骤后,就可以对文本数据进行建模了。乔克斯和明诺在R中利用MALLET主题建模工具包对语料库建模,从631577个文档中提取500个潜在主题[1]。

3)主题推理

为了验证统计结果的准确性,研究者以性别为变量,观察不同主题值是否能够准确表示这些主题与性别的相关性,我们可以针对某一主题,对比它的相关词汇在男性作者所写全部单词中的比例和在女性作者所写全部单词中的比例。研究者以女性作者最常使用的"女性时尚"(Female Fashion)主题和男性作者最常使用的"敌人"(Enemies)主题作为示范。图7-6[2]显示了"女性时尚"主题平均使用比例的全语料库视图。图7-7[3]表明女性作者书写"时尚"主题的可能性是男性的两倍多。不过,我们目前只能说观察到的比例差异非常显著,还需进一步检验才能得出性别与主题具体的相关程度。

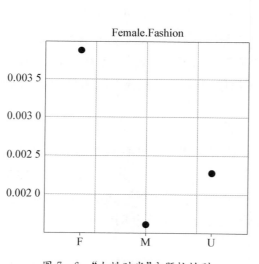
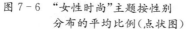

图7-6 "女性时尚"主题按性别
分布的平均比例(点状图)

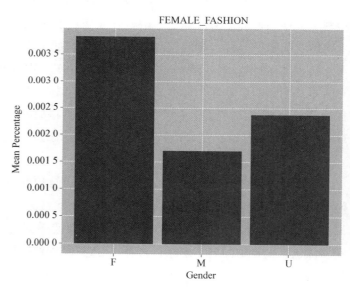

图7-7 "女性时尚"主题按性别
分布的平均比例(柱状图)

---

① 乔克斯已将这500个主题与性别、国籍、年代的关联特征上传至网站,参见 https://www.matthewjockers.net/macroanalysisbook/macro%20Themes/。
② 图7-6取自《19世纪文学中的重要主题》中的图2。
③ 图7-7取自 https://www.matthewjockers.net/macroanalysisbook/macro-themes/。

这时,我们需要模拟一个零假设(null hypothesis)下的主题比例随机分布,以对比检验上面的统计结果。在该实验中,首先假设性别与主题是不相关的,即作者选择书写何种主题不受其性别影响。在随机性实验中,我们可以建立一个真数据集和一个假数据集,它们代表了两个平行世界。在真数据集中,每行代表一部小说,第一列是性别,第二列是分配的特定主题 K(此时是"女性时尚")的单词比例[①]。

我们通过固定第二列(主题比例),随机打乱第一列(性别),从而生成一个假数据集。对于每个随机数据集,我们计算第一列中包含男性的行(实际上可能不是男性)和第一列中包含女性的行(实际上可能不是女性)中主题比例的平均值。这样一来,性别列已被随机洗牌,所以假数据集中性别和主题之间没有实际的关系,但男性与女性创作作品的数量和比例是不变的。我们使用这些值来构建在零假设下平均主题比例的图表。结果符合我们的预期,三个类别的最高密度区域约为 0.002 65,这是"女性时尚"主题在整个语料库中的平均比例。类别之间的差异在于它们的真值偏离平均值的程度,如图 7-9[②] 所示。

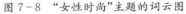

图 7-8　"女性时尚"主题的词云图

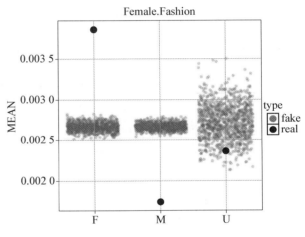

图 7-9　"女性时尚"主题的置换检验

通过随机性实验,我们发现真实值明显超出了虚假值所代表的"预期值"范围,那么可以确定性别的确是影响主题选择的重要指标。同理,研究者检验了"敌人"这一主题在语料库中的分布。"敌人"是男性作者最常书写的主题,而男性作者确实比女性和未知性别作者更多地书写与敌人、战争等相关的主题。通过比较,他们指出"女性时尚"的相关词项在整个语料库中经常出现,但含有该主题的小说比例却很小;而"敌人"的相关词项很少出现,但含有该主题的小说比例则很高。这验证了该语料库所收录的男性作者作品多于女性作者作品的取样事实。

4)主题评估

乔克斯和明诺并不满足于得到性别与主题高度相关的定性结论,而是希望进一步得到量化的相关系数。为了更深入地探索和观察,他们构建分类实验来测试用主题来预测作者性别的准确度。他们使用 R-statistical 软件网站上免费提供的微阵列预测分析(pamr)软件包将最近收缩质心(NSC)分类器应用于数据。在分类时,他们进行了交叉实验:①建立一个包含 2/3 样本的"训练集"和一个包含 1/3 样

---

①　"女性时尚"的词云如图 7-8 所示,取自《19 世纪文学中的重要主题》中的图 3。

②　图 7-9 取自《19 世纪文学中的重要主题》中的图 4。

本的"测试集";②对训练集进行分类训练,然后对测试集进行测试;③根据错误分类的测试集样本数计算误差分数。上述过程重复多次,在这些迭代中统计得出的平均分类错误概率为19%,正确分类的概率是81%。经过评估,该主题模型的主题数据证明,以性别将作者进行分类是有效的。

值得注意的是,这个分类器还能够生成一个男女性作家的用词特征表,如表7-1①所示。我们明确地观察到男性和女性作家对于主题词汇的偏好。该统计结果表明,在19世纪英美小说创作中,男性和女性作家会书写同样的对象,但他们的关注焦点和程度有所不同。例如男性比女性更有可能会书写战争、枪支等主题,不过他们同样会把笔触伸向对儿童的教育和指导,只是不如前者在小说中出现的篇幅和频率多。

表7-1 区分作家性别最有效的25个主题特征

	Label	Male-authors	Female-authors
1	Female fashion	0.201 5	0.261 4
2	Flowers and natural beauty	0.169 8	0.220 3
3	Tears and sorrow	0.161 9	0.210 1
4	Drawing rooms	0.16	0.207 6
5	Drink as in liquor and beer and tobacco	0.148 9	0.193 2
6	Governesses and education of children	0.146 9	0.190 6
7	Nurses for children	0.146 7	0.190 4
8	Pistols and other guns	0.144	0.186 9
9	children girls	0.137 4	0.178 3
10	Pity	0.134 1	0.174
11	Children	0.133 3	0.173
12	Facial features	0.132 4	0.171 9
13	Affection	0.132	0.171 2
14	Health and illness	0.131 4	0.170 5
15	Landlords	0.130 1	0.168 8
16	Men with guns	0.129 8	0.168 4
17	Moments of confusion in battle	0.129 2	0.167 7
18	Grief and sorrow	0.126 9	0.164 6
19	Happiness	0.125 3	0.162 7
20	Afternoon and tea time	0.124 3	0.161 3
——	Swords and weapons	0.124 1	0.161
——	Male clothing	0.123 4	0.160 1
——	Tea and coffee	0.123 2	0.159 9
——	Soldiers	0.121	0.157
25	Dear girls children creatures	0.119 8	0.155 4

---

① 表7-1取自《19世纪文学中的重要主题》中的表1。

5）知识应用

通过实验与评估，我们验证了主题书写是高度性别化的，而且用主题来预测性别的准确率高达80%左右。这一定量研究的结果可以帮助我们较为准确地推测匿名作品的作者性别。鉴于 19 世纪的历史文化背景，研究者期望看到更多的匿名作品是由女性创作的。于是，研究者将该主题模型应用于145 篇匿名文本中，发现有 71 篇与语料库中已知女性作者的主题写作习惯十分相似，有 74 篇与语料库中已知男性作者的主题写作习惯十分相似。这意味着几乎相同数量的男性作者和女性作者选择匿名写作，这并不能验证之前的假设。从当时的文化背景推断，或许是一些女性作者关注和书写了"男性话题"，为了避免因偏离社会所建构的性别规范而带来的困扰，她们不得不选择匿名隐瞒自己的真实身份。不过，匿名创作的真相隐没于历史洪流不得而知。此时我们需要借助其他的知识和研究，才能对统计结果做出科学、合理的解释。

毋庸置疑，主题模型可以有效识别和挖掘文学文本中的主题，但我们需要谨慎使用和合理解读其统计结果。以《十九世纪文学中的重要主题》为例，其中一些统计结果是有意义、可解读的，但也有一些因为样本过小或其他原因未能验证研究假设。对于这些统计结果，我们需要结合其他的背景知识和研究手段才能探索解读的可能性。在该研究案例中，研究者用三种不同的方式测试了主题模型的可靠性：首先，使用置换检验将观察到的差异与给定样本大小的随机变化的预期范围进行比较；其次，使用引导测试检查了观察到的差异是否对异常值敏感；再者，使用分类测试测量了主题的预测能力。研究发现，性别与主题选择和表达确实存在很强的相关性。通过主题来预测性别的正确率高达 80%，不过20% 的出错率也需要我们在具体预测时谨慎下结论。例如，性别预测的主题模型在匿名文本中的应用结果并不符合实验预期，而在我们也无法确定那 145 位匿名作者的真实性别时，是否能够得出什么结论？研究者认为，至少可以说在 19 世纪，并非所有的女性作家都以典型的女性写作方式进行创作。由此可见，虽然该定量研究得出了具体的关联系数，但在实际知识应用时，对于统计结果仍需谨慎解读。

数字人文的兴起为比较文学发展带来了契机。其中，利用主题建模进行比较文学研究无疑是极具发展潜力的研究方向之一。作为人文研究者，我们必须认识到以主题建模来进行主题分析并非是对传统方法的革新与更替，而是传统文学主题学研究的补充与扩展。主题建模所独具的强大的信息检索能力，能够扩大研究对象的数量规模与时间跨度，缓解研究者的有限精力与庞大阅读体量之间的紧张矛盾。它能够暴露通过归纳的方法所得出的结论中的假设部分，以定量的方式检验假设的正确性，并探索发现潜在的文学主题，从而拓展比较文学主题学研究的边界。正如乔克斯所说，主题模型的统计结果并不能代表小说的全部含义，不过这种"远读"的文学见解能够作为"细读"发现的补充，为研究者提供背景知识以更好地把握和理解小说内涵。

？ 思考与讨论

（1）如何看待主题模型与传统主题学研究方法？

（2）主题模型得出的统计结果并不能验证"19 世纪女性比男性更倾向于匿名"的研究假设，请分析可能的原因有哪些？如何验证这些原因的可能性？

（3）如果要进一步探索匿名与主题之间的关系，挖掘作者匿名的动机，应该如何设计分类测试？

推荐阅读

[1]　马修·乔克斯.（2018）.用 R 语言分析文学文本[M].汪顺玉、赵晴，译.上海：上海外语教育出版社.

［2］Jockers, M.（2013）. Macroanalysis（Topics in the digital humanities）［M］. Baltimore: University of Illinois Press.

［3］Jockers, M.（2014）. Text Analysis with R for Students of Literature［M］. Cham: Springer International Publishing.

7.3 ▸ 数字人文视域中的比较文学跨媒介研究

随着技术的发展,信息传递的渠道变得更加多样化。电台、电影、电视、互联网使得音乐、绘画、雕塑、文学、戏剧、歌剧、摄影、建筑等人文艺术门类得以广泛传播,丰富了人们的文化生活。可以看到,技术、媒介和信息的关系十分密切:媒介既是信息的载体和传播信息的渠道,也是艺术表达的技术手段。我们用语言、声音、图像等媒介传达不同的意义。讲述同一个故事,使用的媒介不同,所达成的意义和效果也不尽相同。20 世纪 80 年代以来,文化信息在文学、绘画、电影、音乐、数字艺术、摄影、动画、电子游戏等艺术形式中出现跨界传播。在媒介融合时代,文学的跨媒介叙事正在成为当代文学的突出特征之一,而数字人文则是媒介驱动下的学科融合。

7.3.1 比较文学的跨媒介研究

媒介是文学艺术形式得以存在的物质基础。不同艺术形式因使用的媒介不同而呈现出不同特点。18 世纪西方古典主义时期,G. E. 莱辛(G. E. Lessing)在《拉奥孔:论画与诗的界限》(*Laocoön, An Essay on the Limits of Painting and Poetry*, 1766)中系统剖析了绘画、雕塑等视觉和造型艺术与史诗等叙事文学之间的差异。古希腊群雕描绘了维吉尔《埃涅阿斯纪》中的一个插曲,即特洛伊祭司拉奥孔及其两子被海蛇吞没的景象,但批评家不明白为什么在如此痛苦的场景中雕塑拉奥孔的面部表情趋于平静。莱辛从史诗和雕塑作为不同媒介的差异角度对此进行了美学上的阐释,认为史诗运用的语言媒介在时间中延展,绘画和雕塑所使用的色彩和形体则在空间中存在;前者是时间艺术,而后者是空间艺术。雕塑中拉奥孔的面部不可扭曲,是因为雕像作为视觉艺术,其目的在于表征美,拉奥孔衣服上的褶皱、肢体运动的线条以及拉奥孔发出哀叹的瞬间都精妙地捕捉到那一痛苦的瞬间,表征了一个孕育性的时刻;而史诗作为时间艺术可以借助语言进行叙事,描述同一场景,让读者发挥想象。莱辛从媒介视角切入,考察媒介在文本形成中的独特作用,他认为视觉艺术和语言艺术因媒介的不同而产生美学处理上的差异。《拉奥孔:论画与诗的界限》是西方文学批评在媒介比较方面的一部经典著作。

媒介间性(intermediality)强调的是对媒介间关系的重视,该研究范式的兴起是对人文学术研究日益走向专业化的一种反拨。文学、电影、戏剧、视觉艺术、电子产品等共同构成我们的文化环境,它们之间彼此联系。20 世纪 80 年代以来,文化信息在文学、绘画、电影、音乐、数字艺术、摄影、动画、电子游戏等艺术形式中出现跨界传播。随着跨媒介实践的日益常态化,媒介间性研究异军突起,成为当代知识生产的一个新兴方向。德国学者延斯·施洛特(Jens Schröter)认为,媒介间性研究领域有四种不同的话语,即"综合的跨媒介性、形式的或超媒介的跨媒介性、转换的跨媒介性和本体论的跨媒介性"(施洛特,2021:2-11)。奥地利学者沃纳·沃尔夫(Werner Wolf)也归纳出四种基本的媒介间性形式。一是超媒介性,指某种不限于特定领域的媒介,比如主题变奏不仅仅出现在音乐中,还出现在小说、戏剧、舞蹈中。这种超媒介性力图把握各种人文艺术门类的共同性和普遍性。二是跨媒介的移转,比如从小说到电影的改编,强调的是多种媒介形式之间的转换。三是多媒体性,比如歌剧,里面包含音乐、戏剧等多种媒介形式。再比如,中国传统绘画中的诗、画、书、印等多种媒介的相关性也是一个非常值得研究的跨媒介课题。四是间接的跨媒介指涉,往往是欣赏者在一种媒介中感受到的另一种媒介效果,比如小说的音乐性。可见,媒介间性这一概念本身具有多义性。在媒介间性这一伞状词语下,改编(adaptation)、再媒介化(remediation)与跨媒介性(transmediality)是"三个紧密相连的概念"(Straumann,2015:249)。改编关注媒介的转换以及产生转换的语境。再媒介化是"媒介生态学的隐喻"(Rippl,2020:212),在突显媒介特性的基础上关注旧媒介如何吸收新媒介的元素,主张新旧媒介之间具有依赖关系。跨媒介性则关注故事在多个媒介平台被讲述的实践性活动。跨媒介的故事讲述突显内容如何流动于多种媒介中,并特别关注消费者的参与、接受和互动。

总体而言,将媒介作为表达手段的比较研究,落后于将媒介作为传播渠道的研究。后印刷时代的比较媒介研究是一个值得深入的研究课题。比如,数字媒介中的电脑游戏中也有人物、情节、背景,但它与以语言为媒介的小说叙事不同:文学叙事通过再现表征生活,游戏则通过模拟与仿真体验虚拟世界,玩家更看重的是如何参与竞争,通过化身的动作体验游戏世界的空间性,并寻找聪明的方式击败系统。对于玩家而言,体验、乐趣、刺激、互动等要比寻找故事世界的意义重要得多。

7.3.2　数字人文与跨媒介研究

由于数字媒介的发展,不仅书籍的物质形式发生了巨大变化,而且数字媒介的使用正深刻改变着文学、艺术等的生存语境,我们介入、观察和研究人文知识的方式也在发生前所未有的变化。数字人文以实践性活动介入知识生产,是基于数字资源、方法、工具和平台进行的研究、教学和服务。从某种意义上讲,数字人文也是跨媒介研究的新形式。人文知识主要建立在印刷媒介中,但数字技术的勃兴让人文知识的生产出现在多媒介平台中,因此更广泛的数字人文应该包含新媒体研究。2014 年《约翰·霍普金斯大学数字媒介指南》(*The John Hopkins Guide to Digital Media*)一书序言里对数字人文领域的描述是:"数字人文可以指媒介理论、数字化的艺术品、通过计算机应用对印刷文学的探索、对这种计算机应用的设计以及致力于文化议题的在线档案馆的创设。"(Ryan,Emerson & Benjamin,2014:xi)计算机技术使创新式的多媒介表达成为可能,因此计算机与人文学科的交叉融合也由文字文本转向多媒体研究。文本、声音、动态影像、动画、视频等多种表达形式都在推动人文知识的生产。数字人文与跨媒介研究的结合可以体现在三方面:一是共时性数据的堆栈;二是长时段的历时性研究;三是与计算机技术紧密相连的数字媒介新形式的研究。

首先,数字人文与跨媒介研究的结合体现在共时性的文学艺术作品的数字化基础设施的建设上。数字化材料和数据库建设是研究的基础。如今,建筑、雕塑、绘画、舞蹈、戏剧、音乐、摄影、文学等使用不同媒介形式的作品都已形成与其对应的数字化产品,它们已成为人们进行审美消遣和艺术认知的重要途径之一。数字故宫、数字敦煌等数字虚拟平台建设更是博物馆、艺术展览、博览会等重要的推介手段之一。艺术作品的数字化使研究者的研究对象范围扩大,得以在海量的数据中进行各个维度的研究。例如 K. 本德(K. Bender)使用 1840 幅数字图像,对维纳斯形象进行分析,总结出英国和爱尔兰艺术家创作的维纳斯形象与法国、意大利等国维纳斯形象的差异。文学、艺术作品的数字化基础设施的建设使得文化传播、审美教育和学术研究都走向一个前所未有的层次。

其次,使用数字人文方法进行长时段研究,是跨媒介研究的一个前沿领域。例如,在艺术的跨媒介研究方面,数字人文方法可以总结出特定历史时期各门艺术此消彼长的总体情况,分析某一时期占据主导地位的艺术如何影响其他艺术。比如,浪漫主义时期的主导艺术是音乐,其对浪漫主义诗歌产生影响。此外,研究者也可以使用数字化技术还原艺术家的社会关系网络,探究艺术作品形式母题的历时变化,等等。在古希腊时期,史诗与雕塑是主导的艺术形式,文艺复兴时期则是绘画与建筑,洛可可、古典主义时期关注戏剧,浪漫主义时期关注诗歌与音乐,自然主义和印象主义阶段则聚焦于文学与电影,数字人文的研究方法可以让我们考察长时段的艺术史,分析艺术形式发生演变的原因和历史上不同艺术门类之间的交互关系。

再次,在与计算机技术紧密相连的数字媒介新形式的研究方面,杜克大学学者 N. 凯瑟琳·海尔斯在艺术与科技、电子文学和后人类等领域有突出贡献。她认为,在数字化时代,计算机不仅彻底改变了我们的生活方式,而且会颠覆我们的认知。人类文明已经进化到一些新的认知域,人工智能的发展会让计算机创造出来的诗歌越来越成熟,计算机已经具备一定的无意识认知。将来人工智能作为创作主体会深刻改变人文知识的形式和内容。

7.3.3　数字人文视域中的《弗兰肯斯坦》

数字媒介对《弗兰肯斯坦》的再媒介化首先表现在将纸媒的《弗兰肯斯坦》转化为数字版,这主要表现在雪莱—戈德温在线档案馆、宾夕法尼亚电子版和数字集注版对《弗兰肯斯坦》的数字化。雪莱—戈德温档案馆(The Shelley-Godwin Archive)提供关于玛丽·沃斯通克拉夫特·雪莱(Mary Wollstonecraft Shelley)及其丈夫珀西·比希·雪莱(Percy Bysshe Shelley)、父亲威廉·戈德温(William Godwin)以及母亲玛丽·沃斯通克拉夫特(Mary Wollstonecraft)的数字化手稿[①]。该电子档案馆由纽约公共图书馆、马里兰人文技术研究院、牛津博多利图书馆、汉庭顿图书馆等多家机构联合建立。点开"搜索档案馆"按钮,左侧便出现"按作品浏览"这一分类,用户可以看到上述作家的主要作品列表,如威廉·戈德温的《凯莱布·威廉斯》(Caleb Williams)和《政治正义》(Political Justice);玛丽·雪莱的《弗兰肯斯坦》和《玛西尔达》(Mathilda);珀西·雪莱的《知性美之赞》(Hymn to Intellectual Beauty)、《痛苦:一个片段》(Misery—A Fragment)、《勃朗峰》(Mount Blanc)、《我失去的威廉(给威廉·雪莱)》(My Lost William—To William Shelley)、《苍天颂》(Ode to Heaven)、《解放了的普罗米修斯:四幕抒情剧》(Prometheus Unbound: A Lyrical Drama of Four Acts)、《致笑声》(To Laughter)、译著柏拉图的《伊安篇》(Translation of Plato's Ion)、《漫游的风》(Upon the Wandering Winds)。右侧对应的是"按手稿"分类,用户可以浏览实地保存在相应图书馆的手稿的数字版。如果点击左侧玛丽·雪莱的《弗兰肯斯坦》,首先看到的是介绍《弗兰肯斯坦》的一段文字,其中编辑告诉读者,《弗兰肯斯坦》最初的手稿已不存在。1816—1817 年间,玛丽·雪莱与丈夫珀西·雪莱一起用两个笔记本将该小说手抄成两卷,这两卷手抄本被发现时装订已损坏,但在 1818 年小说付印时,该手稿的 87% 得以幸存,现在仍以 MS Abinger c. 56 和 c. 57 为标记储藏在牛津博多利图书馆。将该手稿数字化则是基于著名的《弗兰肯斯坦》书籍史专家查尔斯·E. 罗宾逊(Charles E. Robinson)于 1996 年出版的研究成果《弗兰肯斯坦笔记》(The Frankenstein Notebooks)中的第一、第二部分,因此在该介绍的右侧有一个资源链接,列有罗宾逊对《弗兰肯斯坦笔记》的介绍和完整的《弗兰肯斯坦》创作版本的编年史。该介绍的结尾处,编辑告诉读者,若想了解更多,可以点击斯图亚特·库兰(Stuart Curran)的《弗兰肯斯坦》在线版(即下面将要提到的宾夕法尼亚电子版),它包含该小说 1818 年的第一版本和 1831 年的第三版。可以看到,电子档案馆是对传统档案馆的再媒介化,相较于传统的实地档案馆,电子档案馆有编辑

---

① 参见 The Shelley-Godwin Archive. About the Archive [EB/OL]. http://shelleygodwinarchive.org/.

的介绍性文字、数字化的纸稿和手稿图片以及专家、学者的研究成果,它不仅有实地档案馆保存历史的功能,更有不受地域限制,普惠任何对此感兴趣的计算机使用者的民主功能。从纸质文本到电子文本,发生改变的不仅是其物理形态,还有其意义,因为编码标注总是一种分析性的编辑行为。建立这一在线档案馆的学者从事的是数字人文保存材料的基础工作,他们在解释性框架内对材料进行选择和组织,使用超文本和多链接整合资源,让用户们坐在家中就可以使用这个在线档案馆了解《弗兰肯斯坦》的创作史。数字人文与普通大众产生交集,扩大了学术的范围。

自 19 世纪以来,文学研究者一直梦想能创建一部作品的"前文本",即"将作品形成过程中的各种不同版本、修改情况等进行整合展示或串成证据链"(博迪克,2018:19)。《弗兰肯斯坦》早期的超文本宾夕法尼亚电子版(Pennsylvania Electronic Edition)①和后来的数字集注版(A Digital Variorum Edition)②,正是依靠计算机技术实现了这一梦想。宾夕法尼亚电子版载于浪漫主义圈子网站③,由宾夕法尼亚大学斯图亚特·库兰教授和其助手杰克·林奇(Jack Lynch)创建于 20 世纪 90 年代,历时 15 年完成。总体上,宾夕法尼亚电子版使用 HTML(超文本标注语言)格式显示数据,共有 89 000 个独立的文件形成超文本链接。它将 1818 年和 1831 年两个版本的《弗兰肯斯坦》数字化,每个版本都提供了丰富的注释,以强调两个版本之间的区别与联系,同时也有作家生平、人物介绍、18 和 19 世纪主要历史记事、《弗兰肯斯坦》年纪、《弗兰肯斯坦》创作语境介绍(如神话、《圣经》《浮士德》《失乐园》、崇高美学以及当时的科学与社会发展状况等等)、209 篇关于《弗兰肯斯坦》的评论文献、与该作品相关的插画、地理和地图展示,以及出现在该网站上所有文献的链接列表等等。宾夕法尼亚电子版建立的首要目标是为《弗兰肯斯坦》这部小说提供完整的概念性框架,让浏览者对创作语境、时代精神、文本版本的差异、小说阐释等方面有完整的了解。超文本的链接之间存在丰富的交叉联系,例如,当小说文本引用《失乐园》的典故时,用户可以马上点击《失乐园》的链接进行进一步的了解,交叉索引的功能使浏览更加便捷。

如果说宾夕法尼亚电子版是早期的超文本,《弗兰肯斯坦》的数字集注版则是数字人文项目。2016 年以来,宾夕法尼亚州立大学伊利比兰德学院数字媒介、艺术与技术专业主任伊莉莎·贝瑟罗-班德尔(Elisa Beshero-Bondar)与卡内基梅隆大学、匹兹堡大学以及马里兰大学的学者们一起致力于《弗兰肯斯坦》五个版本的电子化工作。这五个版本包括:①1816 年版本,这是玛丽·雪莱应浪漫主义诗人拜伦提出的进行创作哥特故事比赛的建议,在拜伦家中完成的初稿;②1818 年出版的《弗兰肯斯坦》;③"托马斯副本",即玛丽·雪莱在 1818 年版本的小说页边处手写的编辑版;④1823 年版本,由玛丽·雪莱的父亲出版,其父威廉·戈德温以此成为首位承认玛丽·雪莱为作家的人;⑤1831 年版本,这一版是高中或大学阶段的读者广为阅读的版本。数字人文学者们以每一版具有明显开头和结尾的段落,或其他版本删掉的段落为分界点,将故事分为 33 个部分,然后将不同版本的这些部分输进校对处理器中,该处理器可以产生文本差异的数字代码,标注出玛丽·雪莱历时 13 年对该小说的修订。例如,弗兰肯斯坦在思考所创造的怪物时,最初的版本是"我变得紧张",其后的版本分别修订成"我有些紧张"和"我紧张得要命";到 1831 年的版本,玛丽·雪莱增加了更多的文字,改为"我紧张得要命;一片树叶也会惊吓到我,我就像犯了罪,内疚得避开我的同类"。这个版本的描述更加重了弗兰肯斯坦的绝望

---

① 参见网站 http://knarf. english. upenn. edu/frank. html。

② 参见网站 https://frankensteinvariorum. github. io/viewer/。

③ 浪漫主义圈子网站(Romantic Circle),致力于浪漫主义时期的文学与文化研究,参见网址 https://romantic-circles. org/。

感①。此外,雪莱也对人物作了修改。1818 年版小说里弗兰肯斯坦和妻子伊丽莎白是表兄妹,而在 1831 年版中,伊丽莎白是一名孤儿,在蜜月里被怪物杀死。借助计算机技术,数字集注版精确显示了文献学意义上不同版本的差异,同时也设计了人物游走的线路图,浏览者既可以逐行阅读,也可以按照地图图标浏览,选择自己的探险路线。这一数字工具改变了浏览者对《弗兰肯斯坦》的阅读方式,让他们意识到叙事因浏览者不同的选择而走向不同的叙事线。可以看到,数字人文使人文研究成为一个在世界范围内可参与、相关联的互动机制,将丰富的人文知识引向大众。

图 7-10 《弗兰肯斯坦》版本比较

? 思考与讨论

(1) 如何使用数字人文方法进行比较文学的跨媒介研究?

(2) 请举例说明如何使用数字人文方法进行长时段的跨媒介艺术史研究。

推荐阅读

[1] Bruhn, J. (2016). The Intermediality of Narrative Literature[M]. London: Palgrave Macmillan.

[2] Cartmell, D. & Whelehan, I. (2007). The Cambridge Companion to Literature on Screen[M]. Cambridge: Cambridge University Press.

[3] Hutcheon, L. (2006). A Theory of Adaptation[M]. New York & London: Routledge.

[4] Rippl, G. (2015). Handbook of Intermediality[M]. Berlin/Boston: De Gruyter.

---

① 参见宾夕法尼亚州立大学 2021 年 6 月 15 日发布的新闻"比兰德教授领衔致力于创造数字化的《弗兰肯斯坦》"(Behrend professor leading effort to create a digitized 'Frankenstein'),网址为 https://news.psu.edu/story/636753/2020/10/27/research/behrend-professor-leading-effort-create-digitized-frankenstein。

第8章

数字人文与历史地理

8.1 ▸ 中国历代人物传记资料库

中国历代人物传记资料库(CBDB)是被视为榜样典范的汉学数字基础设施建设,也是国外知名的与中国文化或者说汉学相关的数字人文研究项目。如果用更为准确的语言来描述,CBDB 是一个庞大的关系型数据库,它对历史文献中出现过的各类人物的生平事迹兼容并收,进行全面汇总集成,以供研究人员进行分类查询、批量检索。CBDB 在数字人文的发展史上不仅提供数据库,也贡献方法论,同时也是数字平台建设的榜样与参照物。本小节将从 CBDB 的历史沿革、性质特色、用途贡献、未来发展等方面逐一进行介绍。

8.1.1 CBDB 的历史沿革

CBDB 是美国哈佛大学费正清研究中心、台湾"中研院"、北京大学中国古代史研究中心三家联合建设的古籍知识库,目前为全球各地从事汉学或中国研究的学者提供数据支持和分析,是卓越的数字在线系统。CBDB 的缘起是美国社会史专家郝若贝(Robert Hartwell)在 20 世纪 80 年代初创建的中国古代传记资料数据库,最初的目的是用于他个人在宋史领域的学术研究。1996 年郝若贝教授去世之后,数据库遵照其遗嘱被赠予哈佛燕京学社。2004 年傅君劢(Michael A. Fuller)教授重新设计、编写了数据库的结构。目前为使用者熟知的 CBDB 项目启动于 2005 年,由前述三方共同联合开发。后继者修订了郝若贝所编录的 25 000 人的传记资料,又补充录入了中国台湾学者昌彼得、工德毅、程元敏、侯俊德合著的《宋人传记资料索引》。作为开放式数字平台,其资料库时至今日仍在不断地修订与补充中。

8.1.2 CBDB 的性质特色

CBDB 的性质特色要从它的创立目标、学科背景、数据采集、技术手段等多方面来理解。CBDB 的目标是采集历史人物的信息,打造人物传记资料库。几位创立者都是从事宋代历史研究,研究背景包括社会学和文学等多个领域,这就注定数据库一开始的设计是与这些研究者所关心的问题、研究需要的资料密切相关。关注创立者的研究背景可以使我们从一开始就甄别出 CBDB 的资料库并非传统意义上的人物传记。传记文学或报告文学中的人物倾向于树立典型,突出特色,总之要使这一个体有别于其他个体。CBDB 服务的是群体传记学研究(prosopography),即"通过对一群历史人物的生平进行综合研究,进而发掘出他们共同的背景特征"(Stone,1971:46)。换言之,传统传记寻找的是个性,群体传记学研究寻找的是共性。在此背景下,CBDB 无差别且全面地收集历史文献中每一个人物的信息,所谓无差别,是指不聚焦于名人或有突出事迹的人,而是将所有出现的人物(包含小人物和边缘人)的信息都进行采集;所谓全面收集,是指从一切文献包括墓志、书信等资料当中提取相关信息,这些信息包括但不限于姓名、籍贯、生卒年、入仕途径、官职、亲属关系、社会关系、平生著述等。

CBDB 的性质是关系型数据库,所以它研究的主体是人物与人物关系,简单说来就是数据库有两条主线,一是人物自身,二是人物关系网络,关系网络可以自成一体,并不是人物生平的附属品。CBDB 服务的群体传记学隶属于历史研究的范畴,同时也涉及社会学和人类学的研究领域。这种属性决定了 CBDB 以人物为核心,但其研究却未必以人物为主题。也就是说,CBDB 提供的数据可能涉及通过人物及人物群体研究某个历史时段的政治、经济、制度、文化、社会等多个领域的问题。CBDB 将提供的数据定义为两类:实体(entities)与实体关系(relations)。如果理解起来有点抽象,那么让我们不妨通过数据库的功能来理解这两类数据。第一,CBDB 能够提供海量信息,这其中包括各种零散信息,以及冷僻的文献类型。第二,CBDB 可以将海量信息进行分类提取,将分散的历史记录进行整合,或者说作为关系型数据库,CBDB 可以对选定信息的内在结构特征进行分析,通过建模方式对其进行结构化处理。而结构化数据意味着可以通过实体来追踪实体关系。举例来说,我们选定人物、籍贯、婚姻关系、官职作为四项实体,在检索出所需数据后,CBDB 可以建模分析这四项数据之间的内在联系。由此我们便可以知道浙江籍是否比四川籍更倾向于与高门联姻,不同的婚姻关系是否影响职位升迁。而这些内在的结构关系绝对无法通过研究者的手工化作业而获得。第三,CBDB 能够满足使用者的检索需求,同时还便捷可靠。研究者可以使用时间、人物、地点、事件等任何关键词进行检索,也可以根据研究需求设定范围进行检索。我们知道在古代同一个人可能既有姓名,又有表字,还有其他别名,死后又有谥号。CBDB 对这些名号都会一一进行编码,因此无论检索的是别名还是谥号,都可以准确地找到所有的相关文献,不会错漏。而对于同名同姓的历史人物,CBDB 则会不断甄别,以便删除那些重复录入的人物。对于复杂的人物社会关系网络,CBDB 则进行了将近 250 种编码。通过 CBDB 检索获得的数据,还可导入 GIS 系统进行二次分析。

CBDB 在技术方面的特色除了编码与联动地理信息系统,还体现在它的数据呈现形式上。关系型结构化数据可以根据研究者的需要进行编排,与传统单一的 Excel 表格相比胜过太多。除了以关系型呈现的数据结构表格,CBDB 也可以呈现 XML 和图形数据库文件。另外,在数据提取中,CBDB 的智能标引技术十分先进,比如使用了 BERT(Bidirectional Encoder Representations from Transformers),也就是借助深度学习的方法实现自动化的数据收集,这样既提高准确率也节省人力。

8.1.3 CBDB 的用途贡献

CBDB 的贡献既是关乎研究本身的,也是关乎方法论的。总的说来,CBDB 的出现促成了研究范围不断扩大,研究门槛不断降低。本来只具有数据库的功能,但 CBDB 在发展应用过程中带来了方法论的革新,以及研究观念甚至研究范式的转变。具体而言,其用途主要体现在三个方面:群体统计分析、社会网络分析、地理空间分析。

首先,群体统计分析。无论研究的问题是繁还是简,CBDB 都可以满足相关需求。研究者常举的一个例子是两性死亡年龄,研究者可以研究同一历史时期两性死亡年龄的差异,也可以研究不同历史时期两性死亡年龄的差异,比如 CBDB 中 3 119 位女性的死亡年龄的平均数是 53 岁,中位数是 55 岁。这时研究者关注的是集中趋势与离散程度,属于较为简单的任务,完全可以用描述性语言进行概括。如果想要研究更为复杂的问题,涉及多变量分析,那么使用的工具和方法也会更加复杂,比如使用

SPSS 或 R 语言散点图、交叉图等形式予以呈现。有一个经典例证,CBDB 的创立者郝若贝在 1982 年发表了《750—1550 年间中国的人口、政治及社会转型》("Demographic, Political, and Social Transformation of China, 750-1550")。其中,他研究了宋代财政官员的社会身份、出身地域和婚姻关系,这些复杂的变量显然不是通过简单的归纳统计就可以进行分析的。如果没有大型数据库提供海量数据,不能进行大型检索和统计,那么研究者只能模糊地预知这其中存在某种关联,但是却无法具体地开展相关研究。可以说 CBDB 的出现在某种程度上拓展了研究的边界,让过去不可能进行的课题成为可能,帮助研究者实现设想。

其次,社会网络分析。如果说郝若贝的上述研究对婚姻关系只是有所涉及而并未建构起社会网络分析,那么后来者则在这一领域掀起了研究新浪潮。一些在 CBDB 数据库中不到一分钟就能显现的关系网络,可能很难通过研究者个人的阅读或传统文献检索发现。比如北宋的苏轼和张元弼是什么关系? 欧阳修与庞籍又是什么关系? 通过 CBDB 我们则能回答,苏轼和张元弼的岳父文同是表兄弟,欧阳修的儿媳与庞籍的儿媳是堂姊妹(见图 8-1)。当然这只是非常微小的问题,但即使是这样的问题我们也需要借助数据库才能够迅速作答。我们不妨问一个复杂的问题,在 9 世纪的中国成为精英需要哪两个必要条件? 对于这个问题,谭凯(Nicolas Tackett)可以回答,第一是需要出生成长在京城(西安或洛阳),第二是需要政治联姻。事实上,社会网络分析提供的不仅仅是数据,还有思考问题的不同视角。研究者可以通过某种社会网络的特征去考察政治、经济、社会等多个领域的形态。CBDB 数据库既可以检索两个人物之间的关系,也可以通过检索某人考察其关系网络。

图 8-1　苏轼、文同、张元弼关系图

再次,地理空间分析。这一类型的研究往往与 GIS 系统配合使用。因为 CBDB 提供与 GIS 系统兼容的输出格式,操作起来相对便捷。这一类空间分析的研究多半需要直观地在地图上看到分布状况,可以使用 MapInfo、ArcGIS 等软件将 CBDB 与 CHGIS 的相关数据联动整合,从而形成新的分析输出。常见的研究包括考察不同朝代精英的分布图,由此研究其迁徙背后深层的社会政治动因,比如 2019 年在《历史地理研究》上发表的《北宋官僚家族网络的空间结构及其演化:基于 CBDB 和 CHGIS 的考察》。当然此类研究不胜枚举,感兴趣的读者可以自行检索,CBDB 网页上也会有使用其数据库产出的文献列表。这类关于地理空间的研究往往需要研究者的通力合作,历史学者与技术人员的组合十分常见。

8.1.4　CBDB 的未来发展

CBDB 目前已经由基金会支持改为商业发展。新版平台有两种,一种为商业版本"引得",另一种为北京大学团队负责的开源版本。商业版本只要不下载数据即可免费使用,开源版本会提供更多实验性功能。作为一个开放性平台系统,CBDB 一方面积极与其他资源平台进行"互关",另一方面开放 API (应用程序接口)。前者使 CBDB 实现了与上海图书馆的互联,后者使 CBDB 与 Markus、DocuSky、Ctext(中国哲学书电子化计划)建立合作,同时可读写的 API 还可添加或修订 CBDB 的数据库信息。未来,CBDB 可能会在现有基础上增添新的类别,比如"事件"或者"商业活动","实体"的内涵会拓展及深化。还有一些功能将进一步完善,例如自动识别系统。未来 CBDB 应当不仅能支持汉族姓名的自动识别,满族、蒙古族和藏族的姓名也应该可以被自动识别。随着 CBDB 的进一步发展,某些现有的研究方法甚至研究路径也可能被改变。CBDB 下属的子项目 CSA(明代书信计划)的开展就有望改变目前的书信研究方式,大型数据库的建立和交互研究将成为可能,传统的考证研究与数字化研究将相互融合。事实上,CBDB 的发展与人工智能技术的发展或将相辅相成,而未来的教学、检索、研究都可能随之被改变。或许,CBDB 会是一个永无止境的项目。

⑦ 思考与讨论

(1) 你认为 CBDB 适合哪些领域的研究?

(2) 请寻找 2～3 篇使用 CBDB 完成的经典论文并进行阅读。

(3) CBDB 目前还存在哪些不足?

▥ 推荐阅读

[1] 包弼德,王宏苏,傅君劢等.(2021)."中国历代人物传记资料库"(CBDB)的历史、方法与未来[J].数字人文研究 (01),21-33.

[2] 刘京臣.(2019).大数据视阈中的明清进士家族研究——以 CBDB、中华寻根网为例[J].北京大学学报(哲学社会科学版)(04),96-108.

[3] 钱超峰,杜德斌.(2019).北宋官僚家族网络的空间结构及其演化:基于 CBDB 和 CHGIS 的考察[J].历史地理研究 (02),83-94+161-162.

[4] 赵薇.(2022).量化方法运用于古代文学研究的进展和问题——以近年数字人文脉络中的个案探索为中心[J].文学遗产(06),168-180.

[5] 徐永明,黄鹏程.(2017).《全元文》作者地理分布及其原因分析[J].复旦学报(社会科学版)(02),141-147.

8.2 ▶ 数字文化地图

文化在民族认同的构建、国家传统的传承中扮演了重要的角色。但是由于文化传统资料,例如相关的手稿、图片和文化活动资料等分散于各文化来源地,文化的跨区域、跨族群传播受到了很大的限制。因此,数字化成为了促进文化研究和传播急需解决的议题。赖彦斌和董晓萍指出了数字化为文化研究带来的便利:"借助计算机技术,主要是数据技术,把纸介地图无法呈现的多层、多元、多空间、多图形的民俗和民间文学信息,以及民俗学和民间文艺学纸介成果无法呈现的多媒体实时实景传输信息,可视化地表达出来。"(赖彦斌、董晓萍,2012:3)文化数字化可使因散落于各地而未受到研究者和大众关注的文化现象和传统回到公众视野,增加文化系统构建的完整性。与此同时,特定文化传统的产生和发展离不开地理因素的塑形作用。例如,蒙古族的骑射文化离不开内蒙古平坦而广阔的草原;日本的鱼类饮食传统离不开日本的岛国地理环境。此外,许多当代的文化形态在历史上的形成过程中必然会经历从一个地理区域到多个地理区域的传播和演变过程。例如,中国的牛郎织女故事产生于古代"中原"后,不断向中国南部、西部以及北边的长城一带扩展,甚至随着跨国文化的交流,在越南、韩国和朝鲜等东亚、东南亚各国出现了该故事的不同表述。那么地理空间与文化形态有着怎样的互动关系?文化在不同的地理空间中的传播遵循什么样的规律呢? 这些问题的解答都离不开数字文化地图的协助。赖彦斌和董晓萍以民俗文化为例,谈到了数字地图对文化研究的重要性:融合了图谱学的数字故事民俗地图"可以帮助民俗学和民间文艺学学者将不同历史时间的数字故事民俗地图形成一个系列,表现其传承和演变的过程,同时将民俗民间文艺事象与地理要素进行叠加分析。"(2012:13)数字文化地图不仅可以为文化的传播提供便利,还可以更好地促进相关文化形态的传播。赖彦斌和董晓萍两位学者以民俗文化的数字地图的绘制为例,对数字文化地图绘制的理念、方案和技术进行了较好的阐释。本节将在此基础上详细剖析数字文化地图绘制的原则和流程。

8.2.1 数字文化地图编绘的原则

数字文化地图的绘制面临着与绘制现代自然地图不同的复杂性。许多的文化名词在古代文献中的记载与现今的地理地图地名难以对应,例如古代文献中常出现的"香山",与现今地图中的香山便差之甚远,且含义也不同。赖彦斌和董晓萍在《田野民俗志》一书中指出:"传统的地点名称经常与山脉、岛屿、寺庙结合在一起,有时也把寺庙想象成山。在妙善传说中,香山的名称可以使虔诚的信徒赋予这个地点以双重地位:既是一所信徒可以朝拜的真正寺庙,又是一座圣山"(2012:174)。那么在涉及历史人文地名和现今自然行政地名不同的时候,我们应当如何处理才既能让读者明白该文化在现今行政地图中的位置,又不抹掉该地名所承载的古代的文化映射含义呢? 当古代地名与现今行政地名重合的时候,我们应该如何制图才能在现今的行政地图上反映该地名的历史文化含义呢? 针对以上问题,赖彦斌和董晓萍在探讨数字故事民俗地图时提出了绘制数字文化地图应当遵循的理念:"①采用民俗地标体现民俗地方性;②采用相关民俗的组合地图方式表现民俗地方性;③采用专家系统地图体现专家对民俗地方性的研究"(2012:98)。在绘制数字文化地图时,我们应当将历史文化痕迹、现今的地图技术以及相关的文化研究成果综合起来。

其次,在绘制数字文化地图时,一般情况下,研究人员会以地理地图为底本,直接附上数字文化的研究成果。但在某些情况下,数字文化地图和地理地图绘制的比例标尺具有差异,主要表现在:①数字文化地图在展示地理空间关系时的另一重要目标在于向读者展示该文化形态的范围,因此在地图上的大小不应受到地理地图绘制的严格数学比例的限制。②在表现社会关系时,数字文化地图要表达的空间范围,不仅仅是所在地的地物景观,还要扩大到其他社区。③历史文化名人的人生历程在数字文化地图上的比例应当做缩小处理。赖彦斌与董晓萍指出,"(历史文化中的)故事讲述人的居住地和活动范围,在某种程度上可以确定民俗资料的传承区域。但作为个体与社会的联系来说,故事讲述人所联系的社会文化空间是更大范围的,它的个人生活史是数字故事民俗地图所需链接的数据库内容之一"(2012:128)。也就说是,数字文化地图在标示历史文化名人的人生历程时,仅显示相应的文化符号,让读者可以根据文化符号链接到历史人物人生历程数据库即可。

再次,数字文化地图的绘制技术为 GIS 和数据库技术。GIS 制图软件可以将地图上的空间标识与文化数据库的内容相连接。但是在使用该软件时,有三点需要特别注意:①GIS 地图的表层仅显示行政地图的各类标识,研究者需添加相应的人文信息。②GIS 地图无法展示研究人员实现相关数字文化地图的过程,因而研究人员需添加补充图表,将数字人文地图的制作过程展示给读者,"让人感到其研究方法是可信的"(赖彦斌、董晓萍,2012:138)。这样,读者就会对数字文化地图的表层结构和深层结构有一个更加综合的了解。③在数字地图的图标上添加相应的社会调查和访谈录音资料,从而使数字文化地图可以更好地协助科研人员进行社会文化分析。赖彦斌和董晓萍指出,如果"将访谈当地人录音资料图标、文字资料说明、事件前后的人口指标和分析图标等集成在分析地图上,形成立体式生态全景",将会拓展数字文化地图的功能,使其成为"很重要的历史社会分析工具"(2012:139)。

8.2.2　数字文化地图的编绘的流程

编绘数字文化地图的主要挑战来源于历史人名和地名与现今地图地理空间的匹配以及相关人文信息的编排、匹配和链接。

数字文化地图的编绘主要分成三个阶段:采集地名阶段、建立地名库阶段和编绘成图阶段(见图8-2)。在采集地名阶段,研究人员需要比较地理地图、历史地图和文化文学作品中涉及的虚构性地点名称,综合考虑三类地理构成的差异,并在确定地名的过程中力争能将上述三类地图的典型特征都囊括到其中。赖彦斌和董晓萍谈到了采集数字人文地图的原始数据的标准:"一方面,应能体现故事类型的空间区位属性,以及故事讲述、表演和社会行为的空间文化属性""注意故事文本和社会讲述行为与地名的复杂关系,能够发现这种空间区位属性与故事原型的流传地点、故事轶闻的变异地点及其民俗活动的地方系列地点的联系;另一方面,故事基础地名原数据的采集,还必须关照中国民间故事集成省卷本已大多归纳制作的分省故事类型分布示意图,这对按照故事类型本身的规律进行地图人文标准的建设无疑是坚持的基础"(2012:188)。如何综合上述三类地图中的地名信息是数字人文地图地名的采集和初步分类整理阶段的重点。

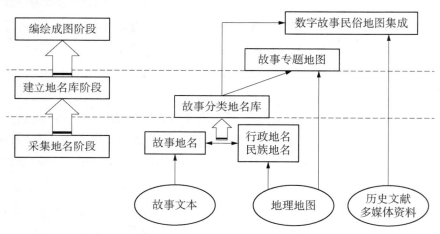

图 8-2　编绘数字故事民俗地图工作流程简图(见赖彦斌、董晓萍,2012:187)

在建立地名库阶段,研究人员将上一阶段采集好的地名,使用数据库技术分别建立两类数据库:标准地名数据库和分类数据库。标准地名数据库主要指历史文化和文学作品中提及的地名,该类地名可为最终确定数字地图中的地理名称提供比较和参照对象。分类数据库指研究人员将前期采集到的地名按照地图中涉及的文化类型进行分类储存,为地图绘制时制作文化数据库的链接提供信息。在建立地名库的过程中,研究人员指出,应当对地名库的字段进行优化设计,包括字段名、字段数据类型和字段长度。在数据库字段的设计过程中,研究人员需特别注意三项原则:首先,地图中涉及的地名空间信息"均要设定字段予以存储,如故事地名的原文描述、故事地名名称、地名时期、转换后的标准地名、地名编码等,增设经纬度空间坐标字段、投影信息和地图平面坐标等,用于存储故事地名空间信息";其次,在字段名字设计过程中要保留原始数据的特征,如出处和版权信息等;最后,在数据库字段设计时,应当"增设数据接口,如故事 ID、故事地名 ID、故事节日 ID 等,为建立数字故事民俗地图与故事类型、故事文本和故事节日属性数据库的链接提供条件"(赖彦斌、董晓萍,2012:191)。数据库的字段设计成为了数字地名与地理空间和其他人文信息链接的另一关键点。

在绘制成图阶段,研究人员需对不同类型的文化地名进行分别处理。对于与当今地理名字相匹配的历史人文地名,研究人员可以直接利用已有地图对该地点的标注,实现空间的定位;对于出现在历史文献中且能通过考证确定相关经纬度信息,但已无法在现今的地图上找到相对地名的历史人文地名,赖彦斌和董晓萍指出,研究人员可以直接使用 GIS 软件中的"属性表转换"功能,将故事地名绘制在数字地图中(2012:192)。此外,对于与现今标准地名不符合的历史地名,研究人员还可以根据文献中的描述,使用 GPS 技术对其进行定位,并通过 GIS 软件转换为数字人文地图中的空间位置信息。需特别注意的是,对于无法与现今标准地名相匹配的历史文化中的地名,研究人员需要根据历史文化文献的描述制作相应的额外的图表,将这些无法在标准地理地图中标示的地理名字表示出来,不能够"忽略甚至删除那些无法落实到地图上的民俗志地名,也不能将一些相近或者相似的故事地名进行地图综合"(赖彦斌、董晓萍,2012:192)。

在制图的最后阶段,研究人员需要使用 WebGIS 技术框架,将与数字文化地图相关的地理地图、数据库、配套图表、文字描述和多媒体资料通过链接融合在一起,供读者在查看地图时全方位了解地图背后的历史人文信息。针对这样多层次、全面的数字人文地图,赖彦斌和董晓萍(2012)为读者推荐了以下几种阅读方式:①使用地图中的下拉菜单来了解数字人文地图中的分类关系;②使用地图中的放大功能来察看文化地名密集的区域;③使用数据库链接来查看地名背后的原始数据以及历史文献和专家研究等信息;④使用多媒体弹窗观看历史文化故事彼时的生态实景。提供全方位信息的数字文化地图不仅可以让读者更全面和深刻地了解特定文化现象的产生和发展路径,还更能激发读者的兴趣,从而促进文化的传播。

8.2.3　数字文化地图的价值与意义

数字文化地图将某一国家和民族的特定文化以数字的方式进行全方位的呈现,首先有助于人们理解特定文化形态不同发展阶段和不同变体之间的关系。胡惠林指出,"不同的数据之间反映了客观事物存在的不同的量,而正是这种事物存在之间的不同的量,揭示了不同事物存在之间的差异性,以及由这种差异性构成的事物之间的不同进化与竞争。但是所有这一切如果不通过和借助于一定的表现手段,人们是无法直观地看到它们之间是存在这种空间关系和数据秩序的"(转引自赖彦斌,董晓萍,2012:3)。数字文化地图为人们发现文化形态内部的空间关系和秩序,以及不同文化之间的关系和秩序提供了可能。

数字文化地图的出现还通过改变文化资源的可得性,增加普通民众和市场在文化传播中的话语权,改变民族文化传播的权力结构。数字文化地图的制作通常由民族文化的管理主体政府来引导,学术研究机构作为相关领域的权威,通常是民族文化数字化的实际执行者。但是随着网络技术的发展和新的网络设备的产生,特别是智能手机的产生,普通民众对网络的数字资源的可得性大大提升。数字文化地图中含有的知识性及其与观众互动模式的设计,扩大了该地图的娱乐性和观众的参与性,大大增加了民众使用的频率和范围,从而产生了市场价值,使商业机构——文创旅游企业成为了数字文化地图的生产和推广的又一主体。阮艳萍和王雯指出,大众的参与使"自上而下的控制(政府和学术机构对文化传播的控制)在这里消失了,取而代之的是'人人都是发言人''人人都是生产者'"(转引自赖彦斌、董晓萍,2012:163)。不同种类的数字文化地图以手机 APP 或网站的形式,成为学生学习、旅游景点推广和学术研究不可缺少的部分。许多旅游景点,采取在数字文化地图中添加语音导览的方式,降低了游客获取历史文化古迹知识的难度,扩大了旅游景点的吸引力。世界著名的博物馆,例如大英博物馆、法国卢浮宫以及荷兰国家博物馆等均推出了含有语音导览的数字文化地图。数字文化地图是我们现今应当着力推广的文化呈现方式。

? 思考与讨论

(1) 数字文化地图绘制的主要途径是什么?

(2) 数字文化地图相比于传统文化地图有什么优势与劣势?

(3) 不同的国别和题材对绘制数字文化地图有什么不同的要求?

(4) 数字文化地图的绘制对我国文化的全球传播有什么作用?

推荐阅读

[1] 北京联合大学,北京数字科普协会.(2015).博物馆的数字化之路[M].北京:电子工业出版社.

[2] 郭万超.(2016).文化创意产业前沿[M].北京:经济日报出版社.

[3] 胡惠林,申广荣,王婧.(2015).中国文化产业发展数字地图[M].上海:上海人民出版社.

[4] 赖彦斌,董晓萍.(2012).数字故事民俗地图志[M].北京:学苑出版社.

8.3 ▸ 虚拟故宫——以乾隆花园为例

中国是一个拥有 5 000 多年历史的文明古国。在广袤的国土上遍布着大量的历史文物古迹。随着时间的流逝和雨水的侵蚀,各类文物古迹的保护、测绘和展览成为了我们面临的重要课题。早期的文物测绘,主要通过使用传统相机和卷尺等工具,人工采集相关数据和图像,这种方式容易产生偏差和失误,工作效率较低,且不利于信息的存储管理以及对外传播。数据采集过程中与文物的接触还容易损坏文物,不利于文物的保护。王伟时和胡洁指出了传统测绘方式的不足:"①(测绘过程中)对于文物保护技术手段的缺乏;②对于文物现存状态真实反映的不足;③对与文物全方位数据收集的缺乏"(2018:23)。随着数字化技术的发展,三维激光扫描仪、基于 MR(混合现实)数字化可视技术以及数码相机、虚拟展示平台等技术的出现,不仅克服了传统测绘方式的缺陷,还实现了文物古迹展览方式及其与观众互动方式的革新。从 2009 年开始,北京清华同衡规划设计研究院受故宫博物院的委托,开始使用最新的三维数字技术对故宫的重要建筑单位"乾隆花园"的园林、假山和植物进行三维建模和仿真动画制作。下面我们将以王伟时和胡洁对乾隆花园的数字化构建为基础,来看历史遗迹虚拟三维模型的构建方式及其在文物保护和文化传播中的作用。

1) 乾隆花园及其构建虚拟三维数字模型的必要性

乾隆花园是清代皇帝乾隆归政养老的主要场所。它建于 1771 年至 1776 年间,是故宫四个内廷花园之一。该花园长 160 米,宽约 40 米,总面积约为 6 400 平方米。在花园的建设中,工人因地制宜,沿袭皇家园林的布局方式,"通过每进院落的建筑布置、山置石,加强横向联系,处处体现中国古典园林'巧于因借,精在体宜'的非对称布局",是"中国古代园林史上不可多得的名园,亦是清代皇家内廷宫苑造园艺术的杰出代表"(王伟时、胡洁 2018:4-5)。韩良顺先生在谈到乾隆花园艺术造诣时称赞道:"乾隆花园的造园、叠山艺术,从历史和现代的角度评价都是一流的水平,将大自然的景色用微缩的方法布局到花园中来,集中有洞、壑、谷、涧、溪、悬崖等等,正所谓咫尺天涯,虽由人作,宛自天开"(转引自王伟时,胡洁,2018:277)。不论从历史文物保护,还是从造园艺术视角,乾隆花园都是需要重点保护,同时又是需要经常向中外大众分享的中国传统文化的代表。因此采用数字化技术,建立虚拟乾隆花园,为文物保护和观众参观提供方便变得尤为必要。

2) 数字乾隆花园建设的原则和步骤

为精确地反映乾隆花园内各类文物的尺寸、形状、位置和色彩,包括叠石、植物、摆件和铺地等,工作人员根据不同文物的特点,选取不同的测绘技术和测绘设备。王伟时和胡洁指出了乾隆花园各个组成部分的特征和数字化建设的原则:乾隆花园的叠石"体积、质量巨大,形状极其不规则,形态变化丰富",园内植物的形态和纹理同样形式多样,因而,在数字化过程中"除要准确记录植物的空间位置、空间形态之外,还要考虑如何最大程度符合各自植物的特征,能够在模型上区别植物的种类和各异的空间姿态";在摆件的数字化过程中,工作人员应当特别注意"准确地记录其外观形态、位置及尺寸,并细腻地展现其精美纹理";在数字化铺地的过程中,工作人员应当"完整记录铺装尺寸及形态"以及"其丰富的纹理特征"(王伟时、胡洁,2018:32)。为此,工作组采用了将全站仪、摄影测量以及三维扫描仪三种数字化设备相结合的方式。具体来说,工作组针对假山形状不规则的特点以及陈设摆件结构形体复杂、表面纹理丰富等特征,采用了三维扫描仪来进行测绘。乾隆花园的植物主要是侧柏和桧柏两种。它们枝干和树叶曲折变化明显,如果仅用单种测量设备,很难全面地数字化其形状和特征,鉴于此,工

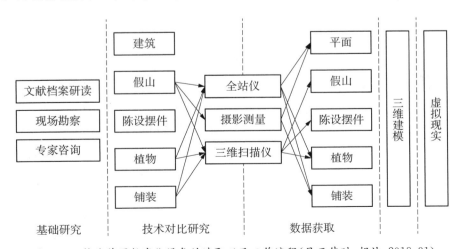

图 8-3　乾隆花园数字化设备的选取以及工作流程(见王伟时、胡洁,2018:31)

作组采用了将全站仪和三维扫描仪两种测量设备相结合的方式。同样，针对铺地面积大，纹理丰富，且主要为平面形状的特征，工作组决定采用全站仪和摄影测量两种方式对其进行数字化。

在确定了对乾隆花园内不同的文物采用的数字化设备后，工作组前往花园内进行实地考察，寻找最佳的测绘角度、测绘时间（考虑到光影的影响）和测绘地点。在完成了测绘的准备工作后，工作组首先采用全站仪进行全园控制测量，随后对植物空间点，包括植物体的主干、二级枝干及部分三级枝干的空间点进行采集，并利用 SketchUp 软件和 3DSMAX 软件对植物进行三维建模，并根据摄影照片融入相应的树叶图形。在对假山的测量中，工作组通过对扫描站点、扫描点间距和点云配准等的精确设置，以及后期的相应制作和调整完成了对假山的三维重建。最后，工作组将建设好的三维模型通过"数据烘焙"，用虚拟展示平台 Citymaker 进行制作，完成数字化乾隆花园的最后步骤。王时伟和胡洁（2018：80）指出了"数据烘焙"这一步骤的重要性：

数字化模型不仅要求科学的精准性，同时作为要展示的成果，还应具备视觉艺术性。因此在该阶段的工作还要考虑模型的艺术处理，包括光影效果、材质运用、烘焙特效、艺术处理等，从而达到研究和展示的双重目的。烘焙技术等艺术处理方法，使模型更具体积感、厚重感、真实感，同时与周围产生的光影效果也让数字乾隆花园更显逼真和美观。

如何准确而又有艺术感地在虚拟现实中呈现乾隆花园是每个数字化步骤的重中之重。

3）虚拟乾隆花园的内容

虚拟乾隆花园的内容包括园中的植物 97 株，建筑 29 座，以及各类假山和铺地。其中的植物分为乔木、灌丛、竹丛和花卉 4 种。29 座建筑包括第一进古华轩庭院中的承露台、矩亭、抑斋、旭辉亭等古建筑，垂花门内的第二院进落的遂初堂，第三院进落的耸秀亭、三友轩和延趣楼等建筑。在测量的过程中，针对每一处文物，工作组都拍摄制作了大量的数字材料。据统计，工作组一共采集的院内文物的扫描数据为：一进院 2.89 GB，二进院 1.35 GB，三进院 16.5 GB，四进院 27.4 GB。在完成乾隆花园的虚拟现实构建后，工作组通过 Citymaker 软件为其设置了三种虚拟游览模式，供民众参观：①自动导游模式，即按照预先精心规划的最佳游览路线与最佳观察视角，为用户提供花园场景的三维虚拟展示服务；②视点选择模式，即平台提供一组预设的场景相机位置，用户通过选择特定的相机视角对虚拟场景中感兴趣的部分进行欣赏；③交互漫游模式，即用户

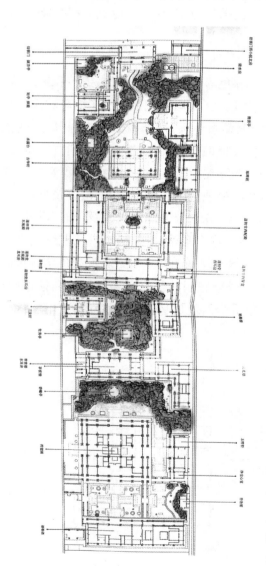

图 8-4　乾隆花园简图（见王伟时、胡洁，2018：13）

通过鼠标和键盘实时控制漫游方向,调整视点,进行自主场景漫游(王伟时、胡洁,2018)。虚拟现实为实现乾隆花园多样化的游览方式提供了可能,同时也使乾隆花园的造园艺术更好地展示在观众面前。

4)虚拟乾隆花园的价值

(1)精确性与科研便利。

工作组采用的扫描仪、全景仪和高清数码相机等设备可以非常精确地测量乾隆花园内各类建筑和其他文物的形状和尺寸,突破了以往手工测绘面临的瓶颈。例如,在数百年的风雨中,许多花园假山的突出部位已经被雨水冲刷成不规则的凹凸形状,人工测量很难精确地再现其原本的形状。郑轶指出,可实时进行操作的全数字化近景摄影技术,可以让"图像采集过程具有可视性和可操作性,并且能够随时调整参数,能够实时纠正。这样大大减少了图像处理过程中的偏差和失误。"(王伟时、胡洁,2018:12)其次,故宫的皇家园林,正如前文所述,是中国园林的集大成者,是中国传统哲学和建筑思想的集中体现,是研究中国传统文化和思想的重要一手资料。工作组将花园里的各类建筑物、花园布局以及其他装饰物的数据进行精确测量,并进行储存和公开,为科研人员研究中国古代建筑文化和园林艺术提供方便。尤为值得一提的是,工作组对该花园进行数字化构建,使花园的各类数据可以被计算机运算系统提取,使研究人员从大数据分析的角度探讨中国园林艺术成为可能,促进了建筑和园林园艺领域的研究发展。

(2)非接触性与文物保护。

现代的数字测量技术可以使工作人员不用接触文物就完成测量,这减少了人工接触对文物带来破坏的可能性。乾隆花园中的书斋中,有中国古代书法家如王羲之的题字以及用各种名贵木材制作的建筑文物。这些文物已经经过了数百年的风雨腐蚀、人工的触碰,以及测量过程中可能造成的移位,这都给文物的保护带来了难以消除的危险。另外,现在的数字测量,可以得出文物形状和位置的精确信息,并且可以高度仿真虚拟。这些数据可以进行永久性存储,当文物出现损坏时,文物保护专家便可以按照已有的数据和外形特征对文物进行修改,进而实现对文化古迹的保护和传承。在谈到对中国古典园林的保护时,王时伟和胡洁(2018:25)指出,"在自然或人为等不可抗力的作用下,或者随着岁月的累积,古典园林中的建筑、山石、水体、植物、铺装、摆件等元素会受到不同程度的损坏,需要对原有状态数据的精确化收集。(现代精确测量设备的)三维数据的收集不但能记录文化遗存的几何形状、质感、纹理、色彩等多方面信息,而且还能表示文物的空间气质与状态,这些对于后世园林的修复工作具有重要的指导意义。"可见,数字测绘技术对文物的保护具有多重意义。

(3)文化传播价值。

对乾隆花园及其他的文物古迹进行数字化虚拟对中国文化的传播具有巨大作用。我们进行文物保护的目的,除保留文化记忆、实现民族文化的传承外,就是要让文化所代表的文化和精神能够传播,让传统文化和精神在本国民众中代代相传,与此同时,也让外国民众了解中国的民族文化,促进民族文化的交流和互相学习。有着"敦煌女儿"雅誉的著名学者樊锦诗认为:"保护文物究竟是为什么,还是为了展示,要不就失去了保护的意义"(转引自王伟时、胡洁,2018:17)。首先基于虚拟现实的数字化可视技术可以让民众足不出户,远程对文物的设计和环境进行观赏和感知。特别是像"敦煌石窟"文化遗迹中的许多珍贵名作,出于因为过度暴露在自然光线和游客中就会产生损伤的原因,处于存储状态,不能为民众观赏。数字化可视技术则完满地解决了这个问题。民众可以通过软件,选择自己感兴趣和想要观赏的文物作品,免除了限制,因而可以增加古迹展出的数量。此外,此类古迹的虚拟现实,与以往仅有图片和文字的网络展览模式相比,其三维图形技术和立体显示系统可将现实存在的实体以三维立体的方式完整呈现于网上,让用户"通过互联网即可身临其境般地观赏展品"(王伟时、胡洁,2018:34),使民众可远程获得与在现场参观一样的体验。其次,文物古迹的虚拟现实程序中还可嵌入许多互动程序,从而增强民众的体验感和对文物古迹的认知。一方面,传统的现场参观,仅能按照固定的游览路线,民众没有自主选择权,而在虚拟现实中,民众可以通过前期文字资料,自主选择自己感兴趣的文物、游览路线和导游形式进行观赏,提升了观赏的效率。游览中的自主选择性对文化传播具有重大的促进作用。郑轶指出:"这种方式(观众自主选择的方式)打破了观众与传统文物展览之间缺少沟通的阻碍,使得观众和文物展品之间建立了更为良好的互动关系,这对数字展品的原生价值和再生文化价值的体现起到了重要作用"(郑轶,2017:42)。由此可见,虚拟现实为文化古迹中蕴含的文化的传播构建了新的桥梁。

虚拟现实已经是我国重要文物古迹保护和宣传的重要途径之一。故宫博物院已经和美国著名的计算机软件公司 IBM 设计建造了"虚拟紫禁城",民众可以通过直接下载"虚拟紫禁城"APP 对故宫的宫殿建筑、文物和人物进行游览。此外我国的其他文物古迹,如敦煌石窟、乐山大佛、广元千佛崖石窟等也进行了类似的数字可视化构建。虚拟现实正成为我国文物保护、传承和文化传播的一项关键技术。

? 思考与讨论

(1) 构建虚拟文化遗址的过程中应当注意什么问题?

(2) 虚拟文化遗址的构建在文化传承和传播过程中的优点和缺点是什么?

(3) 虚拟文化遗址的构建如何与现实中的文化遗址协调使用?

推荐阅读

[1] 段勇.(2021).智慧博物馆理论与实务[M].上海:上海大学出版社.

[2] 刘跃军.(2020).虚拟现实设计概论[M].北京:中国国际广播出版社.

[3] 郑轶.(2017).MR 数字化可视艺术与文物保护[M].北京:文化艺术出版社.

[4] 王伟时,胡洁.(2018).数字化视野下的乾隆花园[M].北京:中国建筑工业出版社.

8.4 ▶ 敦煌遗产

敦煌,是中国西北的一座历史名城,更是丝绸之路上一颗璀璨的明珠。出洛阳,经长安,沿河西走廊一路西行,经几千里的长途奔波方可抵达敦煌。"劝君更饮一杯酒,西出阳关无故人。"从敦煌出阳关、出玉门关,再过星星峡,入新疆,经中亚,便可联通世界。自公元前 111 年汉武帝设敦煌郡,到其成为"华戎所交一都会",敦煌在它两千多年的历史中见证、记录了东西方文明的交汇。

所谓敦煌遗产,主要是指以莫高窟为代表的文化遗产。这其中包括从十六国时期开始,在千年时光中陆续修建的 735 个洞窟,45 000 平方米壁画,2 400 多尊彩塑,还有藏经洞中无数的文献手卷、佛教典籍和绢本绘画。所以敦煌遗产,既涉及宗教、美术、雕塑,也包括历史、考古、文学、语文学等多个门类,甚至延伸出一门被称为"敦煌学"的专业。1961 年,莫高窟成为全国第一批重点文物保护单位,1987 年被列入世界文化遗产。敦煌遗产,既代表着中国古代璀璨的文化,也代表着中西之间文化、文明的互识互证,互融互鉴。

因此,敦煌遗产是历史的见证者,更是文明的守护者。如何保护、继承好这份文化遗产? 数字化是其必然选择,这便不得不提到"数字敦煌"的建设。

8.4.1　敦煌遗产数字化的目的与必要性

莫高窟曾被称为沉睡的迦蓝,历经千年风霜,遭遇兵祸与掠夺,一直面临着巨大的保护与修缮压力。1900 年王道士发现藏经洞,斯坦因、伯希和等西方探险家来到这里盗取宝藏的故事已广为人知,莫高窟中的不少典籍、佛经、壁画流失海外。1944 年国立敦煌艺术研究所成立,1950 年其改名敦煌文物研究所,1984 年扩充为敦煌研究院。目前的敦煌研究院管理的石窟资源除了莫高窟,还包含周边的西千佛洞、榆林窟、甘肃天水的麦积山石窟,永靖县的炳灵寺石窟,以及庆阳的北石窟寺。

这些敦煌遗产的保护与传承是一项巨大挑战。目前石窟保存面临的重大风险因素有很多,其中包括自然因素和人为因素。自然灾害对于石窟的破坏性极大,暴雨、洪水、沙尘暴、地震等都有可能造成崖体坍塌,损坏内部雕像壁画,如 1932 年 12 月 12 日因地震造成 196 窟顶部壁画脱落,2011 年 6 月 16 日因暴雨引发洪水威胁石窟安全等等。近年来人为因素对遗产保护的影响主要是旅游造成的。高涨的人气带来络绎不绝的游客,这对敦煌遗产的保存造成重大影响。莫高窟的最大游客承载量为 3 000 人左右,但旺季的单日游客量已经超过最大承载量,并且整体还在以每年 15% 左右的速度增长,这对于需要恒温恒湿进行保存的壁画彩塑造成了极大影响。

在此情形下,除了进行限量接待、防风治沙等保护措施,将敦煌遗产数字化亦是保存与保护的必要举措。利用现有科技手段对敦煌遗产进行数字化,一方面可以永久性地留存艺术瑰宝,在实体之外构筑元宇宙的敦煌遗产;另一方面可以部分缓解现场接待的压力,进行游客分流。同时数字化也能够为保护与研究敦煌遗产提供新的科技手段。概而言之,敦煌遗产数字化的目的在于:永久保存,永续利用。

8.4.2　"数字敦煌"的建设

"数字敦煌"是一项处于世界高水平级别的关于敦煌保护的虚拟项目,其目的不仅仅是将敦煌遗产数字化,同时也是进行科技赋能,致力于打破时间、空间的限制,融合传统人文与科学技术,构建一个虚拟的"元宇宙"空间,通过虚拟空间增强现实,让虚拟空间与现实空间进行交互,也就是虚拟现实、增强现实和交互现实。

这样一项深具科技色彩的庞大工程的建设并非一夕之功,早在 20 世纪 90 年代,在数字人文的概念广为人知之前,敦煌研究院就已提出建设"数字敦煌"的构想,希望利用计算机和图像技术实现文物数字化。最初开展时的数字化举措较为简单,实际就是通过传统摄影技术对壁画彩塑等进行电子存档。2003 年全国政协会议上,敦煌研究院院长樊锦诗提交了名为《关于建设敦煌莫高窟游客服务中心的建议》的提案;2014 年,莫高窟数字展示中心竣工并投入使用;2016 年"数字敦煌"资源库平台第一期正式上线。随着科技的不断进步,"数字敦煌"真正实现了运用高科技手段构建一整套数字化体系。

1)"数字敦煌"的内容

具体而言,"数字敦煌"的内容包括高精度壁画、三维重塑塑像和石窟、数字化藏经洞文物,以及数字化保护数据、文献资料和研究数据等等,采集的数据涵盖图像、音像、文字、视频等,其建设手段主要是高清晰度、高保真的数字摄影,三维立体重建,VR 虚拟漫游等。

截至 2020 年,完成高精度洞窟数据采集 220 个,洞窟整窟图像加工 156 个,洞窟空间结构重建 143

个,彩塑三维重建 45 身,大遗址三维重建 7 处,石窟全景漫游节目制作 210 个洞窟,档案底片数字化 50 000 余张,文物数字化数据总量超过 300 TB。在保护与研究数据的数字化方面,截至 2019 年已完成石窟档案 550 卷,工程修复资料 330 卷,现状调查 99 卷,测绘图 26.2 GB,环境监测数据 25 年,文献数据库近 20 万条数据等等。

那么,"数字敦煌"具备哪些特点呢?"数字敦煌"与现实敦煌又有什么差别?或者说,在现有的技术条件下,"数字敦煌"能够提供哪些现实中的敦煌遗产所没有的内容?

2)"数字敦煌"的特色

以数字化的敦煌壁画为例。在实地参观中,洞窟内受照明限制,且出于文保需要,观众亦需与壁画塑像保持一定距离,因此参观时无法看清局部细节,洞窟顶部的壁画更是只能看其大概轮廓。而"数字敦煌"壁画图像采集的分辨率已从 75 DPI 提升至 300 DPI,不但能还原色彩,看清图像,甚至连壁画中人物的面部表情和衣褶纹理都清晰可辨。如果采集面积为一平方米,那么拍摄 2 张照片可达到 75 DPI,拍摄 60～70 张照片才可达到 300 DPI。这意味着数字化壁画是高清晰、高保真的图像,同时也需要海量的数据存储以及后续图像处理工作。除了内部细节,"数字敦煌"的壁画还可以做到实地参观中无法实现的全景观看。以莫高窟第 61 窟的西壁壁画为例,壁画面积为 13.4 * 5.8 m,拍摄 4 821 张图像,分辨率达 300 DPI,将其进行拼接,最终可以呈现为超大幅壁画的数字化成果,文件量将达到 50 GB。

以三维重塑技术为例。除了重塑彩塑,对塑像进行真实而立体的还原,三维技术还可以用于整个洞窟的重塑,以及莫高窟等崖体的三维重建。进行洞窟的三维重建后,壁画、塑像和洞窟的空间结构构成一个整体,游览者可以进行 360 度全方位的观赏,达到虚拟漫游的效果。而基于崖体的三维重建,则可以使游览者或研究者观测到不同洞窟在崖体中的相对位置,建构整体认识,了解位置关系。这些内容是无法在实地参观中通过肉眼观测到的。

8.4.3 "数字敦煌"的应用

当我们了解了"数字敦煌"是如何建构的,那么这样一个庞大的系统又是怎样应用的呢?或者说"数字敦煌"具体有哪些应用领域或场景?

正如前所说,建构"数字敦煌"的目的在于永久保存,永续利用。保存的意义较好理解,利用的途径则各有不同。总体而言,在旅游、宣传、研究、保护等方面,"数字敦煌"都发挥着重要作用。

在文旅方面,于 2014 年建成的莫高窟数字展示中心极大地丰富了游客的观赏体验,客观上分解了人流,缓解了巨大的人流量带来的接待与保护压力。过去夏季的旅游旺季时,进入莫高窟游览的瞬间峰值在 2 000～3 000 人次,数字中心建成后瞬间峰值减少至 1 200 人次。同时这种现实游览与云端游览结合的方式成为一种新的游览模式,是一种交互现实的呈现。展示中心放映的 8K 球幕数字电影让观众对敦煌遗产产生更为直观、生动的体验。可以说,"数字敦煌"提供了一种数字人文背景下的旅游新模式。

在宣传方面,敦煌遗产作为中国古代璀璨的瑰宝,理应被更为广阔的人群了解和观赏,"数字敦煌"为这种设想的实现提供了可能。近年来敦煌研究院已在全国多地进行了敦煌遗产的数字展览,为不能亲自到敦煌游览的观众提供了实景游览的体验。例如 2022 年夏天在北京展出的《丝绸之路上的敦煌——数字敦煌展》,其展品包括复制彩塑 6 身,高清晰壁画复制品 25 幅,仿制乐器 5 件,其余展品 10 余件,著名的《张骞出使西域图》《五台山图》、158 窟涅槃像等敦煌代表性展品均在其中。其中同比复制的第 285 窟已不对外开放。

在保护方面,以最为直观的美术临摹为例,数字化图像能够为线描稿提供更为准确的数据支持,既可提高作业效率,也可降低劳动强度。在极为重要的壁画保护与修复中,经过定位修复的数字图像可以精确记录不同类型壁画的病害信息,例如空鼓、酥碱、白霜或是颜料层脱落等情况,经过科学系统的测绘分析之后,保护与修复工作将能够对症下药,取得更好的效果。

事实上这种分类只是为大家提供一种了解"数字敦煌"应用途径的视角,有心的读者已经能够看到不同途径之间的交织。开辟旅行的新模式也可以同时是文物保护的新举措。为保护起到重要支撑作用的数据,也可以是艺术研究的新思路,或者科技研究的新方向。这种打破学科壁垒、突破时空界限的多元化状态,正是数字人文建设与应用的重要意义。

前面所讲的几种应用场景皆是以敦煌研究院为主体,是研究院视角下运用"数字敦煌"的途径与可能。对于普通人而言,"数字敦煌"应该如何使用呢? 其实是通过网络平台数据库满足游览、赏鉴、研究、消费等多重需求。

2016 年上线的"数字敦煌"资源库目前已有中文、英文两种语言版本,提供莫高窟、榆林窟等 30 个洞窟的实景再现,使用者可以浏览历经 10 个朝代,共 4 430 平方米的高清壁画,洞窟与壁画均配有详尽的文字介绍。使用

图 8-5　"数字敦煌"网站的搜索页面

者可以随时随地对敦煌遗产进行欣赏游览,也可以利用高清图像进行相关领域的学术研究。其中的检索功能方便使用者通过不断变换关键词的方法找到自己所需要的内容,比如检索壁画的相关故事或人物形象,朝代或洞窟编号,也可以通过不同的洞窟形制如穹顶、覆斗型等进行筛选。"数字敦煌"使得观赏者人在家中也可以从容游览,高清的图像能够呈现清晰的局部细节,其实从某种程度上来讲,观赏体验是远远超过游览游客云集的暗黑洞窟的。相信未来的游览必会是线上线下相结合的,这样既能充满游览者的观赏需求,又可以保护脆弱的莫高窟壁画。

2020 年上线的"云游敦煌"小程序方便人们在手机上进行敦煌游览,其探索形式更加丰富。除了"全景洞窟"和"朝代"之外,还有以"艺术形式"与"颜色"为关键词的探索路径,用户也可以直接从"视频"门类开始进行游览。"点亮莫高窟"功能则让人可以体验莫高窟夜景的旖旎,增加游览的实感。此外,小程序还包含了不少具有创意的动画,使体验者感受到活起来、动起来的敦煌。新文创部分的"敦煌丝巾"则可以让用户通过自己的审美创意,定制具有独一无二的敦煌元素的丝巾。千篇一律的旅游纪念品已经不能满足现下人们对于个性化定制的需求,通过自己设计丝巾的图案和色调,每个人都可以拥有自己的"定制款"纪念品,这种发挥创意的过程本身也是一种文化体验和生活乐趣。

图 8-6　"敦煌遗书数据库"页面

2022 年 8 月 19 日,敦煌研究院最新发布了一款新的全球敦煌文献资源共享平台,将其命名为"敦煌遗书数据库"(dhyssjk. dha. ac. cn),内容除了涵盖敦煌文献的基本信息,还包括数字图像和录入的全文,还附有相关研究资料的目录,可以说为敦煌艺术、敦煌学研究者创建了一个琅嬛福地。这个数据库更为强大的功能是能够同时提供汉文、藏文的全文检索,以及图文对照的浏览模式。"敦煌遗书数据库"的发布会降低研究者获取资料的难度,打通身处不同地域的研究者的研究壁垒,这无疑是数字敦煌建设的又一重要成果。上线后也

有使用者表示此数据库在具体使用过程中仍有一些不便之处,如没有按照编号和文件类型排序的全目录,查看编号只能逐一手动翻页,无法设置每页显示的条目数量;文献只可查看不可下载;文本部分和图像部分目前还不能联动。相信随着使用者的增多,数据库也会根据用户体验逐步升级平台设计,"敦煌遗书数据库"的发展必会越来越好。

8.4.4 "数字敦煌"的未来

据悉,敦煌莫高窟数字展示中心二期已于 2022 年 7 月 18 日正式动工,将于 2024 年建成。同时,敦煌研究院已与腾讯公司达成协议,今后将共创相关文化产业,其所提出的"数字供养人计划"将在公益、音乐、文创、游戏、智慧导览等方面进行开发。未来,"数字敦煌"会使敦煌作为一项文化符号进入普通人的生活,既可以在千里之外提供沉浸式的艺术体验,也可以在日常生活中融入敦煌元素,特别是游戏的开发会是向年轻一代进行文化传播的重要途径。

此外,"国际敦煌项目"则是一项开创性的国际合作项目,致力于流散海外的敦煌遗产的网络共享。合作机构与资料提供方来自英国、法国、德国、日本等多方博物馆。与"敦煌遗书数据库"等项目并行,未来的敦煌研究或许不会再受限于地理距离和纸质文本,能够在世界上任何一个地区随心所欲地开展。

总之,"数字敦煌"是一个处于不断建设中的庞大的项目体系。随着科技的发展,这一数字人文领域的实践还会不断深化与扩展。目前关注度很高的人工智能技术发展迅速,有可能在未来对"数字敦煌"的建设产生重要影响,例如利用人工智能对敦煌遗产进行修复和保护。计算机深度网络学习已经具备了和人工专家同等的修复能力,在大型壁画修复方面比人工更具优势,而且修复速度远超人力。在大型物件测量和标记方面,人工显然存在一定难度,计算机视觉技术则可以开展不同标准和分类的测量统计,同时进行定量比较,建立自己的数据集。未来人工智能在"数字敦煌"建设方面的应用,或许不仅限于工具性的技术,也可以对其艺术风格进行自主分析和创建,对原始文献进行阐释和研究,一部分研究者和艺术家的工作也许会被人工智能所替代。

？ 思考与讨论

(1) 数字敦煌与虚拟现实有什么联系?

(2) 数字敦煌为文化遗产保护做出了哪些贡献?

(3) 你对数字敦煌未来的建设有什么建议?

推荐阅读

［1］常书鸿.(2022).敦煌莫高窟艺术[M].长沙:湖南文艺出版社.

［2］巫鸿.(2021).空间的敦煌:走近莫高窟[M].北京:生活·读书·新知三联书店.

［3］樊锦诗.(2009).敦煌石窟保护与展示工作中的数字技术应用[J].敦煌研究(06),1-3.

余论
ChatGPT：通用人工智能时代真的来临了吗？

ChatGPT-3.5 版本自 2022 年 11 月由 OpenAI 公司推出以来便广受关注，创下两月之内活跃用户过亿的记录，随后 OpenAI 公司又于次年 3 月推出升级了参数量和融合视觉的 ChatGPT-4 版本。作为通用人工智能模型（AGI）的代表，ChatGPT 因其灵活自然的交互体验和强大实用的使用功能，不仅在各行各业引发极大讨论，而且迅速地渗透进普通用户的各类生活场景，一时间蔚为壮观：帮助通过医疗资格考试、帮助编写代码和程序、艺术创作和科研辅助、自媒体运营管理……仿佛科幻小说中描绘的强人工智能（具备自我意识的智能模型）即将成为可能，比尔·盖茨（Bill Gates）、埃隆·马斯克（Elon Musk）等互联网巨鳄纷纷公开表示，以 ChatGPT 为代表的通用人工智能必将引发新一轮的时代变革。但随之而来的是，人们开始担忧它是否会给人类社会带来风险与挑战，人类是否会被代替？它将会给教育、科研、科技发展带来怎样的冲击？它是否会威胁到个人、社会、国家甚至人类的安全？对技术的担忧实则是对人类生存境遇不确定性的显现，"在人类文明演进的过程中，科学与人文互鉴，人文思想为科技革命准备文化条件的事例不胜枚举"（彭青龙，2022：27），在数字人文转向的指引下，人文学者不仅限于学习借鉴科学技术的理念和方法，亦背负着反思时代伦理、指引人类生活的崇高使命，应当以独特的认知视角对新兴技术进行人文性评估，在人与技术的关系和实践中展望其价值和未来。

1）何为 ChatGPT？

ChatGPT 是基于生成式预训练转换模型、经过人类反馈强化学习机制训练所形成的大型语言模型产品，以问答互动的形式高效、便捷且人性化地提供语言文本服务，包含搜索引擎、智能编程和内容创作等多种功能。它的基本原理是通过预测给定输入序列中的下一个单词或短语来生成类似于人类语言的文本，整合数据、算力和算法三方面资源以达到仿真智能的效果。在数据方面，公开资料显示 ChatGPT 语言模型使用参考了 1750 亿个训练参数和 45 万亿字节的文本数据，远远大于此前的语言模型，为文本生成提供海量语料支撑；在算力层面，其算力消耗高达 3 640 PF-days（即按每秒一千万亿次计算，需运行 3 640 天），估测完成训练需要有上万个 CPU/GPU 不间断地输入数据；在算法层面，ChatGPT 经过预训练语言模型、构建打分模型和优化基于强化学习（RL）的语言模型三个步骤后打造出吸收数据、调整语料标注、迎合反馈偏好的文本生成链路，能够较为精确地匹配人类的认知和需求（朱光辉、王喜文，2022）。

最新一代 ChatGPT-4 模型的技术报告（ChatGPT-4 technical report）显示，GPT-4 拥有 1 000 亿个参数和 5 000 万个词汇量，并且接受语音、图像和文字的多模态输入。尽管 ChatGPT-4 在许多真实场景中的运用还不如人类，但在各种专业和学术基础测试中的表现却十分出人意料，例如，它在律师资格模拟考试中获得位列前 10% 的好分数，而上一代语言模型仅达到平均水平。值得注意的是，

ChatGPT-4 模型展现出"能力预测(capability prediction)"的价值,能够通过小模型的参数组合形成大模型的某种能力,可以进一步减少语言模型训练的试错成本,并缩短语言模型训练的周期,极大提高人工智能发展的速度。此外,新一代模型还进一步优化了算法架构,并开源语言模型的评测框架,这对于未来优化改善各类技术模型以及发展不同语种的评估标准都有重要的意义(张俊林、孙天祥,2023)。

当下,ChatGPT 涌现出归纳、纠正、安全性和创造性四种功能特性(Zhou et al.,2023),主要被用于信息的搜集、整理与翻译、文本的编写生成及部分生活社交场景,更多应用仍有待挖掘。近期其母公司宣布将向公众以极低的价格(0.002 美元/1 000 token,约为当下市场价格的 10%)开放接口,我们可以预见它将被进一步运用到各类平台软件当中,而其本身或许也会逐渐向机器学习领域所预想的"模型服务"(Model as a service)方向靠拢,成为人类生活中的"底层结构"。ChatGPT 的爆火显示出其巨大的市场需求和潜力,不仅掀起业内同行的竞争和合作热情,而且受到资本市场的广泛关注和投资。谷歌、百度等宣布推出 Bard、文心一言等竞品,但也表示在算力、数据和算法层面与最新一代的 ChatGPT 模型尚存在一段距离。随后微软将 ChatGPT-4 框架接入 new bing 搜索引擎,又于 3 月 17 日宣布将其全面引入 Office 办公系统(即 Microsoft 365 Copilot),目标直指打造出一套人机交互的新型互联网模式。AI 概念股几度涨停,国际知名金融集团瑞银(UBS)预计 AI 市场到 2025 年将达到 900 亿美元(财联社,2023)。毫无疑问,ChatGPT 的出现似乎预示着通用人工智能即将真正走入我们的生活。

2) ChatGPT 的社会性表征

ChatGPT 被赋予如此大的热情与寄托,这背后不仅仅是技术的推陈出新,亦是当下社会思维范式的集中体现,应该被纳入人们的社会实践中加以考察。20 世纪 80 年代,德勒兹(Deleuze)、马苏米(Massumi)、查理·盖尔(Charlie Gere)、皮埃尔·莱维(Pierre Lévy)等理论家纷纷关注数字时代所带来的思维范式转变,吉布森(Gibson)、斯蒂芬森(Stephenson)、刘慈欣等小说家也创作了《神经漫游者》《雪崩》《流浪地球》等作品,预示了 AI 辅助、万物互联、元宇宙的数字场景。ChatGPT 的横空出世固然引发社会的极大震撼,但其仍处于前人数字理论提出的认知框架之中,涉及到虚拟(the virtual)与真实(the actual)、数字(the digital)与模拟(analog)、时空关系(如去地域化"deterritorialization"和异步性"asynchronous")等根本议题,与人的基本权利、社群关系构建、沟通方式等问题息息相关。

首先,它的生成性是其区别于以往语言模型的重要特征。以往的人工智能技术更多呈现出整合和反馈的基本功能,而 ChatGPT 展现出了一定的逻辑性和创造性,可以生成更加符合人类意图和需求的文本内容,并能通过对话不断调整和修正。这种生成性不同于人类的思维逻辑的创造,它不是通过因果关系和必然联系来生成语言,而是通过海量的数据和统计规律来驱动语言,在概率分布和随机采样的训练中逐渐习得词语的相似度和关联度,并遵循着多样性和灵活性原则在自适应和互动的过程中生成文本(肖峰,2023)。同时,与生成性相伴而来的就是涌现现象(emergency),涌现一方面使得 ChatGPT 的功能体验更加完整和连贯,另一方面也在一定程度上预示了人工智能技术潜在的风险。

其次,它的现实性体现在高度的用户交互过程和对现实问题的解决导向上。ChatGPT 的语言训练既是基于爬虫技术获取的真实语言材料,也是在与用户的实际沟通中不断得到调整优化的,高度依赖用户的信息输入和反馈参与,ChatGPT 被定义为帮助人类学习生活的辅助工具,所以它的应用场景实质上是人类现实活动的延伸。本体性的现实维度赋予了其功能上的现实导向。相较于元宇宙强调的虚拟体验,ChatGPT 更偏向于通过高效便捷的智能服务解决具有重复性和可替代性的基础工作,以更加灵活、多样和自然的方式参与人类生活的构建,显示出数字技术与日常生活的深度融合。正如莱维指出,现实具备产生虚拟性(virtualities)的能力,而虚拟性也是构成实体(entity)的基础,虚拟(the virtual)的本质是趋向提供解决方案的现实化(actualization)过程(1998：24)。

再次，它的多元性来自算法规则赋予伦理准则和跨越异质文化的理解机制。ChatGPT 在诞生之初被赋予 20 种行为禁令(Gewirtz，2023)，其中避免讨论党派政治问题及宣传特定政治议程，反对种族、性别、性取向或宗教歧视性，以及禁止诽谤或损害他人名誉等伦理立场，塑造了更加包容多元的沟通机制。同时，它支持多种语言如英语、中文、日语、法语等，并可以根据不同文化属性用户的兴趣、偏好和情绪，生成个性化和适应性的回复，旨在让不同国家和地区的用户感受到被理解和尊重，展示出异质并存的多元风貌。

最后，它的数字性则源于数字技术所赋予的时代特性。这里的数字性并不简单代指其由计算机代码构成，而是数字技术深入参与人类生活后所带来的认知转变。工业时代下信息的传递是原子化的，以书籍报纸等印刷制品为载体；而信息/数字时代下信息以字节的形式传播，赋予了社会以加速性为特征的流动状态，这既形塑了人类的生活方式，也推动了社会资源组合和分配形式的改变，数字技术提供了摆脱物理限制通过媒体和信息实现自我定义形成新社区(community)的可能，或者可以说数字技术在当下社会表现出串联异质个体、整合社会资源的最大公约数或"实践的平均数"(an averaging of the mass of events)的社会功能。ChatGPT 同样如此，它成为社交媒体上的热门话题，也成为计算机、金融、科研、教育等专门网站上的交流热点，而且在其强大信息理解和转换能力的加持下，跨文化、跨媒介、跨地域的交流更加频繁和卓效，呼应对人类共同价值的普遍需求。

ChatGPT 的生成性、现实性、多元性和数字性表征指向一种以人为主体、虚实结合、跨越异质、走向联通的社会集体诉求，这是技术的迭代亦是时代的反映，更是人性价值和人文精神的理性回归。英国数字理论大师盖尔曾有预见性地感叹，日益网络化的数字时代下我们可能需要重新寻求一种"友谊政治"，对自我和他人之间关系以及对社群进行新的理解，以此来审视人类的本质和未来(2008：222)。

3）ChatGPT 的风险与未来

伴随着 ChatGPT 爆火而来的是对它的担忧与争议。语言学家乔姆斯基在采访中将其定义为"高科技的剽窃"，国内外知名大学和重要期刊也对 ChatGPT 的使用发出预警和声明，美国、欧盟等先后出台人工智能的管控措施并讨论其安全风险。这些争论背后既体现 ChatGPT 本身的局限，也隐含通用人工智能时代可能引发的社会问题。前任科技部部长王志刚表示，当下亟需思考的是"怎么做到推动发展的同时，兼顾科技成果的两面性，加强伦理规范"，通过伦理监管让科学技术能够更好地为人类服务。

一方面，ChatGPT 在数据、算力和算法上存在局限。根据其母公司披露，目前模型的数据训练截至 2021 年，虽然后续通过与微软等公司的合作接入搜索机制并持续通过人机对话加以训练，但由于知识版权、语言数据清洗和信息审查等原因，ChatGPT 总体呈现出相对滞后的不足。而支撑其算力所消耗的能源和物质资源则面临环境保护、能源供应以及资源保护等方面的诘问。在算法上，作为通用技术模型的 ChatGPT 更偏向于生产反映平均和普遍意义的大数据，而无法生产满足人类复杂生活的小数据，这将限制其最终无法真正实现虚实的融合。另一方面，对产品的使用也存在风险。在个人数据方面，产品信息明确表示会将用户提供的语料用于模型训练；在公共领域方面，美国多家公司禁用其在办公场景的使用以防止机密泄露；在国家安全方面，AI 可能会被极端主义、恐怖主义盗用，并对情报收集、国家决策、AI 对抗、技术发展等多方面造成压力(Aerospace Defense，2023)。华东政法大学发布的《人工智能通用大模型(ChatGPT)的进展、风险与应对》报告中，将通用大模型的治理风险总结为技术风险、社会风险、经济风险和政治风险四个方面，既涉及到技术层面的鲁棒性不足、算法偏见等问题，更指出其可能在诱发犯罪、侵犯隐私、寡头垄断、舆论引导等问题上的连锁效应。

更加值得注意的是,ChatGPT 所带来的伦理风险。在社会层面,通用人工智能模型是技术与资本高度结合的新一例证,模型的训练需要大量的资源投入、庞大的人力成本以及顶尖的人才团队,这意味着其诞生无法离开资本巨头的支持和介入,ChatGPT 正是依靠微软公司的持续投入才完成了长达多年的前期训练,而目前参与竞争的也都是谷歌、Meta 等资本巨头,在算力、算法和数据方面的成本也意味着一些中小国家、团队和个人可能被排除在此轮科技竞争之外。即便是资本巨头的竞争中,OpenAI 公司目前也处于优势地位,谷歌的竞品 Bard 还处于内测阶段,百度首席执行官李彦宏在文心一言发布会上直言无法对标 ChatGPT,而 ChatGPT 在技术方面的封闭让部分从业者怀疑这是否会影响人工智能技术走向"小圈子化",同时 ChatGPT 接连发布的使用限制(非会员服务从 4 小时使用 100 条降至 3 小时使用 25 条)也让使用者担忧其是否会形成行业垄断。

回归到个体层面,ChatGPT 引发了一场促进生产力的技术变革,或将极大推动知识生产的加速和转型,个体如何在新型知识环境下认识自我、接受教育、获得成长是当下社会人文学者面临的难题。部分学者认为通用人工智能的泛滥将导致"知识的堕化",人不再通过日积月累锻炼思维和能力,最终可能会失去批判、反思和质疑的能力;部分学者则担忧人对数字技术的过分依赖将彻底否定人以身体为特征的主体性,转向"意识的赛博格化",即人或许无法掌握技术反而成为技术的"配件"和载体;还有部分学者认为,在更为实际的层面,由于算法规则的钳制,人工智能模型会迎合人的偏好和需求,那么在面对"对人有利但人不想接受"的信息时,人工智能语言模型将如何抉择表现? 种种困惑和质疑都意味着 ChatGPT 所带来的变革性和颠覆性。哲学学者徐英瑾(2023)指出,以往的交际始终都是人与人之间的交流,无论是面对面还是书信文字,我们总会想象"脸"的存在,"脸"平衡了"公开性"与"隐私性"的交际特征,从而实现人的内心情感表达,避免"信息过载"带来的痛苦和风险。但 ChatGPT 的出现打破了社会交际的基本结构,交际主体的"脸"可能无法再被想象,人与他人交往的界限和范围将被模糊,最终也会体现在深层社会结构和社会分工体系之中。

此外,中国人工智能语言模型青年科学家、MOSS 团队负责人邱锡鹏教授在采访和公开发言中多次表示,当下算法技术中,拥有互联网庞大份额的中文语料在语言清洗上难度要高于英文,所以模型在英文上反馈的结果都优于中文。而其他语种要么同样受限于技术处理,要么受限于数字语料的不足,暂时无法形成与英文使用相当的使用频率与市场份额。这是否意味着技术垄断将形成新一轮的语言霸权问题,这也需要我们进一步观察思考。后殖民理论家斯皮瓦克(Spivak)曾发出"庶民可以说话吗?"的质疑,认为现代社会结构将一部分底层民众的声音永远掩盖,一些底层民众无法发声、不知如何发声且声音不被听见,数字理论中也不乏对技术是否提升民主和公平的反思。同样,ChatGPT 背后的算法偏好和伦理立场是否会形成技术霸权的垄断,将一部分民众、一部分文化和社群甚至一些国家永远排除在新的社会体系之外,造成科技、资源、信息、教育等多领域的结构性不平等,都有待于进一步考证。

不过,对技术的担忧并不能阻碍历史的进程和时代的召唤,以 ChatGPT 为代表的通用人工智能已经进入我们的生活。我们应当回归到人的本体性讨论当中,认识到未来时代对人类的要求可能会从关于信息搜集、整合、协调的能力转向创新和情感体验的主体性能力,而这也将进一步推动我们对科技与人文关系的反思:

问:"你如何看待数字技术与人文之间的关系?"

ChatGPT:"在使用和发展数字技术时,需要考虑到它们对人文性的影响,并尽力保持或提升人类的品质和尊严。"

参考文献

［1］ AASL& AECT. （1998）. Information power: Building partnerships for learning ［M］. Chicago: American Library Association Editions.

［2］ ACRL. （2000）. Information literacy competency standards for higher education［S/OL］. http://www. ala. org/acrl/sites/ala. org. acrl/files/content/standards/standards. pdf.

［3］ ACRL. （2015）. Framework for information literacy for higher education［EB/OL］. http://www. ala. org/arcl/standards/ils_recomm. pdf.

［4］ Aerospace Defense. （2023）. ChatGPT 与国家安全［EB/OL］. 中国指挥与控制学会. Retrieved March 3,2023. https://mp. weixin. qq. com/s/vyYpXLhYWVKMKdxlDtUApg.

［5］ Amoore, L. & Piotukh, V. （2015）. Life Beyond Big Data: Governing with Little Analytics［J］. *Economy and Society*, 44(3),341-366.

［6］ Anderson, C. （2008）. The End of Theory: The Data Deluge Makes the Scientific Method Obsolete［J/OL］. *Wired*. Retrieved July 6,2022. https://www. wired. com/2008/06/pb-theory/.

［7］ Anderson, S. （2013）. Thinking Infrastructure: What Are Research Infrastructures? ［J］. *International Journal of Humanities & Arts Computing: A Journal of Digital Humanities*, 7(1/2),4-23.

［8］ Antoninis, M. & Montoya, S. （2018）. A global framework to measure digital literacy ［EB/OL］. http://uis. unesco. org/en/blog/global-framework-measure-digital-literacy.

［9］ ANZIIL （2004）. Australian and New Zealand information literacy framework［EB/OL］. http://www. caul. edu. au/content/upload/files/info-literacy/InfoLiteracyFramework. pdf.

［10］ Arac, J. （2002）. Anglo-Globalism? ［J］. *New Left Review*, (16),35-45.

［11］ Armstrong, N. & Montag, W. （2017）. The Figure in the Carpet［J］. *PMLA: Publications of the Modern Language Association of America*, 132(3),613-619.

［12］ Arrighi, G. （1994）. The Long Twentieth Century: Money, Power and the Origin of Our Times［M］. London: Verso.

［13］ Atkins, D. et al. （2003）. Revolutionizing Science and Engineering Through Cyberinfrastructure: Report of the National Science Foundation Blue-Ribbon Advisory Panel on Cyberinfrastructure［M/OL］. Washington: National Science Foundation. Retrieved Sept. 24,2022. https://repository. arizona. edu/bitstream/handle/10150/106224/report. pdf?sequence=1&isAllowed=y.

［14］ Batuman, E. （2005）. Adventures of a Man of Science［J/OL］. *Issue 3: Reality Principle*. n+1. Retrieved May 23, 2018. https://www. nplusonemag. com/issue-3/reviews/adventures-of-a-man-ofscience/.

[15] Bennett, T. (2009). Counting and Seeing the Social Action of Literary Form: Franco Moretti and the Sociology of Literature[J]. *Cultural Sociology*, 3(2),277 - 297.

[16] Berry, D. (2012). How We Think: Transforming Power and Digital Technologies[M]//Berry, D. *Understanding Digital Humanities*. London: Palgrave Macmillan, 42 - 66.

[17] Berry, D. (2012). Understanding Digital Humanities[M]. London: Palgrave Macmillan.

[18] Berry, D. M. & Fagerjord, A. (2017). Digital Humanities: Knowledge and Critique in a Digital Age [M]. Cambridge & Malden: Polity Press.

[19] Besson, R. & Bem, C. (2015). Intermediality: Axis of Relevance[J]. *SubStance*, 44(3),139 - 154.

[20] Big Data: Science in the Petabyte Era[J/OL]. (2008, September 4). *Nature* 455(7209). Retrieved July 15,2022. https://www. nature. com/nature/volumes/455/issues/7209.

[21] Blei, D. M. , Ng, A. Y. & Jordan, M. I. (2003). Latent dirichlet allocation[J]. *Journal of machine Learning research*, 3(Jan),993 - 1022.

[22] Bode, K. (2017). The Equivalence of "Close" and "Distant" Reading; or, Toward a New Object for Data-Rich Literary History[J]. *Modern Language Quarterly* (Seattle),78(1),77 - 106.

[23] Bolter, J. & Grusin, R. A. (1999). Remediation: Understanding new media[M]. Cambridge: MIT Press.

[24] Brenner, R. (2006). The Economics of Global Turbulence: The Advanced Capitalist Economies from Long Boomto Long Downturn, 1945 - 2005[M]. London: Verso.

[25] Buurma, R. S. (2015). The fictionality of topic modeling: Machine reading Anthony Trollope's Barsetshire series[J]. *Big Data & Society*, 2(2),1 - 6.

[26] Chatman, S. (1978). Story and Discourse: Narrative Structure in Fiction and Film[M]. New York: Cornell University Press

[27] Cohen, M. (1999). The Sentimental Education of the Novel[M]. Princeton: Princeton University Press.

[28] Cohn, D. (1978). Transparent Minds: Narrative Modes for Presenting Consciousness in Fiction[M]. Princeton: Princeton University Press.

[29] Crompton, C. , Lane, R. J. & Siemens, R. G. (2016). Doing digital humanities: practice, training, research[M]. New York: Routledge.

[30] Dahl, L. (1970). Linguistic Features of the Stream-of-Consciousness Techniques of James Joyce, Virginia Woolf, and Eugene O'Neill[M]. Turku: Turun Yliopisto.

[31] Data, Data Everywhere[J/OL]. (2010, February 10). *The Economist*. Retrieved July 7,2022. https://www. economist. com/special-report/2010/02/27/data-data-everywhere.

[32] Dealing with Big Data[J/OL]. (2011, February 11). *Science*, 331(6018). Retrieved July 15,2022. https://www. science. org/toc/science/331/6018.

[33] Devlin, J. et al. (2019). BERT: Pre-training of Deep Bidirectional Transformers for Language Understanding[C]//*Proceedings of the 2019 Conference of the North American Chapter of the Association for Computational Linguistics: Human Language Technologies*, *Volume* 1 (*Long and Short Papers*). Minneapolis, MN: Association for Computational Linguistics, 4171 - 4186.

[34] Digging into Data Challenge[EB/OL]. Retrieved July 6,2022. https://diggingintodata. org/about.

［35］ Donaldson，C.，Gregory，I. & Taylor，J.（2017）. Implementing corpus analysis and GIS to examine historical accounts of the English Lake District［M］//Bol，P. K. *Historical Atlas：Its Concepts and Methodologies*. Tongbuga Yŏksa Chaedan，152 – 172.

［36］ Eisenstein，E.（1993）. The Printing Revolution in Early Modern Europe［M］. Cambridge：Cambridge University Press.

［37］ English，J. F.（2010）. Everywhere and Nowhere：The Sociology of Literature After "the Sociology of Literature"［J］. *New Literary History*，41（2），v – xxiii.

［38］ Fiormonte，D.（2014）. Digital Humanities from a global perspective［J］. *Laboratorio dell'ISPF XI*. DOI：10. 12862/ispf14L203.

［39］ Flaounas，I.，Ali，O. et al.（2013）. Research methods in the age of digital journalism［J］. *Digital Journalism*，1（1），102 – 116.

［40］ Flaubert，G.（1852）. Lettre à Louise Colet［M］//*Correspondance*，Tome II.

［41］ Fraistat，N.（2012）. The Function of Digital Humanities Centers at the Present Time［M］//Matthew，K. G. *Debates in the Digital Humanities*. Minnesota：University of Minnesota Press，281 – 291.

［42］ Gavin，M.，Smith，K. M.（2012）. An Interview with Brett Bobley［M］//Matthew，K. G. *Debates in the Digital Humanities*. Minnesota：University of Minnesota Press，61 – 66.

［43］ Gere，C.（2008）. Digital Culture［M］. London：Reaktion Books.

［44］ Gewirtz，D.（2023，February 16）. 6 things ChatGPT can't do（and another 20 it refuses to do）［J/OL］. *ZDNet*. Retrieved March 3，2023. https://www. zdnet. com/article/6-things-chatgpt-cant-do-and-another-20-it-refuses-to-do/

［45］ Goldstone，A.（2017）. The Doxa of Reading［J］. *PMLA：Publications of the Modern Language Association of America*，132（3），636 – 642.

［46］ Granger，S. & Meunier，F.（2008）. Phraseology：An Interdisciplinary Perspective［M］. Amsterdam/Philadelphia：John Benjamins Publishing Company.

［47］ Hammond，A.（2015）. Literature in the Digital Age［M］. Cambridge：Cambridge University Press.

［48］ Hartwell，R. M.（1982）. Demographic，Political，and Social Transformation of China，750 – 1550［J］. *Harvard Journal of Asiatic Studies*，42（2），365 – 442.

［49］ Harvey，D.（1989）. The Condition of Postmodernity：An Enquiry into the Origins of Cultural Change［M］. Cambridge：BasilBlackwell Ltd.

［50］ Hay，J.（2014）. Plotting Devices：Literary Darwinism in the Laboratory［J］. *Philosophy and Literature*，38（1），A148 – A161.

［51］ Hayles，N. K.（2012）. How we Think：Digital Media and Contemporary Technogenesis［M］. Chicago/London：University of Chicago Press.

［52］ Heuser，R. et al.（2016）. The Emotions of London［J/OL］. *Pamphlets of the Stanford Literary Lab*. Retrieved Dec. 25，2019. https://litlab. stanford. edu/LiteraryLabPamphlet13. pdf.

［53］ Holbo，J.（2011）. Graphs，Maps，Trees，Fruits of The MLA［M］//Goodwin，J.，Holbo，J. *Reading Graphs，Maps，Trees：Responses to Franco Moretti*. South Carolina，Anderson：Parlor Press，3 – 14.

［54］ Hong Kong Education and Manpower Bureau.（2005）. Information literacy framework for Hong Kong：building the capacity of learning to learn in the information age［EB/OL］. http://www. edb. gov. hk/attachment/en/edu-system/primary-secondary/applicable-to-primary-secondary/it-in-edu/il ＿ eng ＿

7323. pdf.

[55] Honn, J. (2015). A Guide to Digital Humanities: Values Methods[M/OL]. Chicago: Northwestern University Library. http://sites. northwestern. edu/guidetodh/value-methods/.

[56] Hunston, S. & Francis, G. (2000). Pattern Grammar[M]. Amsterdam: John Benjamins.

[57] IEA. (2018). ICILS 2018 assessment framework [EB/OL]. https://www. iea. nl/publications/assessment-framework/iea-international-computer-and-informationliteracy-study-2018.

[58] ISTE. (2016). ISTE standards for students [EB/OL]. https://www. iste. org/standards/standards/for-students.

[59] Jain, K. C. (2013). Information Theory and Coding[J]. *International Journal of Pure and Applied Mathematics*. DOI: 10. 12732/ijpam. v83:5. 2.

[60] Jenkins, H. (2006). Convergence culture: Where old and new media collide[M]. New York/London: New York University Press.

[61] Jockers, M. & Thalken, R. (2020). Text Analysis with R (2nd ed. 2020 ed. , Quantitative Methods in the Humanities and Social Sciences)[M]. Cham: Springer International Publishing.

[62] Jockers, M. (2013). Macroanalysis[M]. Baltimore: University of Illinois Press.

[63] Jockers, M. L. (2013). Macroanalysis: Digital Methods & Literary History[M]. Urbana, Chicago, and Springfield: University of Illinois Press.

[64] Jockers, M. L. & Mimno, D. (2013). Significant themes in 19th-century literature[J]. *Poetics*, 41 (6), 750 - 769.

[65] Kirschenbaum, M. (2012). What Is Digital Humanities and What's It Doing in English Departments? [M]//Matthew, K. G. *Debates in the Digital Humanities* (1st ed. , p. Debates in the Digital Humanities). London: University of Minnesota Press, 3 - 11.

[66] Kock, N. , Aiken, R. & Sandas, C. (2002). Using complex IT in specific domains: Developing and assessing a course for nonmajors[J]. *IEEE Transactions on Education*, 45(1), 50 - 56.

[67] Koppel, M. , Argamon, S. & Shimoni, A. R. (2002). Automatically categorizing written texts by author gender[J]. *Literary and linguistic computing*, 17(4), 401 - 412.

[68] Liu, A. (2012). Where Is Cultural Criticism in the Digital Humanities? [M]//Matthew, K. G. *Debates in the Digital Humanities*. Minneapolis: University of Minnesota Press, 490 - 509.

[69] Llopis, M. á. O. (2021). Emotion to forecast a recession: A bilingual lexical and sentiment analysis of the UN and IMF world economy reports for 2019[J]. *Ibérica*, 40(1), 217 - 244.

[70] Long, H. & So, R. (2016). Turbulent Flow[J]. *Modern Language Quarterly*, 77(3), 345 - 367.

[71] Louw, B. (1997). The Role of Corpora in Critical Literary Appreciation[M]//Wichmann, A. , Fligelstone, S. *Teaching and Language Corpora*. London and New York: Routledge, 132 - 148.

[72] Lupton, D. (2015). Digital Sociology[M]. London and New York: Routledge.

[73] Lévy, P. (1998). Becoming Virtual: Reality in the Digital Age[M]. New York and Lordon: Plenum Trade.

[74] Mahlberg, M. (2007). Clusters, key clusters and local textual functions in Dickens[J]. *Corpora*, 2 (1), 1 - 31.

[75] Mahlberg, M. et al. (2016). CLiC Dickens: novel uses of concordances for the integration of corpus stylistics and cognitive poetics[J]. *Corpora*, 11(3), 433 - 463.

［76］ Manovich, L. (2012). Trending: The Promises and the Challenges of Big Social Data[M]//Matthew, K. G. *Debates in the Digital Humanities*. Minneapolis: University of Minnesota Press, 460 – 475.

［77］ Manyika, J, et al. (2011). Big Data: The Next Frontier for Innovation, Competition, and Productivity ［EB/OL］. Retrieved July 14, 2022. https://www. mckinsey. com/～/media/mckinsey/business％ 20functions/mckinsey％20digital/our％20insights/big％20data％20the％20next％20frontier％20for％ 20innovation/mgi_big_data_exec_summary. pdf.

［78］ McEnery, T. , Xiao, R. & Tono, Y. (2006). Corpus-based language studies: an advanced resource book[M]. London: Routledge.

［79］ Meng, X. F. et al. (2012). Cross-lingual mixture model for sentiment classification[M]//Li, H. Z. et al. *Association for Computational Linguistics*, 572 – 581.

［80］ Mitchell, M. et al. (2017). Physiognomy's New Clothes[J/OL]. Retrieved July 14, 2022. https:// medium. com/@blaisea/physiognomys-new-clothes-f2d4b59fdd6a.

［81］ Moretti, F. (1996). Modern Epic: The World-System from Goethe to García Márquez[M]. London: Verso.

［82］ Moretti, F. (1998). Atlas of the European Novel 1800 – 1900[M]. London and New York: Verso.

［83］ Moretti, F. (2000a). Conjectures on World Literature[J]. *New Left Review*, 1, 54 – 68.

［84］ Moretti, F. (2000b). Markets of the Mind[J]. *New Left Review*, 5, 111 – 115.

［85］ Moretti, F. (2000c). The Slaughterhouse of Literature[J]. *Modern Language Quarterly*, 61(1), 207 – 228.

［86］ Moretti, F. (2005). World-Systems Analysis, Evolutionary Theory, "Weltliteratur"[J]. *Review-Fernand Braudel Center for the Study of Economies, Historical Systems, and Civilizations*, 28(3), 217 – 228.

［87］ Moretti, F. (2009). Style, Inc. Reflections on Seven Thousand Titles (British Novels, 1740 – 1850) [J]. *Critical Inquiry*, 36(1), 134 – 158.

［88］ Moretti, F. (2011). Network Theory, Plot Analysis[J/OL]. *Pamphlets of the Stanford Literary Lab*. Retrieved November 13, 2018. https://litlab. stanford. edu/pamphlets/.

［89］ Moretti, F. (2013). Distant Reading[M]. London & New York: Verso.

［90］ Moretti, F. (2016). Distant Reading, Computational Criticism, and Social Critique: An Interview with Franco Moretti. Interview by Ruben Hackler and Guido Kirsten[J]. *Le foucaldien*, 1 – 17.

［91］ Moretti, F. (2017). Patterns and Interpretation[J/OL]. *Pamphlets of the Stanford Literary Lab*. Retrieved November 25, 2018. https://litlab. stanford. edu/LiteraryLabPamphlet15. pdf.

［92］ Mosco, V. (2014). To the Cloud: Big Data in a Turbulent World[M]. Boulder: Paradigm Publisher.

［93］ Office for Official Publications of the European Communities. (2006). European Roadmap for Research Infrastructures: Report 2006 ［R/OL］. Luxembourg: European Strategy Forum on Research Infrastructures. Retrieved September 24, 2022. https://www. esfri. eu/sites/default/files/esfri_ roadmap_2006_en. pdf.

［94］ Parks, L. (2015). "Stuff You Can Kick": Towards a Theory of Media Infrastructures[M]//Svensson, P. *Between the Humanities and the Digital*. Cambridge, MA: MIT Press, 355 – 373.

［95］ Pedro, F. , Subosa, M. , Rivas, A. & Valverde, P. (2019). Artificial intelligence in education: Challenges and opportunities for sustainable development ［EB/OL］. https://en. unesco. org/news/

challenges-and-opportunities-artificial-intelligence-education.

［96］ Peng，Q.（2020）. Digital Humanities Approach to Comparative Literature：Opportunities and Challenges[J]. *Comparative Literature Studies（Urbana）*，57(4)，595－610.

［97］ Piper，A.（2015）. Novel Devotions：Conversional Reading，Computational Modeling，and the Modern Novel[J]. *New Literary History*，46(1)，63－98.

［98］ Potter，R. G.（1988）. Literary Criticism and Literary Computing：The Difficulties of a Synthesis[J]. *Computers and the Humanities*，22(2)，91－97.

［99］ Rachel，S.（2010）. The Distant Future? Reading Franco Moretti[J]. *Literature Compass*，7(3)，214－225.

［100］ Renouf，A. & Sinclair，J.（1991）. Collocational frameworks in English[M]//K. Ajimer & B. Altenberg（eds.）. *English Corpus Linguistics*. London：Longman，128－143.

［101］ Research Infrastructures in the Digital Humanities[EB/OL].（2011）. European Science Foundation，Science Policy Briefing. Retrieved September 23，2022. https://www. esf. org/fileadmin/user_upload/esf/RI_DigitalHumanities_B42_2011. pdf.

［102］ Rhody，L. M.（2012）. Topic modeling and figurative language[J]. *Journal of Digital Humanities*，2(1)，19－36.

［103］ Rippl，G.（2020）. Intermediality and Remediation[M]//Helgesson，S. et al. *Handbook of Anglophone World Literatures*. Berlin and Boston：De Gruyter，209－229.

［104］ Risam，R.（2015）. South Asian Digital Humanities：An Overview[J]. *South Asian Review*，36(3)，161－175.

［105］ Ryan，M-L，Emerson，L. & Robertson，B.（2014）. The John Hopkins Guide to Digital Media[M]. Baltimore：John Hopkins University Press.

［106］ Scholes，R. & Kellogg，R.（1966）. The Nature of Narrative[M]. Oxford：Oxford University Press.

［107］ Schönberger，V. M. & Cukier，K.（2013a）. Big Data：A Revolution That Will Transform How We Live，Work and Think[M]. London：John Murray.

［108］ Schönberger，V. M. & Cukier，K.（2013b）. The Rise of Big Data：How It's Changing the Way We Think About the World[J]. *Foreign Affairs*，92(3)，28－40.

［109］ Semino，E. & Short，M.（2004）. Corpus Stylistics（1st ed.，Vol. 5，Routledge Advances in Corpus Linguistics)[M]. Florence：Routledge.

［110］ Shepherd，J.（2022，June 16）. 30 Essential Facebook Statistics You Need to Know in 2022[EB/OL]. Retrieved July 12，2022. https://thesocialshepherd. com/blog/facebook-statistics.

［111］ Sinclair，J（1991）. Corpus，Concordance，Collocation[M]. Oxford：Oxford University Press.

［112］ Sinclair，J（2004）. Trust the Text[M]. London & New York：Routledge.

［113］ Sinclair，J. & Mauranen，A.（2006）. Linear Unit Grammar：Integrating Speech and Writing[M]. Amsterdam/Philadelphia：John Benjamins Publishing Company.

［114］ Sinclair，J.（1966）. Beginning the study of lexis[M]//C. E. Bazell，J. C. Catford，M. A. K. Halliday & R. H. Robins（eds.）. *In Memory of J.R. Firth*. London & Beccles：Longmans，410－430.

［115］ Sinykin，D.，So，R. & Young，J.（2019）. Economics，Race，and the Postwar US Novel：A Quantitative Literary History[J]. *American Literary History*，31(4)，775－804.

［116］ Stone，L.（1971）. Prosopography[J]. *Daedalus*（Cambridge，Mass.），100(1)，46－79.

[117] Straumann, B. (2015). Adaptation, Remediation, Transmediality[M]//Ripple, G. *Handbook of Intermediality*. Berlin and Boston: De Gruyter, 249 - 267.

[118] Susskind, J. (2018). Future Politics: Living Together in a World Transformed by Tech[M]. Oxford: Oxford University Press.

[119] Svensson, P. (2010). The Landscape of Digital Humanities[J/OL]. *Digital Humanities Quarterly* 4 (1). Retrieved September 25, 2022. http://digitalhumanities. org/dhq/vol/4/1/000080/000080. html.

[120] Tackett, N. (2014). The Destruction of the Medieval Chinese Aristocracy[M]. Boston: Harvard University Asia Center.

[121] Tang, M. C. , Cheng, Y. J. & Chen, K. H. (2017). A Longitudinal Study of Intellectual Cohesion in Digital Humanities Using Bibliometric Analyses[J]. *Scientometrics*, 113,985 - 1008.

[122] Tangherlini, T. R. & Leonard, P. (2013). Trawling in the Sea of the Great Unread: Sub-corpus topic modeling and Humanities research[J]. *Poetics*, 41(6),725 - 749.

[123] The Petabyte Age: Because More Isn't Just More—More Is Different[J/OL]. (2022, July 6). *Wired*. Retrieved July 12,2022. https://www. wired. com/2008/06/pb-intro/.

[124] The Radicati Group, INC. (2022, February 22). Email Statistics Report, 2021 - 2025[R/OL]. Retrieved July 14,2022. https://www. radicati. com/wp/wpcontent/uploads/2021/Email_Statistics_ Report,_2021-2025_Executive_Summary. pdf.

[125] Underwood, T. (2017). A Genealogy of Distant Reading[J/OL]. *Digital Humanities Quarterly*, 11 (2). http://www. digitalhumanities. org.

[126] Underwood, T. (2018). Why an Age of Machine Learning Needs the Humanities[J/OL]. *Public Books*. Retrieved Feb 14, 2020. https://www. publicbooks. org/why-an-age-of-machine-learning-needs-the-humanities/.

[127] UNESCO. (2010). Towards media and information literacy indicators [EB/OL]. http://www. unesco. org/fileadmin/MULTIMEDIA/HQ/CI/CI/pdf/unesco_mil_indicators_background_document_ 2011_final_en. pdf.

[128] UNESCO. (2013). Global media and information literacy assessment framework [EB/OL]. http:// unesdoc. unesco. org/images/0022/002246/224655e. pdf.

[129] UNESCO. (2018). UNESCO ICT competency framework for teachers [EB/OL]. https://unesdoc. unesco. org/notice? id = p% 3A% 3Ausmarcdef _ 0000265721&queryId = e8a0eef5-ee5b-460f-bc71- 2e87f009ded5&posInSet=1.

[130] Vierthaler, P. (2020). Digital humanities and East Asian studies in 2020[J]. *Wiley*, 18,1 - 16.

[131] Volume of Data/Information Created, Captured, Copied, and Consumed Worldwide From 2010 to 2025[EB/OL]. (2022, May 23). Retrieved July 14,2022. https://www. statista. com/statistics/ 871513/worldwide-data-created/.

[132] Wan, X. J. (2011). Bilingual co-training for sentiment classification of Chinese product review[J]. *Computational Linguistics*, 37(3),587 - 616.

[133] Warwick, C. , Terras, M. & Nyhan, J. (2012). Digital Humanities in Practice[M]. London: Facet Publishing.

[134] Weber, M. (1949). Objectivity in Social Science and Social Policy[M]//Edward, A. S. et al. *The*

Methodology of the Social Sciences. New York：Free Press.

[135] Wilkens，M.（2015）. Digital Humanities and Its Application in the Study of Literature and Culture［J］. *Comparative Literature*，67（1），11－20.

[136] Williams，P.（2006）. Exploring the challenges of developing digital literacy in the context of special educational needs communities［J］. *Innovations in Teaching and Learning in Information and Computer Sciences*，5（1），1－16.

[137] Yu，T. X.，et al.（2022）. Artificial Intelligence for Dunhuang Cultural Heritage Protection：The Project and the Dataset［J］. *International Journal of Computer Vision*，130（11），2646－2673.

[138] Zhang，P.，et al.（2016）. Cross-lingual sentiment classification：Similarity discovery plus training data adjustment［J］. *Knowledge-based Systems*，107，129－141.

[139] Zhou，J.，et al.（2023）. ChatGPT：potential，prospects，and limitations［J］. *Frontiers of Information Technology & Electronic Engineering*，24（3），1－14.

[140] 埃塞姆·阿培丁.（2016）.机器学习导论［M］.范明，译.北京：机械工业出版社.

[141] 安妮·博迪克等.（2018）.数字人文：改变知识创新与分享的游戏规则［M］.马林青，韩若画，译.北京：中国人民大学出版社.

[142] 包弼德，程钢.（2004）.对余英时宋代道学研究方法的一点反思［J］.世界哲学（04），92－102.

[143] 包弼德，王宏苏，傅君劢等.（2021）."中国历代人物传记资料库"（CBDB）的历史、方法与未来［J］.数字人文研究（01），21－33.

[144] 包弼德，夏翠娟，王宏甦.（2018）.数字人文与中国研究的网络基础设施建设［J］.图书馆杂志（11），18－25.

[145] 包弼德.（2006）.对历史背景的阐述：11 世纪的新世界——思想意识形态与历史：两个初步的问题（之二）［J］.清华大学学报（哲学社会科学版）（05），13－25.

[146] 包弼德.（2017）.群体、地理与中国历史：基于 CBDB 和 CHGIS［J］.量化历史研究（Z1），213－246.

[147] 北京联合大学，北京数字科普协会（主编）.（2017）.互联网时代的数字博物馆［M］.北京：电子工业出版社.

[148] 北京联合大学，北京数字科普协会.（2015）.博物馆的数字化之路［M］.北京：电子工业出版社.

[149] 比凯尔，兹图尼.（2015）.多语自然语言处理：从原理到实践［M］.史晓东，陈毅东，译.北京：机械工业出版社.

[150] 财联社.（2023，March 1）.ChatGPT 引爆 AI 市场热度！瑞银：到 2025 年规模料达 900 亿美元［EB/OL］. Retrieved March 3,2023. https：//fund. eastmoney. com/a/202303012649617398. html.

[151] 常博林，万晨，李斌等.（2021）.基于词和实体标注的古籍数字人文知识库的构建与应用——以《资治通鉴·周秦汉纪》为例［J］.图书情报工作（22），134－142.

[152] 陈刚.（2014）."数字人文"与历史地理信息化研究［J］.南京社会科学（03），136－142.

[153] 陈涛，刘炜，单蓉蓉等.（2019）.知识图谱在数字人文中的应用研究［J］.中国图书馆学报（06），34－49.

[154] 陈众议.（2021）.数字人文与技术让渡［J］.外国文学动态研究（01），5－13.

[155] 戴安德，姜文涛.（2016）.数字人文作为一种方法：西方研究现状及其展望［J］.山东社会科学（11），26－33.

[156] 段勇.（2021）.智慧博物馆理论与实务［M］.上海：上海大学出版社.

[157] 樊锦诗.（2009）.敦煌石窟保护与展示工作中的数字技术应用［J］.敦煌研究（06），1－3.

[158] 冯丽蕙，泰德·安德伍德.（2021）.当下数字人文研究的核心问题与最新进展：泰德·安德伍德访谈录

[J].外国文学研究(06),1-13.

[159] 冯丽蕙.(2022).对立的消解——远读作为方法的"左右逢源"[J].当代外国文学(03),157-164.

[160] 郭英剑.(2018).数字人文:概念、历史、现状及其在文学研究中的应用[J].江海学刊(03),190-197.

[161] 郭之文.(2020).特色博物馆之旅[M].上海:上海科学技术文献出版社.

[162] 胡惠林,申广荣,王婧.(2015).中国文化产业发展数字地图[M].上海:上海人民出版社.

[163] 胡加圣,管新潮.(2020).文学翻译中的语义迁移研究——以基于信息贡献度的主题词提取方法为例[J].外语电化教学(2),28-34.

[164] 胡显耀,肖忠华.(2020).翻译英语变体的语料库文体统计学分析[J].外语教学与研究(2),273-282.

[165] 胡显耀.(2010).基于语料库的汉语翻译语体特征多维分析[J].外语教学与研究(6),451-458.

[166] 黄水清,刘浏,王东波.(2021).计算人文的发展及展望[J].科技情报研究(04),1-12.

[167] 黄水清.(2019).人文计算与数字人文:概念、问题、范式及关键环节[J].图书馆建设(05),68-78.

[168] 霍伊特·朗,戴安德,姜文涛.(2016).美国芝加哥大学霍伊特·朗副教授访谈[J].山东社会科学(11),51-53.

[169] 霍伊特·朗,苏真,林懿.(2016).文学模式识别:文本细读与机器学习之间的现代主义[J].山东社会科学(11),34-53.

[170] 江之乔,付智晓.(2022).实体博物馆向虚拟展示空间转变的应用需求研究——以"数字敦煌"文化展示空间设计方案为例[J].科技创新与应用(20),21-24.

[171] 赖彦斌,董晓萍.(2012).数字故事民俗地图志[M].北京:学苑出版社.

[172] 乐黛云.(1989).中西比较文学教程[M].北京:高等教育出版社.

[173] 雷秀云,杨惠中.(2001).基于语料库的研究方法及MD/MF模型与学术英语语体研究[J].当代语言学(2),143-151.

[174] 李西建.(2013).消费时代审美问题研究[M].北京:商务印书馆.

[175] 刘京臣.(2015).大数据时代的古典文学研究——以数据分析、数据挖掘与图像检索为中心[J].文学遗产(03),182-190.

[176] 刘京臣.(2017).大数据视阈中的文学地理学研究——以《入蜀记》《北行日录》等行录笔记为中心[J].文学评论(01),159-170.

[177] 刘京臣.(2019).大数据视阈中的明清进士家族研究——以CBDB、中华寻根网为例[J].北京大学学报(哲学社会科学版)(04),96-108.

[178] 刘京臣.(2022).社会网络分析视阈中的家谱、家集与家学研究——以清溪沈氏为例[J].山东社会科学(05),34-44.

[179] 刘琼,卢章平,李永卉等.(2018).大数据时代人文研究前沿与探索——南京大学"数字人文"学术研讨会综述[J].图书馆论坛(03),37-45.

[180] 陆艳萍,王雯.(2016).媒介丁村:民族文化的数字景观[M].北京:科学出版社.

[181] 吕锋,王虹,刘皓春.(2010).信息理论与编码[M].北京:人民邮电出版社.

[182] 罗刚,张子宪.(2016).自然语言处理原理与技术实现[M].北京:电子工业出版社.

[183] 罗天,吴彤.(2020).基于语料库的译文显性情感变化研究——以《扬子前线》翻译为例[J].重庆交通大学学报(1),82-88.

[184] 马修·乔克斯.(2018).用R语言分析文学文本[M].汪顺玉、赵晴,译.上海:上海外语教育出版社.

[185] 孟建,胡雪峰.(2020).数字人文研究[M].上海:复旦大学出版社.

[186] 潘雪,陈雅.(2017).国外高校数字人文课程设置结构分析——以iSchools联盟为例[J].数字图书馆

185

论坛(10),68-72.

[187] 潘燕桃,班丽娜.(2022).从全民信息素养到数字素养的重大飞跃[J].图书馆杂志(10),4-9.

[188] 庞双子,王克非.(2018).翻译文本语体"显化"特征的历时考察[J].中国翻译(5),13-20+48.

[189] 彭青龙.(2022).数字时代文学的科学性与人文性审视[J].探索与争鸣(09),25-28.

[190] 钱超峰,杜德斌.(2019).北宋官僚家族网络的空间结构及其演化:基于 CBDB 和 CHGIS 的考察[J].历史地理研究(02),83-94+161-162.

[191] 钱旭红.(2020).改变思维[M].上海:上海文艺出版社.

[192] 沙伊·沙莱夫-施瓦茨,沙伊·本-戴维.(2016).深入理解机器学习:从原理到算法[M].张文生等,译.北京:机械工业出版社.

[193] 深圳市关山月美术馆,深圳市金域文化传播有限公司.(2014).跨界与融合:数字美术博物馆的建设与实践[M].长沙:湖南美术出版社.

[194] 王军.(2020).从人文计算到可视化——数字人文的发展脉络梳理[J].文艺理论与批评(02),18-23.

[195] 王立.(1999).关于文学主题学研究的一些思考[J].中国比较文学(4),96-110.

[196] 王时伟,胡洁.(2018).数字化视野下的乾隆花园[M].北京:中国建筑工业出版社.

[197] 王兆鹏,邵大为.(2020).数字人文在古代文学研究中的初步实践及学术意义[J].中国社会科学(08),108-129+206-207.

[198] 王兆鹏,郑永晓,刘京臣.(2019).借器之势,出道之新——"数字人文"浪潮下的古典文学研究三人谈[J].文艺研究(09),79-88.

[199] 王兆鹏.(2012).建设中国文学数字化地图平台的构想[J].文学遗产(02),131-133.

[200] 卫乃兴.(2011).基于语料库的对比短语学研究[J].外国语(4),32-42.

[201] 项洁.(2016).数位人文:在过去、现在和未来之间[M].台北:台湾大学出版中心.

[202] 萧凤霞,包弼德,刘平等.(2007).区域·结构·秩序——历史学与人类学的对话[J].文史哲(05),5-20.

[203] 肖峰.(2023,March 6).何种生成?能否创造?——ChatGPT 的附魅与祛魅[N/OL].中国社会科学报,2603(005).Retrieved March 16,2023.http://sscp.cssn.cn/xkpd/tbch/tebiecehuaneirong/202303/t20230306_5601405.html.

[204] 徐戈,王厚峰.(2011).自然语言处理中主题模型的发展[J].计算机学报(8),14.

[205] 徐英瑾.(2023).ChatGPT 时代我们的'脸面'何在——多维视野下的颜面现象学[J].探索与争鸣(02),55-64.

[206] 徐永明,黄鹏程.(2017).《全元文》作者地理分布及其原因分析[J].复旦学报(社会科学版)(02),141-147.

[207] 徐永明.(2018).中国古典文学研究的几种可视化途径——以汤显祖研究为例[J].浙江大学学报(人文社会科学版)(02),164-174.

[208] 延斯·施洛特,詹悦兰.(2021).跨媒介性的四种话语[J].中国比较文学(01),2-11.

[209] 杨明星.(2008).论外交语言翻译的"政治等效"——以邓小平外交理念"韬光养晦"的译法为例[J].解放军外国语学院学报(5),90-94.

[210] 姚善化.(2011).信息理论与编码[M].北京:清华大学出版社.

[211] 叶明全,胡学钢,伍长荣.(2010).垂直划分多决策表下基于条件信息熵的隐私保护属性约简[J].山东大学学报(理学版)(09),14-19+26.

[212] 应申,侯景洋,周钰笛等.(2020).基于唐宋文人足迹集聚性分析的中心文化城市变迁[J].地球信息科

学学报(05),945－953.

[213] 张宝昌,杨万扣,林娜娜.(2016).机器学习与视觉感知[M].北京:清华大学出版社.

[214] 张俊林,孙天祥.(2023).OpenAI 发布 GPT－4,有哪些技术上的优化或突破?[EB/OL]. Retrieved March 15,2023. https://www.zhihu.com/question/589639535/answer/2937928726;https://www.zhihu.com/question/589639535/answer/2938505487.

[215] 赵朝永.(2019).基于语料库的《红楼梦》英文全译本语域变异多维分析[J].翻译研究与教学(1),83－94.

[216] 赵朝永.(2020a).基于语料库的《金瓶梅》英文全译本语域变异多维分析[J].外语教学与研究(2),283－295.

[217] 赵朝永.(2020b).译者风格对比描写的多维分析途径[J].外语教学理论与实践(3),67－73＋84.

[218] 赵薇.(2019).从概念模型到计算批评:数字时代的"世界文学"研究[J].中国比较文学(04),48－66.

[219] 赵薇.(2020a).从概念模型到计算批评——Franco Moretti 之后的世界文学研究[J].西南民族大学学报(人文社科版)(08),181－189.

[220] 赵薇.(2020b).网络分析与人物理论[J].文艺理论与批评(02),38－46.

[221] 赵薇.(2021).数字时代人文研究的变革与超越——数字人文在中国[J].探索与争鸣(06),191－206＋232－233.

[222] 赵薇.(2022).量化方法运用于古代文学研究的进展和问题——以近年数字人文脉络中的个案探索为中心[J].文学遗产(06),168－180.

[223] 赵子鑫,胡伟华.(2021).翻译语体语法标记显化的语料库研究——以《习近平谈治国理政》官方英译本为例[J].西部学刊(7),157－160.

[224] 郑轶.(2017).MR 数字化可视艺术与文物保护[M].北京:文化艺术出版社.

[225] 中国博物馆协会社会教育专业委员会(编).(2018).文化＋科技:广播电视技术在博物馆中的应用研究[M].北京:科学普及出版社.

[226] 朱光辉,王喜文.(2023).ChatGPT 的运行模式、关键技术及未来图景[J].新疆师范大学学报(哲学社会科学版)(04),1－10.

[227] 朱一凡,陶庆,郭鸿杰.(2018).基于语料库的翻译文体评估——以第 2 届"韩素音青年翻译奖"汉译英翻译为例[J].解放军外国语学院学报(2),20－28.

[228] 宗成庆.(2013).统计自然语言处理[M].北京:清华大学出版社.